实证研究："馆藏与出版论坛"成果精选

吴志荣　王宗义　主编

北京理工大学出版社
BEIJING INSTITUTE OF TECHNOLOGY PRESS

版权专有　侵权必究

图书在版编目（CIP）数据

实证研究："馆藏与出版论坛"成果精选 / 吴志荣，王宗义主编. —北京：北京理工大学出版社，2021.1
　ISBN 978-7-5682-7404-3

Ⅰ. ①实…　Ⅱ. ①吴…②王…　Ⅲ. ①图书馆工作–文集②出版工作–中国–文集　Ⅳ. ①G25-53②G239.2-53

中国版本图书馆CIP数据核字（2019）第174501号

出版发行 /	北京理工大学出版社有限责任公司
社　　址 /	北京市海淀区中关村南大街5号
邮　　编 /	100081
电　　话 /	（010）68914775（总编室）
	（010）82562903（教材售后服务热线）
	（010）68948351（其他图书服务热线）
网　　址 /	http://www.bitpress.com.cn
经　　销 /	全国各地新华书店
印　　刷 /	武汉市卓源印务有限公司
开　　本 /	787毫米×1092毫米　1/16
印　　张 /	15.5
字　　数 /	346千字
版　　次 /	2021年1月第1版　2021年1月第1次印刷
定　　价 /	89.90元

责任编辑 / 梁铜华
文案编辑 / 梁铜华
责任校对 / 周瑞红
责任印制 / 施胜娟

图书出现印装质量问题，请拨打售后服务热线，本社负责调换

编 委 会

编委会主任：宋旅黄

编委会成员：毕洪秋　李金瓯　金晓明

依凭的主要图书征订目录。伴随图书发行市场的激烈竞争，出现了一些非正常的市场竞争手段，一些高质量的学术图书在征订目录中被屏蔽。行政主管部门介入的图书馆文献市场化招标探索，也让专业图书采购人员的话语权变得薄弱。于是，各级各类图书馆的馆藏文献质量下降就成为同行焦虑的话题。

文献资源建设是图书馆的立馆之本。一所图书馆如果没有丰富的、有价值的文献资源，那么其他都是空谈。在连续十一届的"馆藏与出版"论坛学术活动中，图书馆文献资源建设领域学术研究者以实证研究方法为基本科研途径，就上述馆藏建设中出现的问题，进行了一系列的实证研究，并取得了大量成果。

专业工作者采用引文分析、h 指数、二八定律等方法，从文献的核心出版社、图书的核心作者、重要科学研究机构以及有学术价值图书的构成要素等不同角度切入，以图书征订目录、图书的同质化出版、核心出版社的出版倾向等为目标，根据不同学科各种文献的实际被引次数和图书利用率等基础数据的统计，对各自所在图书馆的馆藏资源的利用率进行客观测评和系统分析，从而发现国内馆藏图书具有严重"误选"和"漏藏"现象；同时，也在馆藏质量测定方法上进行了深入的探索和完善，应用当代信息技术的知识图谱等方法，在主要学术文献的出版社遴选、相关采购策略调整等领域都有所研究，并取得了初步成果。近年来，伴随着电子书发行模式的出现，论坛也针对纸电同步或纸电融合现象取得了相应的研究成果。

这些成果都采用了"通过对研究对象的观察、实验和调查，收集数据，在综合客观资料的基础上，归纳出特定类型事物的本质和发展规律"这一基本研究方法。

图书馆学研究通常分为两大部分，即理论图书馆学（或普通图书馆学）和应用图书馆学。理论图书馆学研究涉及图书馆学的基础理论，如图书馆学的研究对象、图书馆的社会职能、图书馆学的学科性质、图书馆工作的原理等，大多采用思辨形式进行研究，即"研究者在个体理性认识能力及直观经验基础上，通过对概念、命题进行逻辑演绎推理以认识事物本质特征"的研究方法；而应用图书馆学研究涉及图书馆各项工作的方方面面，如馆藏建设、文献整理、文献检索、文献保护、读者服务、信息技术的应用、空间管理等，大多采用实证方法开展研究。只有依托基础数据采集、专业方法分析，才能获得新的认识。

"馆藏与出版"论坛所征集的论文，始终要求源于实证研究方法，这就形成了论坛的鲜明特色。从中精选出29篇形成了这本专辑，这些研究成果对不同图书馆的资源建设具有一定的参考价值，同时也在当代中国图书馆学活动中开辟了一片新天地——馆藏建设的实证研究。

吴志荣

目 录

十周年论文精选 001

一、出版质量探索 001
  （一）基于综合分析法的核心书目及核心出版社的测定 001
  （二）中文社科学术图书价值判断途径及效能
        ——以法律类学术图书为例 009
  （三）试析教育学科英文核心馆藏文献的产生要素
        ——基于美国六所教育学院共采目录的研究 017
  （四）细分类目下的社科类核心出版社分析
        ——以社会科学文献出版社等为例 025
  （五）教育学学术著作影响力分析
        ——基于 Google Scholar 引文数据 035
  （六）理工科图书出版同质化问题研究
        ——以"C 语言""C++""混凝土结构"类图书为例 045
  （七）心理学学科数字资源的比较分析 052
  （八）2002—2005 年法律类学术性图书出版情况分析 060

二、馆藏资源研究 067
  （九）综合性大学的馆藏图书学科结构分析 067
  （十）藏书质量评价实证研究及缺藏分析
        ——以国内 5 所高校图书馆经济类馆藏为例 075
  （十一）从排行榜看教育学科馆藏文献质量 083
  （十二）当前藏书建设中存在的高比例误选黑洞及对策
        ——以计算机类图书为例 090
  （十三）师范院校图书馆数字资源建设的调查分析 096
  （十四）中文馆藏文学类图书利用状况与纸电配合形式分析
        ——以华东师范大学图书馆部分数据为基础 105
  （十五）同题比较：高校图书馆电子书与纸质书 119

三、采购策略分析 127
  （十六）学科细分视角下的图书馆精准采购分析研究 127
  （十七）高校图书馆荐购系统建设研究 139
  （十八）基于"哲学核心书目"的馆藏漏采分析研究 146
  （十九）图书"纸电同步发行"趋势下的采购策略研究
        ——基于华东师范大学图书馆利用数据的分析 154

（二十）书商征订目录对专业性高校图书采访的影响及对策
　　——以上海戏剧学院图书馆为例 ·· 162
（二十一）当前我国书商征订书目的现状及发展瓶颈 ································ 167
（二十二）基于出版者类型分析的高校图书馆外文期刊的订购策略 ············· 173
（二十三）利用流通数据指导制定文献资源建设策略的实证研究
　　——以中国民航大学图书馆为例 ·· 180
（二十四）ESI、InCites 和 JCR 数据库联合提供外文文献馆藏建设数据支持研究
　　——以东华大学为案例 ··· 189

四、利用效益评价 ··· 197
（二十五）藏书利用价值评价指标体系构建及实证研究 ·························· 197
（二十六）国际学术期刊库绩效评价方法应用现状 ································ 205

五、测评方法研究 ··· 216
（二十七）文献被引的年代分布对被引文献评价的意义
　　——以物理学科为例 ·· 216
（二十八）图书零借阅率的统计与分析
　　——以华中科技大学图书馆馆藏中文图书为例 ······························· 226
（二十九）学术图书核心出版社测定方法比较研究
　　——以法律类图书出版社为例 ··· 231

实证研究与专业的未来（代后记）··· 238

十周年论文精选

一、出版质量探索

（一）基于综合分析法的核心书目及核心出版社的测定[①]

蔡迎春

（上海师范大学图书馆　上海　200234）

[摘要] 本文对目前常用的"核心出版社"测定方法的优势与不足进行了对比分析，提出了基于引文分析法并结合布拉德福区域分析法的"核心书目"和"核心出版社"的测定方法，并以2002—2005年国内经济类图书的出版为例以实证研究的方式阐述了测定的过程，旨在通过对测定结果进行分析，为研究型图书馆对国内经济类出版物的采选提供客观依据。

[关键词] 核心出版社　布拉德福定律　引文分析法

1 引言

国内图书文献出版量逐年快速增长，但在快速增长的背后不可避免地隐藏着经济利益驱使下学术出版质量严重下滑的现状，同质化出版、跟风出版充斥着整个图书发行市场，加上国内出版领域缺乏行业规范，各种伪著作掺杂其中，从而使高质量学术文献增长与文献出版总量增长不成正比。面对国内图书出版良莠不齐、鱼龙混杂现象，如何选择高质量学术文献成为研究型图书馆馆藏建设的难题。因此，对"核心书目""核心出版社"的研究成为近几年来图书馆界关注的热点之一。

关于"核心出版社"及将其作为文献采访决策时考虑的一个重要参量在国内早有研究，其依据的主要理论就是出版社是评价文献质量的一个重要参考因素。本文在"维普期刊网"

[①] 蔡迎春. 基于综合分析法的核心书目及核心出版社的测定[J]. 图书馆杂志，2009，28（01）：4-9.

上以"核心出版社"为关键词进行检索，得到的文章数是12篇，其中最早的是1991年发表在《大学图书馆学报》上的吴力群的《关于"核心出版社"的探讨》。通过对相关文献进行分析发现，国内对此课题的研究大多停留在理论研究阶段，缺少实证研究的实践，即使涉及实证研究，也多是从馆藏书目这个角度做的；通过布拉德福区域分析法来确定某一学科领域的"核心出版社"，由于统计样本数据来源不全面，无法反映某一学科领域文献出版的整体状况，统计结果缺乏科学性和客观性，而且目前对"核心书目"的研究和测定缺少实证方面的资料，因此，本文尝试以"全国总书目"作为统计样本，在利用引文分析法的基础上结合布氏定律（布拉德福定律）对某一学科领域的"核心书目"及"核心出版社"进行测定，为研究型图书馆对国内经济类出版物的采选提供客观依据。

2 测定方法

利用文献计量学方法对学科专业出版物的文献类型和出版社分布密度进行统计分析，这是确定某学科领域"核心出版社"的主要途径。对某学科领域的"核心出版社"进行分析和测定，在理论上实现的方法有很多，而在实践上比较常见的有布拉德福区域分析法、引文分析法、馆藏调查法、征订目录法等。

布拉德福区域分析法是现在国内学界对"核心出版社"测定普遍采取的一种方法，最早是针对期刊工作提出的，目前又将此理论引申到出版领域，以此来划分某一学科文献出版领域出版物密度较高的"核心出版社"区域。布拉德福区域分析法测定"核心出版社"的过程比较简单，但是在测定"核心出版社"实践中存在着一定的局限性：重视文献的出版量和广泛性，而忽略出版文献的学术性这一重要因素，从而使文献出版量大的出版社比较容易被划入核心区。

馆藏调查法和征订目录法同样也是基于布氏定律进行测定，两者的主要区别是统计分析的数据来源不同，由于馆藏书目和征订目录经过了图书馆采购人员或图书供应商的人为选择，因此这两种方法除了具有布拉德福区域分析法的缺点外，还具有数据来源不全面，不能全面反映某一学科领域文献出版状况的不足。

引文分析法是根据文献被引频次量将出版社按顺序排列，并以此来评价和确定"核心出版社"。这种方法考虑到出版文献的学术价值这一重要因素，而且还可以对文献的被引频次进行排序，从而获得本学科领域"核心书目"，但是对获得文献被引频次这一指标缺乏相应测量工具，而且测量过程耗时费力，所以这种方法在具体实践中应用得较少。而Google Scholar的出现为通过引文分析法来测定"核心出版社"及"核心书目"提供了可能。2006年，Google Scholar扩展至中文学术文献领域，它不但可以帮助用户查找中文方面的学术资料，而且可以被当作引文库，帮助用户查证某位专家的某种文献被引用的情况。

综合以上分析，为了弥补布拉德福区域分析法忽略出版文献学术质量的不足，本文综合引文分析法的优势，对结果进行综合评定与分析。具体过程是：利用Google Scholar对特定时间段某学科领域出版文献的被引频次进行测定，然后按被引频次量的大小进行排序，从而获得本学科领域具有一定学术价值的"核心书目"；对处于"核心书目"的文献按出版社进行排序，并利用布拉德福区域分析法测定本学科领域出版社的核心区、相关区及外围区。

3 测定过程及结果分析

3.1 数据来源

目前，可获得的数据来源主要有《全国新书目》《全国总书目》和书商书目。通过对这三大书目 2003 年新书出版信息与当年《新书出版统计年鉴》进行对比，《全国新书目》的新书覆盖率为 50%左右，《全国总书目》的为 60%左右，《人天书目报》达到 80%以上。考虑到《全国总书目》是国内具有代表性的权威书目，出版社覆盖全国各地，基本上能反映我国经济类文献的出版情况，因此本文试以其作为数据来源；同时，为了保证统计数据的全面性和准确性，与《人天书目报》进行比对，适当进行补充。本文统计以种为计量单位，考虑到给引用者 3～6 年的引用时间，测定时间选择 2002—2005 年国内出版的经济类文献。

3.2 学术文献的认定

据不完全统计，2002—2005 年每年出版经济类文献达 10 000 种左右，而且内容广泛、品种繁多，其中有很多是各种培训、考试、普通教材、经济学基础知识等教学用书，也有相当一部分是经济类普及读本、操作技巧等实务图书。为了使统计过程更具可操作性、统计结果更能体现经济类学术著作的出版情况，本文主要偏重于通过 Google Scholar 查证新出版的经济类学术研究性文献的被引频次，学术研究性文献即反映本学科最新研究成果及前沿研究状况和发展趋势，对本学科领域具有较大影响或推动作用的学术性著作（本文认为被引频次≥1 的图书具有一定学术参考价值，是"学术性著作"）。因此，本文对统计样本按照以下标准进行初选：

（1）各种类型经济学教材、教学参考书（不包括影印版教材及教学参考书）。

（2）各种经济学考试用书（包括各种形式的资格考试）。

（3）各种形式的培训用书。

（4）经济学基础知识和实务图书、操作技巧及操作实务图书（包括管理、股票、基金、会计、审计等）、经济类普及读物和读本、创业及励志类图书。

（5）不具备学术性或学术层次较低的其他经济类图书。

（6）非第一版的其他版本图书。

考虑到以下三类经济学领域学术研究性文献大多由特定出版社或地方出版社出版，是研究型图书馆的必备馆藏，因此本文从缩小统计样本的角度对初选结果进行第二次选择，得到的结果作为调查样本：

（1）各种类型的经济学辞典、年鉴、手册、指南、标准等工具用书。

（2）具有连续出版性质的论文集、经济评论、各类型年度报告等。

（3）各种形式的地方（地区）经济类图书。

以上选择依据是书目的书名信息、内容提要信息、丛书名信息及各种附注信息。

3.3 测定过程及结果分析

1) 2002—2005 年国内经济类图书总体出版情况

利用 Google Scholar 对初选调查文献进行被引频次的查证，如表 1 所示。

表 1 2002—2005 年国内经济类图书总体出版情况及被引频次统计

项目		出版量/种，出版社/家	调查文献量/种，相关出版社/家	被引频次＞1/种	被引频次＞10/种	5＞被引频次＞1/种
年份	2002	9 977, 455	4 896, 308	3 612	1 255	3 141
	2003	10 610, 488	4 998, 313	3 633	1 123	3 307
	2004	11 716, 459	6 033, 295	3 708	759	4 732
	2005	11 421, 432	6 225, 277	3 558	397	5 178
总计		43 724, 1 834	22 152, 1 193	14 511	3 534	16 358

通过对表 1 进行分析，本文认为：① 国内经济学发展比较平稳，每年出版的文献总量保持稳定增长；② 经济学文献出版社分布比较分散，涉及全国 460 家左右的出版社，占国内出版社总量的 80%；③ 经济学文献低水平出版的情况比较严重，被引频次＞1 的学术文献占经济学出版总量的 33%，其中被引频次＞10 的仅有 8%；④ 国内经济学文献的学术质量良莠不齐，学术著作的被引频次差异非常大，被引频次＞10 的仅占调查文献量的 16%，1＜被引频次＜5 的占调查文献量的 74%。

2) 2002—2005 年国内经济类文献"核心书目"

将被引频次＞1 的学术文献，按其被引频次的高低降序排列，如表 2 所示。

表 2 2002—2005 年国内经济类文献的被引频次

序号	被引频次	书名	著者	出版社	出版年份
1	1 618	《国家竞争优势》	[美] 迈克尔·波特著	华夏出版社	2002
2	1 287	《营销管理》	[美] 菲利普·科特勒著	上海人民出版社	2003
3	754	《制度、技术与中国农业发展》	林毅夫著	上海人民出版社	2005
4	509	《竞争论》	[美] 迈克尔·波特著	中信出版社	2003
5	414	《ERP 原理·设计·实施》	罗鸿编著	电子工业出版社	2002
6	387	《中国三农问题报告》	刘斌等编著	中国发展出版社	2004
7	386	《循环经济导论》	冯之浚主编	人民出版社	2004
8	363	《竞争力经济学》	金碚等著	广东经济出版社	2003
9	336	《现代制度经济学》	盛洪主编	北京大学出版社	2003
10	324	《中国农业发展问题报告》	林善浪，张国编著	中国发展出版社	2003
11	320	《当代中国经济改革》	吴敬琏著	上海远东出版社	2004
12	282	《虚拟企业构建与管理》	陈剑，冯蔚东著	清华大学出版社	2002
13	274	《区域经济学》	高洪深编著	中国人民大学出版社	2002
14	260	《区域经济理论》	陈秀山，张可云著	商务印书馆	2003

续表

序号	被引频次	书名	著者	出版社	出版年份
15	257	《循环经济》	吴季松著	北京出版集团	2003
16	249	《循环经济理论与实践》	张坤主编	中国环境科学出版社	2003
17	236	《现代项目管理》	白思俊主编	机械工业出版社	2002
18	224	《长江三角洲地区经济发展的模式和机制》	洪银兴，刘志彪等著	清华大学出版社	2003
19	223	《创新网络——区域经济发展新思维》	盖文启著	北京大学出版社	2002
20	217	《人力资源管理概论》	彭剑锋主编	复旦大学出版社	2003
		《资本市场的效率》	李文军编	中国经济出版社	2004
		《资本市场改革开放、运行、稳定发展及监督管理实用手册》	帅长红主编	吉林科学技术出版社	2004
		《资本与改革》	曹兼善，朱秀芬著	延边大学出版社	2004
		《资本运营》	王碧波著	红旗出版社	2004
		《经济中国》	刘永佶主编	中央民族大学出版社	2005
		《中国投资银行论》	王玉霞编著	中国社会科学出版社	2005

被引频次越高，说明学术研究方面的价值越高，对本学科领域发展影响越大、推动作用越强，因此通过 Google Scholar 查询文献被引频次的统计结果，可以对文献的学术价值做出比较客观、科学的测定，统计结果即可作为本学科领域的"核心书目"。通过表2可以看出：被引频次高的学术著作大多出自大学出版社、出版量比较大的专业性国家级出版社或学术声誉比较高的地方出版社。当然，也不排除少量出自出版量较小的地方出版社。

3）利用布氏定律，根据学术文献种数，测定"核心出版社"

将被引频次>1的学术文献，依据学术文献种数降序排列，如表3所示。

表3　2002—2005年国内经济类图书被引用情况统计（根据学术文献种数降序排列）

排序	出版社	出版总量/种	学术文献种数	学术文献比例/%	总被引频次	平均被引频次
1	经济科学出版社	1 800	850	47.22	8 963	10.5
2	中国财政经济出版社	1 875	761	40.59	5 379	7.1
3	机械工业出版社	1 681	609	36.23	5 760	9.5
4	中国人民大学出版社	1 100	517	47.00	6 179	12.0
5	清华大学出版社	1 049	474	45.19	4 951	10.4
6	中国经济出版社	1 238	468	37.80	3 582	7.7
7	经济管理出版社	882	428	48.53	5 065	11.8
8	中国金融出版社	885	398	44.97	4 203	10.6
9	上海财经大学出版社	652	303	46.47	2 882	9.5
10	社会科学文献出版社	423	300	70.92	3 793	12.6
11	北京大学出版社	789	290	36.76	485	1.7
12	中信出版社	538	261	48.51	2 208	8.5
13	电子工业出版社	600	252	42.00	2 770	11.0

续表

排序	出版社	出版总量/种	学术文献种数	学术文献比例/%	总被引频次	平均被引频次
14	中国社会科学出版社	389	240	61.70	2 325	9.7
15	科学出版社	605	235	38.84	3 617	15.4
16	中国农业出版社	515	233	45.24	2 150	9.2
17	东北财经大学出版社	614	221	35.99	2 088	9.4
			中间略			
33	商务印书馆	136	95	69.85	1 408	14.8
			中间略			
90	天津大学出版社	83	32	38.55	344	10.8
91	前 90 家出版社	31 223	11 916			
92	后 320 家出版社（略）	11 421	2 541			

通过对 2002—2005 年被引用学术著作情况进行统计（表 3），国内经济学领域出版情况基本上符合"二八定律"，即 20%出版社出版的学术著作占到了出版总量的 80%。例如，2002—2005 年出版的 43 724 种经济类出版物中，具有学术引用价值的学术著作有 14 508 种，占到出版总量的 33%。在具有学术引用价值的 14 508 种学术著作中，90 家出版社出版的总量有 11 916 种，达到学术著作总量的 82%，并且这 90 家出版社出版的经济文献量占 4 年来经济类出版物总量的 72%。

将"二八定律"应用到文献计量学中，可以测定"核心出版社"，即累计 80%法。通过"累计 80%法"的原理，也可以将上述 90 家出版社确定为国内经济领域"核心出版社"。但是由于经济学领域是出版社分布较广的学科，通过此方法测定的"核心出版社"数量也比较大，在实际工作应用方面存在着一定程度的困难。因此，本文利用布氏定律对这 20%出版社进行进一步的划分，以便得到一个更加集中的区域。

根据布氏定律，我们将 2002—2005 年占到出版总量 80%的 90 家出版社分别分成三个区，使这三个区中出版社出版经济类学术著作的种数呈下列关系：

$$n_1:n_2:n_3=1:a:a_2$$

其中，a 为布拉德福常数或跨区比例系数，取 $a=2$，则出版社及文献分布如表 4 所示。

表 4 布拉德福区域分析法"核心出版社"测定

区号	出版社/家	学术著作量/种	出版总量/种	学术著作比例/%	出版比例/%
1	13	6 151	13 901	42.40	31.80
2	26	3 950	10 739	27.20	24.60
3	51	2 307	7 572	15.90	17.30

从表 4 中可以看出，处于第 1 区的出版社仅 13 家，但其出版的学术文献为 6 151 种，占学术文献总量的 42.40%；出版的经济文献总量为 13 901 种，占到 4 年出版总量的 31.80%。所以有理由认为这一区域内的 13 家出版社为经济学领域"核心出版社"，它们分别是：经济科学出版社、中国财政经济出版社、机械工业出版社、中国人民大学出版社、清华大学

出版社、中国经济出版社、经济管理出版社、中国金融出版社、上海财经大学出版社、社会科学文献出版社、北京大学出版社、中信出版社、电子工业出版社。

4）利用布氏定律，根据学术文献比例，测定"核心出版社"

根据学术文献出版种数对经济类文献的"核心出版社"进行测定，由于结合了引文分析，虽然在一定程度上考虑到了文献的学术价值，但总体结果还是偏向于出版量大的出版社，这对于经济类文献出版数量相对较低而被排除在"核心区"之外的出版社是不合理的，关注这部分出版社的学术文献对图书馆采购工作也非常重要。如表3中的商务印书馆，其4年中出版的136种经济类文献中，具有学术引用价值的学术著作有95种，学术著作的比例非常高，达到70%，并且具有比较高的平均被引频次。因此本研究将4年出版量在90次以上的出版社（考虑到"核心出版社"必须具有一定的文献出版量，因此本研究以4年出版总量/经济文献出版社数为基数进行统计），按学术文献比例的高低进行排序，结果如表5所示。

通过对表5进行分析，103家出版社4年出版的经济类文献量占4年总量的80%以上，学术文献总量占到83%，可以说是经济领域比较重要的出版社。再依据布氏定律分析可知：除上述13家出版社外，商务印书馆、三联书店、中国社会科学出版社、中国发展出版社、人民出版社、复旦大学出版社、中国计划出版社、上海人民出版社这8家出版社也是经济领域的"核心出版社"。

表5 2002—2005年国内经济类图书被引频次统计（根据学术文献比例降序排列）

排序	出版社	出版总量/种	学术文献种数	学术文献比例/%	总被引频次	平均被引频次
1	社会科学文献出版社	423	300	70.92	3 793	12.6
2	商务印书馆	136	95	69.85	1 408	14.8
3	三联书店	159	99	62.26	1 462	14.8
4	中国社会科学出版社	389	240	61.70	2 325	9.7
5	中国发展出版社	162	92	56.79	2 390	26
6	人民出版社	372	205	55.11	2 932	14.3
7	复旦大学出版社	376	199	52.93	2 825	14.2
8	中国计划出版社	128	63	49.22	816	13
9	经济管理出版社	882	428	48.53	5 065	11.8
10	中信出版社	538	261	48.51	2 208	8.5
11	经济科学出版社	1 800	850	47.22	8 963	10.5
12	中国人民大学出版社	1 100	517	47.00	6 179	12
13	上海人民出版社	449	211	46.99	4 151	19.7
14	上海财经大学出版社	652	303	46.47	2 882	9.5
15	华夏出版社	187	85	45.45	2 527	29.7
			中间略			
103	中国言实出版社	103	6	5.83	21	3.5
	总计	33 321	12 092			

4　意义

分析、测定"核心出版社"不仅可以指导文献采购工作，使图书馆对核心出版社出版的图书进行"网罗式"收藏，对外围出版社出版的图书进行"精选式"采购，将绝大部分学术质量高的文献收集齐全，对于提高中文图书的采全率和采准率具有重要意义，而且可以花费较少的人力和经费收藏大部分所需的学科文献，达到重点采购的目的，以提高采访工作的质量。

参考文献

[1] 张静，强自力. 现货采购与书目预定有机结合的中文图书采访模式探讨 [J]. 大学图书馆学报, 2005 (5): 34-35.

[2] 徐文贤，蒋自强. 核心出版社的测定及其评价 [J]. 高校图书馆工作, 2001 (6): 9-10.

[3] 钟建法，苏素尽. 中文图书缺藏成因及补缺对策 [J]. 大学图书馆学报, 2005 (5): 30-32.

〔作者简介〕蔡迎春，女，上海师范大学图书馆副研究馆员。

（收稿时间：2008年11月；编发：王宗义）

（二）中文社科学术图书价值判断途径及效能*①

——以法律类学术图书为例

许继新

（上海师范大学图书馆　上海　200234）

[摘要] 本文以1995—2005年出版的法律类中文学术图书为样本，依据图书被引频次界定学术图书价值、核心出版社和核心著者。统计分析表明，通过著作方式、核心出版社、核心著者均能有效地判断学术图书价值，且效能依次升高。同时，依据效能高低给出了八种判断学术图书价值的组合途径，并根据经费对高价值学术图书入选提出了三种组合判断模型。

[关键词] 学术图书　学术图书价值判断　著作方式　核心出版社　核心著者

1　引言

中文学术图书出版的现状已经无须赘述，数量巨大、质量混杂是其显著特征。对于高校图书馆来说，中文社科类学术图书是其采访工作的重点之一。几乎所有的高校图书馆都没有能力将中文社科学术图书全部收录，只能根据自身学科类别和层次需求，筛选高质量的图书进入馆藏。如此，源于出版与需求的矛盾，将高质量中文社科类学术图书纳入馆藏就成为当前高校图书馆采访的难点。

尽管当前学界对高校图书馆普遍采用的专职采访人员采购全馆图书的模式存在争论，但在实践中，此方式依然是国内最常用的一种采访方式。

为此，从高校采访工作人员的角度，提供一种有效的快速判别学术图书质量的方法来辅助选书，成为高校图书馆提高中文社科类学术图书采访质量和采访工作速度的一个极具应用价值的问题。

问题的核心是快速和有效。有效是方法的必需前提，方法必须能对学术图书价值做出有效判断，有效的标准可以分为选得准和选得全；同时也必须能够实现快速判别，否则对于采访工作人员来说只具备事后评价意义，而无法提高工作人员的效率。实现快速有两种途径：一种是降低采访人员面对图书的阅读量，阅读量越少，做出判断的速度就越快；另一种是判断标准的简化，根据标准能做出"是"或"否"的决策无疑是最快速的。

---

* 本文系上海师范大学校内项目"学术图书选购的标准研究——基于综合分析的作者水平判别"（项目编号：A-0230-14-001031）成果之一。

① 许继新. 中文社科学术图书价值判断途径及效能——以法律类学术图书为例[J]. 图书馆，2016（03）：51-55.

基于上述思路，有一定研究并且已应用于实践的是核心出版社辅助判断法。即基于某类图书样本，依据一定的判断图书质量的标准，或者是引文分析法，或者是用户使用数据分析法，确定某类图书的核心出版社群。之后则重点采购核心出版社出版的图书。该方法能够以相关关系的存在证明其有效，但效能、选准率和选全率如何则无法表明。

另外，学界也提出了核心著者辅助判断法。但是在实证研究中，还少见有人构建核心著者库并进行学术图书价值判断的相关研究。

根据经验，当采访人员面对一本学术图书时，首先关注的是图书的书名、著作方式、著者、出版社和简介等信息；然后根据书名、著作方式、著者和出版社判断是否采购该图书。这种方法既是最省力和快速的，也是最常见的。但是由于上述信息量化依据不足，凭借的是采访人员的主观经验，因此判断易出现偏差。

立足当前采访现实，本研究则试图以上述信息与学术图书价值的关系，建立学术图书价值判断辅助模型。由于图书书名通常涉及图书的主题，一个学科的研究主题无数，很难取得量化规律，因此在本研究中探讨著作方式、著者和出版社信息这三个变量与学术图书价值的关系，分析依据这三种变量判断学术图书价值的效能，并形成以这三种变量判断学术图书价值的可靠模型。

2 样本的选择及学术图书价值的编码

学术图书价值的评价是本研究的起点，是后续指标有效性的依据。本文以笔者参编的《中国哲学社会科学类学术图书基本书目（1995—2005）》（以下简称《基本书目》）为参照。

本研究凭借《基本书目》，以 1995—2005 年出版的图书为目标，考虑了我国出版业发展状况及学术图书被引频次的积累时间和半衰期等因素，具体以上海图书馆等图书馆和图书公司 180 万余条 MARC 数据为源，经去重处理，得出 72 万余条数据。经过与《全国总书目》进行抽样比对，采集到的数据基本涵盖了总书目的收录范围，因而被确定为样本。

据此，本研究选取《基本书目》的法律类书目数据为样本，在剔除不在本研究范围内的译著类学术图书后，获得 5 692 种样本图书。以书目制定所使用的基于 Google Scholar 的引文分析法和帕累托定律，对国内出版的法律类学术图书给予二元量化赋值。入选核心书目的为高价值学术图书，赋值 1；落选的为低价值学术图书，赋值 0。研究中，基于时效性的考虑，对样本图书被引频次进行了更新。更新时间在 2015 年 1 月。表 1 为对书目学术价值赋值过程的相关描述性数据。

表 1 样本图书学术价值赋值描述性统计

总体	书目样本数/种	被引极小值/次	被引极大值/次	被引均值/次
	5 692	0	1 938	30.59
学术价值赋值	学术价值分类	赋值	数量/种	百分比/%
	高价值学术图书（≥33）	1	1 135	19.9
	低价值学术图书	0	4 557	80.1

3 著作方式、出版社和著者信息的编码

3.1 著作方式的编码

著作方式又称为著作类型，一般分为著、编著、编写、主编、编纂、选编、译、编译、注释、校订、译注等。本研究涉及的法律类学术图书的著作方式主要有著、编著和主编三种。

将著作方式按著、编著和主编分别给予1、2、3的类别编码（表2），统计发现著作方式与被引频次有显著的负相关关系（表3）。

表2 著作方式编码及被引频次统计

项目		编码	被引频次	被引频次均值	百分比/%
著作方式	著	1	3 373	38.60	59.2
	编著	2	513	9.78	9.1
	主编	3	1 806	21.50	31.7
合计			5 692		100.0

表3 著作方式与被引频次相关分析

项目	被引频次×合并前著作方式	被引频次×合并后著作方式
Kendall 的 tau_b	−0.215**	−0.243**
Sig.（双侧）	0.000	0.000
N/种	\multicolumn{2}{c}{5 692}

注：**在置信度（双侧）为0.01时，相关性是显著的。

统计表明，如果将著作方式按类别赋值，著作方式1~3的顺序与被引频次存在显著的负相关关系。即著作方式可以作为判断学术图书价值的一个参考指标。

但是比对各著作方式被引频次均值（表2）可以发现，编著类别的被引频次均值最低，这与前述负相关关系存在矛盾。考虑到其样本数较其他两类低，因此将其与被引频次较低的一组，即与主编方式归为一类，重新进行相关分析（表3），发现显著的相关关系仍存在，并且相关系数高于之前。因此，本研究将著作类型分为两类，著赋值1，其他赋值0。

3.2 出版社的编码

出版社信息的编码参考学界关于核心出版社的研究。以是否属于核心出版社给予编码，属于赋值1，不属于赋值0。

以图书的被引频次为指标，依据出版社信息将被引频次叠加，再根据帕累托定律，从高到低将占总被引频次80%左右的出版社列为核心出版社。由于排序可以依据总被引频次或者是平均被引频次进行，因此，需要比较这两种情况哪一种与核心图书具有更高的相关性。

表 4 表明，按照平均被引频次确定的核心出版社相关系数大于按照总被引频次确定的核心出版社。因此，本研究按照出版社图书平均被引频次确定核心出版社，并赋值 1，其他赋值 0。表 5 为出版社编码及出版图书情况统计。

表 4 核心出版社与被引频次相关分析

统计值	被引频次×核心出版社（按照总被引频次）	被引频次×核心出版社（按照平均被引频次）
Kendall 的 tau_b	0.341**	0.376**
Sig.（双侧）	0.000	0.000
N/种	5 692	5 692

注：**在置信度（双侧）为 0.01 时，相关性是显著的。

表 5 出版社编码及出版图书情况统计

项 目		编码	出版社分布		出版图书分布	
			总数/家	百分比/%	图书数量/种	百分比/%
出版社分类	核心出版社（平均被引频次≥25）	1	38	10.76	2 297	40.35
	非核心出版社	0	315	89.24	3 395	59.65
合计			353	100	5 692	100

3.3 著者信息编码

著者信息的编码依据学界提出的核心著者概念进行界定。以是否属于核心著者给予编码，属于赋值 1，不属于赋值 0。

核心著者的界定方法，以图书的被引频次为指标，依据著者信息将同一著者所著图书被引频次叠加，再根据帕累托定律，从高到低排序，把占总被引频次 80%左右的著者作为核心著者。由于排序可以依据总被引频次或者是平均被引频次进行，因此，需要比较这两种情况哪一种与核心图书具有更高的相关性。

表 6 表明，按照平均被引频次确定的核心著者，其相关系数大于按照总被引频次确定的核心著者。因此，本研究按照著者出版图书平均被引频次确定核心著者，并赋值 1，其他赋值 0。表 7 为著者编码及出版图书情况统计。

表 6 核心著者与被引频次相关分析

统计值	被引频次×核心著者（按照总被引频次）	被引频次×核心著者（按照平均被引频次）
Kendall 的 tau_b	0.535**	0.675**
Sig.（双侧）	0.000	0.000
N/种	5 692	5 692

注：**在置信度（双侧）为 0.01 时，相关性是显著的。

表7 著者编码及出版图书情况统计

项目		编码	出版社分布		出版图书分布	
			总数/家	百分比/%	图书数量/种	百分比/%
出版社分类	核心著者（平均被引频次≥29）	1	650	17.84	1 458	25.61
	非核心著者	0	2 993	82.16	4 234	74.39
合计			3 643	100	5 692	100

4 三种指标的价值判断效能

4.1 三种指标与学术图书价值的关联验证

完成对中文学术图书价值编码以及预设的三种预测途径的编码后，首先需要验证新产生的预测途径变量与学术价值变量存在关联性。在关联性存在的基础上比较各途径的各个效能指标。

对各种途径变量与学术图书价值变量是否存在关联，采用2×2的列联表卡方检验方法进行验证。本研究应用 SPSS 19.0 版软件进行统计分析，对著作方式、核心出版社、核心著者分别与学术图书价值进行列联表卡方检验，结果参见表8。

表8 各种途径变量与学术图书价值关联分析

项目		核心图书		合计	χ^2	Sig.（双侧）
		0	1			
指标名称	编码	种数	种数	种数		
著作方式	0	2 025	294	2 319	129.289	0.000** $p \leq 0.01$
	1	2 532	841	3 373		
核心出版社	0	3 118	277	3 395	731.439	0.000** $p \leq 0.01$
	1	1 439	858	2 297		
核心著者	0	4 060	174	4 234	2 594.849	0.000** $p \leq 0.01$
	1	497	961	1 458		
合计		4 557	1 135	5 692		

结果表明，三种途径变量显著性系数均小于0.01，三种途径变量与学术图书价值存在极其显著的关联。因此，通过三种途径变量对学术图书价值进行判断可概括为：① 图书著作方式为著的，为核心图书（高价值学术图书）；② 图书出版社为核心出版社的，为核心图书（高价值学术图书）；③ 图书著者为核心著者的，为核心图书（高价值学术图书）。

4.2 判断效能指标的界定

依据某途径进行学术图书价值判断，根据判断结论和该书实际价值两个维度，可以将判断结果分为四种类型,即选准、筛准、漏选和漏筛。依据这几种类型的数据进行组合运算可以计算出相关的效能指标。本研究有关的效能指标界定及计算方法如下:

(1)选准指该图书属于核心图书,同时也被判断为核心图书。选全率指的是选准数与应选数(核心图书数)的百分比值,与信息检索结果的"查全率"含义相近,表示核心图书入选的全面性。

(2)筛准指该图书不属于核心图书,同时也被判断为非核心图书。筛全率指筛准数与应筛数(非核心图书数)的百分比值,与信息检索结果的"查全率"含义也相近,表示非核心图书筛除的全面性。

(3)入选率指判断为核心图书的数量与图书总数的百分比值,入选率低表明在实际工作中将要采购的数量少。

(4)总体判断准确率指选准数与筛准数之和与图书总数的百分比值,可从总体上表明某判断途径的效果。

(5)选准率指判断为核心图书数中确为核心图书的百分比值,与信息检索结果的"查准率"含义相近,表示核心图书入选的准确性。

(6)筛准率指判断为非核心图书数中确为非核心图书的百分比值,与信息检索结果的"查准率"含义也相近,表示非核心图书筛选的准确性。

(7)判断效能是总体判断准确率与入选率的比值,它平衡了入选规模的影响,更能显示判断的准确性。

4.3 三种判断途径效能比较

比较三种判断途径的各个效能指标(表9),可以发现总体判断准确率以核心著者最高,达到88.2%,核心出版社居中,达到69.9%,著作方式最低,为50.4%。

表9 各种途径判断指标

判断途径	应选数/种	应筛数/种	实选数/种	实筛数/种	选准数/种	筛准数/种	总数/种
核心著者			1 458	4 234	961	4 060	
核心出版社	1 135	4 557	2 297	3 395	858	3 118	5 692
著作方式			3 373	2 319	841	2 025	

判断指标	选全率/%	筛全率/%	选准率/%	筛准率/%	入选率/%	总体判断准确率/%	判断效能/%
核心著者	84.7	89.1	65.9	95.9	25.6	88.2	3.45
核心出版社	75.6	68.4	37.4	91.8	40.4	69.9	1.73
著作方式	74.1	44.4	24.9	87.3	59.3	50.4	0.85

依据帕累托定律,核心图书仅为20%左右,本研究样本核心图书占总数的19.9%。从入选率也可以看出,通过著作方式途径入选的图书达到59.3%,通过核心出版社途径入选的图书则达到40.4%,通过核心著者途径入选的图书则为25.6%。通过核心著者途径判断入选,总量上最接近核心图书理论分布情况。在实际采访工作中,工作人员关注的是

高价值学术图书尽量能够收全，而剔除的图书尽量能够准确。因此选全率和筛准率的意义对于实际工作更加重要。

从表 9 可以看出，三种途径的选全率和筛准率较高，在选全率上，最低的著作方式途径也达到了 74.1%，而在筛准率上，最低的著作方式途径达到 87.3%。这表明，这三种途径用于判断学术图书价值均具有较高的应用价值。

比较各途径的判断效能可以发现，三种途径从著作方式到核心出版社再到核心著者依次接近倍增。因此从总体上看，可以作出核心著者途径判断效能最佳、核心出版社略低、著作方式较差的结论。而比较各项明细指标，也支持此结论。

总的来说，核心著者途径入选图书少，选全率高（84.7%），筛准率高（95.9%），但由于核心著者数量较多，判断较为复杂；核心出版社途径入选图书近 2 倍于核心图书，选全率较高（75.6%），筛准率高（91.8%），核心出版社数量大幅少于核心著者且较为稳定；著作方式途径入选图书近 3 倍于核心图书，选全率（74.1%）与核心出版社途径接近，筛准率较高（87.3%），著作方式类型简单，图书可直接提供该信息。

5　各种预测途径组合运用效能

在实际工作中，采访人员并不是仅依靠一种途径进行判断，他们可以综合运用三种途径对学术图书价值作出判断。根据三种途径的不同取值，可以组合为八种判断途径，依据入选图书中核心图书占比由高到低排列，可以得到选书途径优先次序，计算其累计选全率和累计入选率（表 10）。从表 10 可以看出，在选书的过程中，可以根据经费或计划采购数量，依次根据各个组合途径选书，以获得相对较高的选全率和较低的入选率。

表 10　三种途径综合运用效能及优先次序

优先次序	著作方式	核心出版社	核心著者	普通图书数/本	核心图书数/本	累计选全率/%	累计入选率/%	核心图书占比/%
1	1	1	1	159	576	50.7	12.9	78.4
2	0	1	1	117	174	66.1	18.0	59.8
3	1	0	1	106	137	78.1	22.3	56.4
4	0	0	1	115	74	84.7	25.6	39.2
5	1	1	0	787	84	92.1	40.9	9.6
6	0	1	0	376	24	94.2	47.9	6.0
7	1	0	0	1 480	44	98.1	74.7	2.9
8	0	0	0	1 417	22	100.0	100.0	1.5

前四种选书途径汇总起来即核心著者选书途径，该途径可以在 25.6%的累计入选率的基础上达到 84.7%的累计选全率，比较适合在经费较紧张的情况下采用。

前六种选书途径汇总起来是核心著者或核心出版社选书途径，只需两者满足其一即可入选，该组合在累计入选率为 47.9%的情况下达到 94.2%的累计选全率，此途径组合适合在经费较为充足且对选全率要求较高的情况下采用。

前七种选书途径组合汇总起来就是三种途径任意满足其一即可入选,该途径可以在累计入选率为 74.7%的基础上达到 98.1%的累计选全率,此途径组合适合在经费充足且对选全率要求极高的情况下采用。

6 结语

综上所述,中文学术图书的著作方式、核心出版社、核心著者均为有效的判断学术图书价值的途径。其判断效能从高到低依次为核心著者、核心出版社和著作方式。组合运用三种途径,可以根据自身经费情况和对高价值学术图书选全的需求来确定组合方式。采用核心著者途径为经费优先模式,适合在经费紧张的情况下采用。核心著者和核心出版社任一满足的组合方式为综合最优模式,适合在经费较充足单位采用。而核心著者、核心出版社及著作方式三者任一满足的组合方式则为选全优先模式,适合在经费十分充足的情况下采用。

研究的不足及需进一步研究之处有:第一,样本方面,由于条件所限,仅选用 1995—2005 年出版的法律类图书 5 962 种为例,相对于每年数十万种的图书出版量来说,无论数量还是种类的代表性上都有不足之处,需后续扩充中文社科学术图书类别和数量来对研究结果进行验证。第二,本研究核心出版社和核心著者界定的数据来源于图书被引频次,还可以根据图书在图书馆的利用情况以及专家评定等进行界定,今后的研究中也可综合上述因素进行界定。第三,由于著者群体人数众多且需经常更新,核心著者库建立的难度较大,因此还需要对核心著者的界定方法和效果进行进一步的研究。著者核心期刊发文情况或者其论文被引情况也是需要考虑的变量。

参考文献

[1] 孙丽萍. 出版量世界第一"出版大国"何时能成"学术强国"?[EB/OL]. [2012-08-20]. http://news.xinhuanet.com/new media/2012-08/20/c_112776468.htm.

[2] 曾文军. 新世纪图书采访模式研究与采访策略选择[J]. 图书馆论坛,2005(5):120-122.

[3] 蒋志强,徐文贤. 关于"核心出版社"的理论探索[J]. 图书情报工作,2002(4):62-65.

[4] 王静芬,高琦,梁伟波. 核心作者测定在海商法台版图书采购中的应用[J]. 图书馆杂志,2015(3):81-83.

[5] 吴志荣,蔡迎春. 中国哲学社会科学类学术图书基本书目(1995—2005)[M]. 北京:北京图书馆出版社,2013.

〔作者简介〕许继新(1978—),男,上海师范大学图书馆副研究馆员,发表论文 5 篇,研究方向为信息资源建设与服务研究。

(收稿时间:2015 年 2 月)

（三）试析教育学科英文核心馆藏文献的产生要素

——基于美国六所教育学院共采目录的研究

潘 澜

（上海师范大学图书馆 上海 200234）

[摘要] 核心馆藏是图书馆中具有学术价值的核心文献所构成的文献系统集藏，所以对其产生要素的研究有利于馆藏建设的发展。本文以美国六所教育学院的共采目录作为教育学科的英文核心馆藏文献，以多元回归分析法为研究方法，对影响该核心馆藏文献的产生要素展开研究，以期促进教育学科的馆藏建设与发展。

[关键词] 核心馆藏 共采目录 多元回归分析法

1 引言

1.1 核心馆藏定义

根据美国图书馆学会《图书馆学及资讯科学词汇》，核心馆藏（Core Collection）的定义有两点：① 核心馆藏是图书馆馆藏的一部分，这一部分馆藏代表读者最需要的资讯，是馆藏中经常被读者使用或有最高需求性的资料。② 以完整的标准书目（Comprehensive Standard List）或其他书目为指南所建立的图书馆馆藏。

因此，核心馆藏是馆藏中满足大多数读者需求的少部分馆藏，它通常以文献是否会具有较高读者需求来作为选择和收集的依据。这些具有较高读者需求的核心馆藏，特别是学术性较强的那部分核心馆藏，一般都有很高的质量。

1.2 核心馆藏文献的特点

通常，核心馆藏文献具有这样的特点：① 信息容量大。通过对核心馆藏文献的阅读和研究，可获得对学科发展动向的全面了解。② 半衰期长，影响深远。许多核心馆藏文献往往是该学科的奠基之作，同时也是研究者们进行学科研究的必备之作。③ 被引频次高。核心馆藏文献一般都具有较高的被引频次，这是由文献自身的深刻内涵所决定的。④ 译本较多。核心馆藏文献由于具有创造性的思想内容而经常被翻译为著者母语之外的多种语言加以传播与交流。

---

① 潘澜. 试析教育学科英文核心馆藏文献的产生要素——基于美国六所教育学院共采目录的研究[J]. 图书馆杂志, 2012, 31（01）: 33-37, 47.

2 教育学科的英文核心馆藏文献

在本文中,作为教育学科英文核心馆藏文献的共采目录是笔者 2010 年赴美国纽约城市大学图书馆交流、访学期间,通过实地调研和网上调查相结合的方式,在对美国六所教育学院的馆藏教育文献进行研究与总结的基础上所获得的。这六所教育学院分别为:哥伦比亚大学教师学院(全美最大和历史最悠久的教育学科的研究生学院)、美国最大的公立大学之一的纽约城市大学的四所教育学院(其中的 City 学院为纽约历史最悠久的公立教育学院)以及以儿童早期教育而闻名的河畔街私立教育学院(Bank Street College of Education)。该共采目录如表 1 所示(有关此目录的具体情况详见笔者另一篇文章《基于国外通用目录的我国师范类高校馆藏英文教育文献的评价》)。

表 1 美国六所教育学院的共采目录

教师教育与培训(Education and Training of Teacher)					
题名	著者	出版社	出版时间	国会分类号
The Education of American Teachers	Conant, James Bryant	McGraw–Hill	1963	LB1715 LA201
The Courage to Teach: Exploring the Inner Landscape of a Teacher's Life	Palmer, Parker J.	Calif.: Jossey–Bass	1998	LB1775
Letter to a Young Teacher	Kozol, Jonathan	Crown Publishers	2007	LB1776.2
...				
学前教育及小学教育(Early Childhood, Preschool, Kindergarten and Primary)					
题名	著者	出版社	出版时间	国会分类号
Encyclopedia of Early Childhood Education	Williams, Leslie R., Fromberg, Doris Pronin	Garland Pub	1982	LB1139.25
Young Children	National Association for the Education of Young Children	National Association for the Education of Young Children	2001	LB1140.A1
...				
美国教育机构(Individual Institutions of the United States)					
题名	著者	出版社	出版时间	国会分类号
Making the Most of College: Students Speak Their Minds	Light, Richard J.	Harvard University Press	2001	LD2160
Kent State: What Happened and Why	Michener, James A.	Random House	1971	LD4191.O72
Small Victories • the Real World of a Teacher, Her Students, and Their High School	Freedman, Samuel G.	Harper & Row	1990	LD7501.N525
...				

3 教育学科英文核心馆藏文献的产生要素测评

3.1 取样范围

本文作为测评对象的教育学科的英文核心馆藏文献为上述共采目录中的 212 条教育学科的文献记录。其中包括纸质图书 191 种，连续出版物 18 种，以及 3 种电子图书。

3.2 测评过程

3.2.1 测评工具

笔者将 SPSS 12.0 For Windows 软件作为本文核心馆藏文献调查数据的统计分析工具。

3.2.2 测评方法

本文主要将统计学中的多元回归分析法作为分析调查数据的主要研究方法。多元回归分析法是一种非常实用的统计方法，应用范围很广。在现实问题研究中，因变量的变化往往受几个重要因素的影响，此时就需要将两个或两个以上的影响因素作为自变量来解释因变量的变化，而多元回归分析正是处理这类不完全确定的变量之间的相关关系的有力工具。同时，为了解决在建立多元回归模型进行因素分析时，究竟哪些自变量应该引入模型而哪些自变量不应引入模型这一问题，本文选用了变量筛选的逐步回归分析模式。

通过上文的阐述，我们了解到核心馆藏文献往往是馆藏中读者最需要的文献资料，这样的本质特点表现在引文分析方面就是，核心馆藏文献的被引频次通常都较高。同样的，许多研究馆藏建设的论文也正是通过分析文献的被引频次来确定学科的核心书目并进而测评馆藏质量的，如《基于"核心书目"的藏书质量评价与分析》《基于核心书目测定的缺藏案例分析》等。因此，我们以共采目录中 212 条教育学科文献记录的被引频次为因变量，设以下 7 个变量为自变量："著者情况"变量（包括著者年龄、著者来源和著者职业变量；"出版情况"变量（包括出版时间和出版地变量）；"中文译本"变量以及"研究主题"变量；然后在因变量和这些自变量之间建立多元回归分析模型，试图在影响教育学科英文核心馆藏文献产生的诸多要素中找出哪些要素作用显著、属于核心要素，哪些要素的影响作用并不显著。

3.3 测评结果

通过 SPSS 多元回归分析对数据逐步回归的研究方法得出的测评结果如表 2 所示。

表 2 教育学科英文核心馆藏文献的产生要素

模型		非标准系数		标准系数	t	Sig.
		B	标准误差	β		
1	常数	−92.642	204.263		−0.454	0.651
	中文译本	490.010	150.532	0.232	3.255	0.001

续表

模型		非标准系数 B	标准误差	标准系数 β	t	Sig.
2	常数	34.716	206.720		0.168	0.867
	中文译本	526.189	148.795	0.249	3.536	0.001
	著者来源	−63.006	23.783	−0.186	−2.649	0.009
3	常数	550.667	329.270		1.672	0.096
	中文译本	496.189	149.363	0.234	3.344	0.001
	著者来源	−67.188	23.685	−0.199	−2.837	0.005
	出版时间	−90.242	45.058	−0.140	−2.003	0.047

a. Dependent Variable：被引频次

从表 2 我们不难发现，模型 3 中的中文译本、著者来源和出版时间这三个变量的 Sig. 值都小于 0.05（分别为 0.001，0.005 和 0.047）。因此可以断定，这三个自变量成为影响教育学科英文核心馆藏文献产生的三个显著要素。

3.3.1 著者来源要素分析

共采目录中的 212 条教育学科文献记录分别由 153 名个人著者和 13 名机构团体著者撰写而成（其中包括同一作者著有多本不同著作的情况）。为便于统计分析，笔者对目录中的合著文献仅研究第一著者的相关情况。笔者通过检索互联网上关于著者的维基百科条目、著者博客以及查阅相关文献资料，53 名个人著者的来源构成如表 3 所示。

表 3 教育学科英文核心馆藏文献的著者来源情况分析

项目		著者数量/名	占著者总数的百分比/%
著者来源构成	高等院校	97	63.41
	不详（源数据如此）	13	8.50
	中学	12	7.84
	教育机构	11	7.19
	政府部门	4	2.61
	学会协会	4	2.61
	出版社	3	1.96
	图书馆	3	1.96
	研究机构	3	1.96
	其他	3	1.96
合计		153	100.00

表 3 非常清晰地揭示出，在形成教育学科英文核心馆藏文献的 212 条文献记录中，来自高等院校的 97 名著者占据了 153 名著者总数的多半壁江山，达 63.40%；来自中学和教育机构的著者，他们各自的人数和百分比都比较接近，分别为 12 名（7.84%）和 11 名（7.19%）。由于上述三类著者皆来自教育行业，且三者的人数之和为 120 名，占著者总人

数的78.43%，因此，我们认为，来自教育行业的著者是构成教育学科英文核心馆藏文献著者来源的最主要群体和最核心力量。

我们对这97名来自高校的著者作进一步分析后发现，他们中有45名来自全美最著名的三大高校联盟（常春藤联盟、以斯坦福大学为首的太平洋十校联盟和以伊利诺伊大学为首的十大盟校）。这45名占高校著者总人数的近一半，为46.39%。具体结果如表4所示。

表4 知名高校著者的具体来源情况分析

项 目		著者数量/名
高校名称	哥伦比亚大学	12
	哈佛大学	10
	加利福尼亚大学	7
	斯坦福大学	3
	威斯康星大学	2
	范德比尔特大学	2
	康奈尔大学	1
	布朗大学	1
	华盛顿大学	1
	南加利福尼亚大学	1
	亚利桑那州立大学	1
	密歇根大学	1
	伊利诺伊大学	1
	得克萨斯大学	1
	约翰霍普金斯大学	1
合计		45

根据美国《新闻与世界报道》杂志2011年对全美教育学科前二十名的高校排名可知，表4中45名著者所来自的15所美国知名高校，有11所榜上有名。例如，范德比尔特大学在全美教育学科中排名第一。又如，由于哥伦比亚大学教师学院（Teachers College）和哈佛大学教育学院（Harvard Graduate School of Education）在美国教育界中占有举足轻重的地位，这两所高校的著者数量几乎占据45名高校著者的近一半，为22名，48.89%；同时也占据97名高校著者总数量的五分之一，为22.68%。此外，笔者也分别统计了上述两所高校的文献总被引频次和人均被引频次：哥伦比亚大学12名著者的文献总被引频次为5 849，人均被引频次为487.42；哈佛大学10名著者的文献总被引频次为14 104，人均被引频次为1 410.4。

据此，我们完全有理由认为，来自高等院校特别是知名高等院校的专家教授们所撰写的教育学著作构成了教育学科的英文核心馆藏文献。同时，著者来源要素也成为影响教育学科英文核心馆藏文献产生的显著要素之一。

3.3.2 出版时间要素分析

在作为教育学科英文核心馆藏文献的共采目录中，212条教育文献记录里有明确出版时间的为 200 种，它们的具体出版时间如表 5 所示。

表 5 教育学科核心馆藏文献的出版时间分析

项目		出版文献数量/种	占文献总数的百分比/%
出版时间	1950 年以前	3	1.5
	1951—1960 年	4	2.0
	1961—1970 年	34	17.0
	1971—1980 年	22	11.0
	1981—1990 年	38	19.0
	1991—2000 年	58	29.0
	2001 年至今	41	20.5
合计		200	100.0

从表 5 我们可以了解到，1960 年以前出版的教育文献的数量相对较少。1961—1980 年，教育学科的文献出版数量较多，增长速度也较快。此后，1981 年至今出版的教育学科文献的数量比之前 20 年增长速度更快，其文献数量为 137 种，占 200 种文献总量的 68.5%。这样的文献出版状况与自 20 世纪 70 年代以来的信息技术革命的发展是密不可分的。一方面，信息技术的发展有力地促进了像教育学科这样的人文社会科学的进步与发展；另一方面，教育学科的发展也为信息技术的进一步发展培育了更多的人才。

如果我们将 200 种教育学科英文核心馆藏文献的出版时间和它们各自的被引频次结合在一起加以分析，则具体结果如表 6 所示。

表 6 出版时间与被引频次的情况分析

出版时间	被引频次≥1 000 的种类（占比）	1 000＞被引频次≥100 的种数（占比）	100＞被引频次≥10 的种数（占比）	10＞被引频次≥1 的种数（占比）
1950 年以前	0	1（1.19%）	0	0
1951—1960 年	1（3.85%）	2（2.38%）	1（1.56%）	0
1961—1970 年	6（23.08%）	18（21.43%）	7（10.94%）	2（11.76%）
1971—1980 年	3（11.54%）	9（10.71%）	10（15.63%）	0
1981—1990 年	6（23.08%）	15（17.86%）	12（18.75%）	4（23.53%）
1991—2000 年	10（38.46%）	23（27.38%）	17（26.56%）	4（23.53%）
2001 年至今	0	16（19.05%）	17（26.56%）	7（41.18%）

注：括号中的数字为该时间段内出版的文献数量占各被引频次文献总数的百分比。

通过表 6 的数据，我们可以发现，教育学科英文核心馆藏文献的出版时间和文献被引频次之间存在这样一些关系：① 文献被引频次的高低和其出版时间的长短之间存在着一定的反向相关关系，即被引频次相对较低的文献，其出版时间也相对较短，反之亦然。例如，在 1≤被引频次＜100 的 81 种文献中，超过一半的文献是在 1991 年至今的 20 多年里出版的（10≤被引频次＜100 的为 34 种，占文献总数的 53.12%；1≤被引频次＜10 的为 11 种，占文献总数的 64.71%）。② 教育学科经典文献的产生不但需要较长的时间积淀，并且产生不易。例如，具有被引频次≥1 000 的高被引频次的教育经典文献自 20 世纪 50 年代陆续产生后，在 2001 年至今的十多年里就再也没有出现过，这样的出版状况与整个教育大环境的发展密切相关。当前，教育知识生产的困境已经全面地表现出来。所谓"全面"指它已触及教育知识的生产者、生产方式以及知识产品的全部领域。

出版时间要素之所以成为影响教育学科英文核心馆藏文献产生的显著要素，原因就在于，该要素充分证明了核心馆藏文献具有半衰期长、被引频次高的鲜明特点，特别是社会科学的核心馆藏文献，学术寿命都较长，学术影响力也很深远。

3.3.3 中文译本要素分析

借助于现代化的信息传播技术和手段，具有创造性思维和深刻思想内容的核心馆藏文献一经发表，便会得以迅速地传播开去。在传播的过程中，这些核心馆藏文献的译本和译种也随之增多。例如，在本文中作为教育学科英文核心馆藏文献的共采目录有 212 种教育文献其中有 53 种具有中文译本。这些教育学科的核心文献（其原著本身）不仅在学术界的影响非常深远，被引频次非常之高，而且在出版发行了包括中文译本在内的多种语言的译本后，更促进了它的学术交流与传播。这就将我国教育学科的研究人员与教育学研究的先进国家研究人员之间在学术交流方面的障碍降到最低程度。53 种中文译本及其被引频次的具体情况详见表 7。

表 7　中文译本及其被引频次的情况分析

中文译本名称	被引频次
教育过程	5 754
教学论	4 989
一个称为学校的地方	4 420
多元智能	3 851
…	
穿过金色光阴的哈佛人：哈佛大学生成功访谈录	581
如何成为卓越的大学教师	548
夏山学校	463
孩子是如何学习的	434
…	
家庭作业的迷思	58
三杯茶	51
梦想教室	44
给青年教师的 15 封信：教育家对话新任教师	32
…	

4　结论

笔者希望，本文对影响教育学科英文核心馆藏文献产生要素的分析，能够促进高校图书馆教育学科英文核心馆藏的规划与建设，特别是我国被作为教育重镇的一些知名师范类高校，更应注重加强此方面的建设。

参考文献

［1］ Gross P L K，Gross E M. College libraries and chemical education ［J］. Science，1927（66）：386 – 389.

［2］ Allen E S. Periodicals for mathematicians ［J］. Science，1929（70）：592 – 594.

［3］ Brown C H. Characteristics and lists of most cited publications in mathematics，chemistry，geology，physiology，botany，zoology，and entomology ［J］. Scientific Serials，1956（16）.

［4］ Robin N Sinn. A local citation analysis of mathematical and statistical dissertations ［J］. Science & Technology Libraries，2005（4）：25 – 37.

［5］ 张军亮. 国内数学文献引文特征动态分析 ［J］. 情报杂志，1998（5）：48 – 49，51.

［6］ 赵亚莉. 我国《计算数学》学者的引文统计分析 ［J］. 情报科学，2002（12）：1260 – 1271.

［7］ 耿小兵. 数学专业博士学位论文引文规律初探［J］. 现代情报，2003（8）：170 – 172.

［8］ 陆怡洲. 基于核心书目测定的缺藏案例分析 ［J］. 图书情报工作，2010（3）.

［9］ 美国《新闻与世界报道》2011 年美国高校教育学科前二十位排名［EB/OL］. ［2011.8.28］. http://www.usnews.com/education/best-graduate-schools/articles/2011/03/15/vanderbilt-garners-top-spot-in-education-rank¬ings?PageNr=1.

［10］ 雷云. 略论教育经典与教育知识生产 ［J］. 上海教育科研，2011（3）.

〔作者简介〕潘澜（1981—），女，教育学硕士，上海师范大学图书馆馆员。

（收稿时间：2011 年 11 月　编发：王宗义）

（四）细分类目下的社科类核心出版社分析[①]

——以社会科学文献出版社等为例

许树梅

（上海师范大学天华学院图书馆　上海　201815）

[摘要] 本文获取了社会科学文献出版社、商务印书馆、三联书店三家核心出版社的出版图书信息，从中节选出2008—2012年的数据进行比较、分析，得出各社的出版倾向，依据《中国哲学社会科学类学术图书基本书目（1995—2005）》挑选该三家出版社已入选并排名靠前的哲学、宗教类书目，然后着重对"中国哲学"和"宗教"两个类目用引文量、h指数进行分析，发现该三家出版社出版的"中国哲学"类图书质量都很高，而三联书店虽然在B大类总体出版数量最少，但是在"中国哲学"类目的出版数量最多，质量也最高；在"宗教"类目，社会科学文献出版社出版数量最多，质量也最好，三联书店则较差。因此掌握核心出版社的同时应该对细分类目下的出版信息做进一步分析，才能较为精准地发现核心出版社的高质量图书。

[关键词] 核心出版社　出版质量　"中国哲学"　"宗教"

1. 前言

核心出版社，是指在某一学科领域图书出版中起主要作用的出版社，其出版量大、质量高、有较高的利用率和较大的读者影响力，能较好地把握学科发展状况，并及时编辑、出版反映本学科最新研究成果及前沿研究状况和发展趋势的图书。掌握各个学科核心出版社的情况是采访人员必须掌握的知识，这也是近年来馆藏建设领域研究的重点之一。

然而，从目前来说，人们对核心出版社的认识往往停留在某个较大的学科范畴，如计算机类、经济类、教育类等。事实上，同类学科的各个核心出版社的出版倾向并不完全相同，笼统地从某个较大的学科范围来了解核心出版社是不科学的。

本文在比较同是哲学社会科学类图书核心出版社的三家出版社时，先是分析各社的出版倾向，然后从"中国哲学"和"宗教"两个细分类目对三家出版社的图书质量进行分析，以期对馆藏建设工作提供依据。

[①] 许树梅.细分类目下的社科类核心出版社分析——以社会科学文献出版社等为例[J].图书馆，2017（11）：51-55.

2. 三家出版社的总体情况

社会科学文献出版社、商务印书馆、三联书店是全国知名的社科类核心出版社，本文选取这三家出版社 2008—2012 年的出版图书种数进行比较。以下数字是各社出版图书的"种"的数量，重印或者再版的印刷图书，如果其 ISBN 是相同的，则按一种进行计算。统计结果如表 1 和图 1 所示。

表1 2008—2012 年三家出版社出版图书种数对比

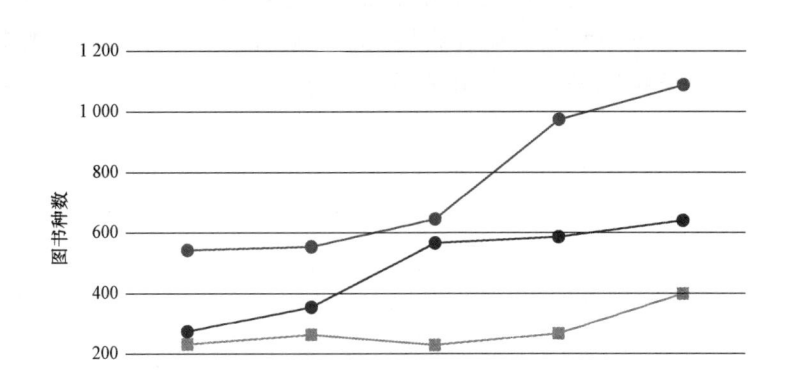

社会科学文献出版社 B 大类						商务印书馆 B 大类						三联书店 B 大类					
二级类目	2008	2009	2010	2011	2012	二级类目	2008	2009	2010	2011	2012	二级类目	2008	2009	2010	2011	2012
B－B0	5	6	4	9	9	B－B0	4	4	9	13	11	B－B0	5	1	0	3	3
B1	0	0	2	1	1	B1	1	1	2	2	5	B1	0	1	0	0	0
B2	6	6	13	15	9	B2	4	13	8	7	10	B2	13	19	8	10	19
B3	1	0	0	0	1	B3	0	0	0	0	1	B3	0	1	0	0	1
B4	1	0	0	0	0	B4	0	0	0	0	0	B4	0	0	0	0	0
B5	1	2	5	3	2	B5	5	12	19	18	38	B5	2	3	0	2	5
B6	0	0	0	0	0	B6	0	0	0	0	0	B6	0	0	0	0	0
B7	0	3	0	0	3	B7	1	0	1	0	1	B7	0	1	1	0	0
B80	0	0	0	0	1	B80	2	0	1	1	0	B80	0	0	0	0	0
B81	0	0	0	1	0	B81	0	0	1	1	1	B81	0	0	0	0	0
B82	4	2	2	4	2	B82	2	2	0	5	4	B82	2	2	0	1	4
B83	2	2	1	3	1	B83	1	2	0	4	8	B83	1	3	0	2	2
B84	3	0	0	5	1	B84	3	2	1	4	4	B84	1	2	0	2	1
B9	11	9	9	16	28	B9	0	7	12	13	19	B9	2	6	12	6	9

	2008年	2009年	2010年	2011年	2012年
社会科学文献出版社	543	554	645	974	1 088
商务印书馆	274	355	566	586	640
三联书店	232	263	229	268	399

图1 2008—2012 年三家出版社出版图书种数对比

由表 1 和图 1 可知，2008—2012 年社会科学文献出版社出版图书 3 804 种，数量最多，第二位商务印书馆出版 2 421 种，三联书店出版 1 391 种，数量最少。社会科学文献出版社出版的图书比商务印书馆出版的图书多出 1 383 种，高出三联书店出版的图书将近两倍，且每年的图书总数都居于榜首，因此数据证实社会科学文献出版社在列举的社科类核心出版社中出版规模是最大的。

为了进一步了解这三家出版社的出版倾向，以下采用"中国图书馆分类法"的 22 大类将这三家出版社 2008—2012 年的书目数据分类汇总，分析各社的出版倾向。

3. 三家核心出版社的出版倾向

因为选取的三家出版社都是社科类的核心出版社，故而在统计书目数据分类时，着重选择分类号 A～K 大类（图 2～图 6）。（三家出版社也有少数 N～Z 大类的图书出版，由于数量较少，所以在图中不作显示。）

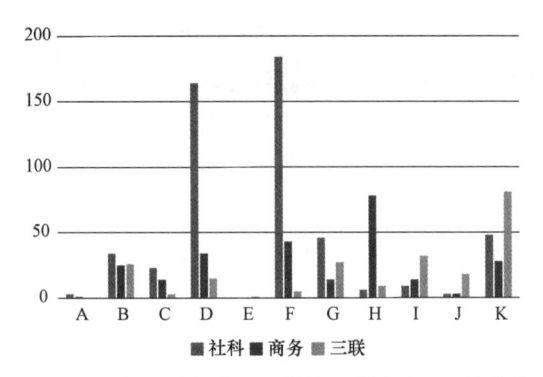

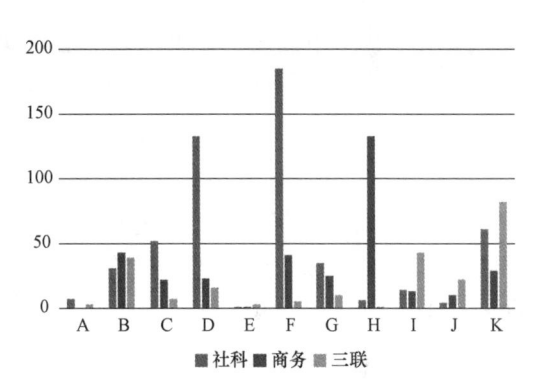

图 2 2008 年三社的出版图书按"中图法"分类比较　**图 3** 2009 年三社的出版图书按"中图法"分类比较

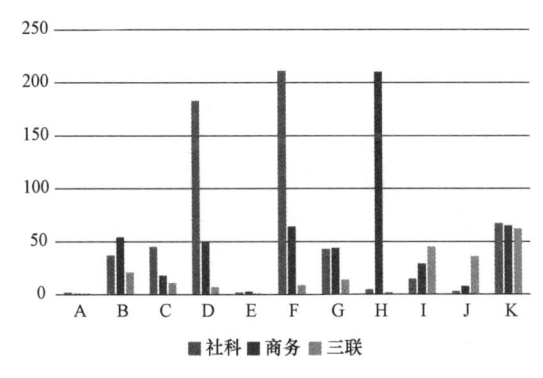

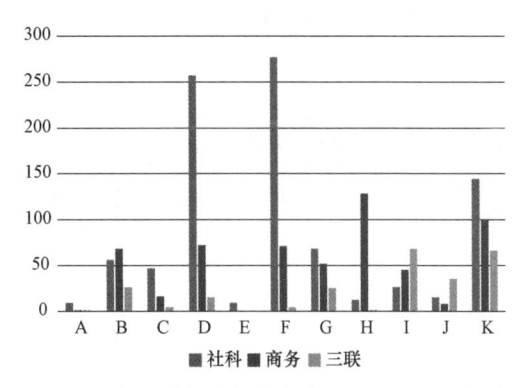

图 4 2010 年三社的出版图书按"中图法"分类比较　**图 5** 2011 年三社的出版图书按"中图法"分类比较

根据三社 5 年的出版书目（图 2～图 6）的种类比较得出：虽然各社的出版种数差距甚大，但是图书类目种数各有高低。社会科学文献出版社出版种数最多的是 D、F、K 大类，可以推出该社的出版倾向是政治、法律、经济、文化、教育类图书；商务印书馆出版种数较多的是 B、H 大类，该社的出版倾向是哲学、语言、文字类图书；三联书店出版种数最多的是 I 和 K 大类，比较注重文学、艺术类图书的出版。显而易见，三家出版社的出版倾向是不同的。

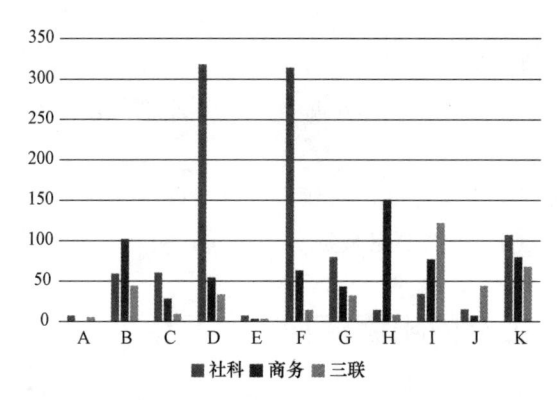

图 6　2012 年三社的出版图书按"中图法"分类比较

3.1　细分各社"哲学、宗教"B 大类出版书目的比较

《中国哲学社会科学类学术图书基本书目（1995—2005）》为 1995—2005 年我国（不包括港澳台）出版的哲学社会科学类学术图书的标准书目，入选的图书均具有相当的被引频次，且经相关专家审核，每类书目前均有对该书目的分析说明，分析所收录图书的被引情况、年代分布、出版社分布、类别分布等，具有相当的学术性。社会科学文献出版社、商务印书馆、三联书店都是同时入选《中国哲学社会科学类学术图书基本书目（1995—2005）》中"哲学、宗教类入选书目"且排名靠前的出版社，说明这三家出版社出版的 B 大类图书的学术价值是比较高的。

细分三社 B 大类书目（表 2），商务印书馆出版的 B 大类图书 292 种，占出版总数最多，社会科学文献出版社紧随其后，217 种，三联书店出版的图书最少，156 种；三家出版社 B 大类下的二级类目种数也略微不同，可见它们在这个类目中也有各自的出版方向。

表 2　2008—2012 年三家出版社 B 大类二级类目种数

| 社会科学文献出版社 B 大类 |||||| 商务印书馆 B 大类 |||||| 三联书店 B 大类 ||||||
二级类目	2008	2009	2010	2011	2012	二级类目	2008	2009	2010	2011	2012	二级类目	2008	2009	2010	2011	2012
B−B0	5	6	4	9	9	B−B0	4	4	9	13	11	B−B0	5	1	0	3	3
B1	0	0	2	1	1	B1	1	1	2	2	5	B1	0	1	0	0	0
B2	6	6	13	15	9	B2	4	13	8	7	10	B2	13	19	8	10	19
B3	1	0	0	0	1	B3	0	0	0	0	1	B3	0	1	0	0	1
B4	1	0	0	0	0	B4	0	0	0	0	0	B4	0	0	0	0	0
B5	1	2	5	3	2	B5	5	12	19	18	38	B5	2	3	0	2	5
B6	0	0	0	0	0	B6	0	0	0	0	0	B6	0	0	0	0	0
B7	0	3	0	0	3	B7	1	0	1	0	0	B7	0	1	1	0	0
B80	0	0	0	0	1	B80	2	0	1	1	0	B80	0	0	0	0	0
B81	0	0	1	0	1	B81	2	0	0	1	0	B81	0	0	0	0	0
B82	4	2	2	4	2	B82	2	2	0	5	4	B82	2	2	0	1	4

续表

社会科学文献出版社 B 大类							商务印书馆 B 大类							三联书店 B 大类					
二级类目	2008	2009	2010	2011	2012	二级类目	2008	2009	2010	2011	2012	二级类目	2008	2009	2010	2011	2012
B83	2	2	1	3	1	B83	1	2	0	4	8	B83	1	3	0	2	2
B84	3	0	0	5	1	B84	3	2	1	4	4	B84	1	2	0	2	1
B9	11	9	9	16	28	B9	0	7	12	13	19	B9	2	6	12	6	9

当今我国每年的新书出版总数在 40 万种左右，图书的质量参差不齐，特别是心理学方面的"垃圾书"充斥在采访人员的每期订购书目里，这里很有必要列出这三家出版社的 B84 类图书信息（表3）。

表3　2008—2012 年三家出版社 B84 类图书信息

社会科学文献出版社	商务印书馆	三联书店
《盲点：人类心理误区解读》	《人的需要理论》	《我的地震经历》
《怎么活才不累：白领减压手册》	《商界精英综合征》	《智商测试》
《告别恐惧：积极心理治疗读本》	《心的分析》	《私密的神话》
《心理测量实践教程》	《成功》	《黑色哈姆雷特》
《减压其实很简单》	《个性：君之如是，何以致之》	《女人总是想太多》
《丧亲青少年的哀伤与家庭治疗》	《微精神分析》	《精神分析学与辩证唯物论》
《自省决定成败：标准细节日记》	《压力管理》	
《行动的哲学：助你成功与幸福的智慧》	《机遇垂青有准备的人》	
《自我催眠术：健康与自我改善完全指南》	《心理学史笔记》	
	《把情商当回事：卓越人生必备的元技能》	
	《心予》	
	《成功公式与头衔无关：一个改变人生和事业的现代寓言》	
	《心理学的未来：世界上最著名的一些心理学家对各自领域的未来的看法》	
	《大众科学的文化意义：19 世纪英国颅相学及其认同组织》	

由表3可知，上述三家核心出版社 5 年期间出版的 B84 类心理学方面的书籍总计 29 种，凸显共性的是 B84"心灵鸡汤"类的图书微乎其微，着实验证了它们同时入选"哲学、宗教类学术书目"的原因。

3.2 "中国哲学"类目比较

三家出版社"中国哲学"，即 B2 大类的图书共有 160 种，社会科学文献出版社有 49

种，商务印书馆 42 种，三联书店 69 种。在二级类目 B2 中，三联书店反而图书最多，社会科学文献出版社数量居中，商务印书馆数量最少。以下进一步分析这三家出版社在"中国哲学"类目下的出版质量。

1）引文比

引文可以对文献质量和作者的学术水平进行测评。统计分析文献的被引频次的多少，可以测得高被引文献、高被引作者、核心期刊、核心出版社。这将有助于提高文献采购质量和文献提供能力。笔者采用中国知网的中国引文数据库进行引文分析。

利用图书的 ISBN 号查找其被引频次。因为每本图书的 ISBN 是唯一的，所以避免了同名图书的再次筛查。被引频次在 1 次以上的图书，共有 119 种，其中社会科学文献出版社占 39 种，商务印书馆占 30 种，三联书店占 50 种。具体情况如表 4 所示。

表 4 2008—2012 年三家出版社 B2 大类被引图书

序号	社会科学文献出版社 书名	被引频次	序号	商务印书馆 书名	被引频次	序号	三联书店 书名	被引频次
1	《李贽全集注》	73	1	《老庄新论（修订版）》	74	1	《中国现代思想史论》（精装）	169
2	《道学通论》	29	2	《春秋繁露新注》	68	2	《中国近代思想史论》（精装）	76
3	《中国思想史》	26	3	《中国近三百年学术史（新校本）》	58	3	《论语今读》（精装）	75
4	《中国传统中和思想》	18	4	《"中国哲学史"大纲》	49	4	《魏晋玄学论稿（增订版）》	57
5	《中国系统思维》	17	5	《老子译读（汉英对照）》	45	5	《现代中国思想的兴起（二版）》	55
6	《中国近代史上的激进与保守》	12	6	《老子哲学研究》	32	6	《宋明理学》	48
7	《泰州学派美学思想史》	11	7	《庄子美学与中国古代画论》	24	7	《中国学术思想史论丛（一）》	47
8	《论语导读》	9	8	《墨子今注今译》	18	8	《论语新解（三版）》	42
9	《老子思想与人类生存之道》	9	9	《从现象学到孔夫子（增订版）》	16	9	《论语本解》	40
10	《丹道法诀十二讲》	8	10	《梁启超论儒家哲学》	16	10	《朱子哲学研究》	35
11	《陈荣捷与美国的"中国哲学"研究》	7	11	《道家易学建构（修订版）》	14	11	《朱熹的历史世界》（精装）	28
12	《马克思主义哲学中国化的基石与灵魂》	6	12	《早期中国历史、思想与文化（增订本）》	11	12	《现代儒学的回顾与展望》（精装）	25
13	《清代〈论语〉诠释史论》	5	13	《梁启超论诸子百家》	10	13	《孔子与当代中国》	22
14	《清代中期易学》	5	14	《魏晋清谈思想初论》	9	14	《中国近世思想史研究（增订版）》	16
15	《清代以来的学术与思想论集》	5	15	《董仲舒与汉代历史思想研究》	8	15	《中国现代哲学史》	13
16	《卜子夏考论》	5	16	《传奇王阳明》	7	16	《罗念庵的生命历程与思想世界》	11

续表

社会科学文献出版社			商务印书馆			三联书店		
序号	书名	被引频次	序号	书名	被引频次	序号	书名	被引频次
17	《转型中的近代中国》	4	17	《〈庄子〉动词配价研究》	7	17	《宋元明哲学史教程》	11
18	《儒家史话》	4	18	《诠释与定向——"中国哲学"研究方法之探究》	5	18	《追忆章太炎（修订本）》	10
19	《白沙心学》	4	19	《水之道与德之端：中国早期哲学思想的本喻（增订版）》	5	19	《东亚儒学九论》	10
20	《焦循学术论略》	4	20	《古典新义》	5	20	《老子十八讲》	9
21	《周易卦解》	3	21	《中国儒学 第二辑》	4	21	《中学图书馆文库：庄子浅说》	7
22	《老子文化及其当代价值》	3	22	《中国儒学 第一辑》	4	22	《多元范式下的明清思想研究》	6
23	《李贽论》	3	23	《西学东渐研究 第一辑：西学东渐与中国社会现代化》	3	23	《近代中国启蒙运动史（三联经典文库）》	6
24	《民国思想史论（续集）》	3	24	《梁漱溟先生讲孔孟》	3	24	《孔子传（三版）》	6
25	《中国当代儒学批判》	2	25	《张君劢传》	3	25	《"中国哲学"简史》	5
26	《儒教研究》	2	26	《〈文史哲〉与中国人文学术编年（1951—2011）》	2	26	《朱子书信编年考证（增订本）》（平装）	5
27	《周易文化研究》	2	27	《英译墨子全书》	1	27	《有无之境》	5
28	《道德经心解》	2	28	《新新儒学启思录》	1	28	《竹简〈五行〉篇讲稿》	5
29	《马克思主义哲学中国化与当代"中国哲学"建设》	2	29	《儒学革命：从"新儒学"到"后新儒学"》	1	29	《论戴震与章学诚（增订本）》（精装）	5
30	《桓谭年谱》	2	30	《淮南子用韵考》	1	30	《中国学术思想史随笔（修订本）》	5
31	《三礼馆》	2				31	《儒家文化研究（第二辑）》	4
32	《陆象山与现代社会》	2				32	《儒家文化研究（第五辑）》	4
33	《法家史话》	2				33	《道家文化研究（第二十四辑）》	4
34	《惟适之安》	2				34	《儒家与启蒙》	4
35	《四书五经史话》	1				35	《儒家文化研究（第四辑）》	4
36	《明代理学向心学的转型》	1				36	《德礼之间》	3
37	《启蒙思潮史话》	1				37	《存斋论学集》	3
38	《近代中国"人的现代化思想"研究》	1				38	《儒学地域化的近代形态》	3
39	《梁启超·明治日本·西方》	1				39	《〈敌基督者〉讲稿》	3
						40	《方以智晚节考（增订本）》（精装）	3
						41	《道家文化研究（第二十三辑）》	2

续表

社会科学文献出版社			商务印书馆			三联书店		
序号	书名	被引频次	序号	书名	被引频次	序号	书名	被引频次
						42	《所思（二版）》	2
						43	《儒家文化研究（第三辑）》	2
						44	《庄子纂笺》	2
						45	《诠释与重建》	2
						46	《死生有命，富贵在天》	2
						47	《道家文化研究（第二十五辑）》	1
						48	《现代"中国哲学"的追寻（增订版）》	1
						49	《〈明儒学案〉选讲》	1
						50	《隐秘的颠覆》	1

再依照"二八定律"，即入选图书的被引频次占总被引频次的80%左右，最终测定B2大类图书被引超过18次才能被认为是具有较高学术价值的图书。

2008—2012年，B2大类的图书被引频次≥18的三联书店占13条（且被引频次最高的图书也出自三联书店），商务印书馆占8条，社会科学文献出版社占4条。因此证实三联书店出版的"中国哲学"类图书学术性最高。

考虑到各社出版种数的不均，或多或少地会影响到被引频次，也直接关系到三家出版社的"中国哲学"类图书学术价值的排名问题，以下用h指数作进一步分析。

2）h指数比

h指数（h-index）理论是由美国加利福尼亚大学圣地亚哥分校统计物理学教授赫希在2005年创立的。他的关于h指数论文发表于2005年11月美国《科学院院刊》。与传统的论文或引文等单维度科学评价指标相比，h指数最大的特点就是将论文和引文指标巧妙地捆绑结合，使得被引频次和论文数量两个指标相互制衡，为评价科研绩效提供了一种新的思路。

此时将h指数应用于三家出版社出版的B2"中国哲学"书目的比较中。三联书店的h指数是13，商务印书馆的h指数是11，社会科学文献出版社的h指数是9。三家出版社的B2类h指数比，证明了三联书店的"中国哲学"类图书整体学术价值居高，商务印书馆屈二，社会科学文献出版社次之。

3.3 "宗教"类目比较

三家出版社在"宗教"类目，即B9大类出版的图书共有159种，社会科学文献出版社有73种，商务印书馆51种，三联书店35种。用如上方法进一步分析三家出版社在"宗教"类目下的出版质量。被引频次在1次以上的图书，共有118种，其中社会科学文献出版社占56种，商务印书馆占38种，三联书店占24种。具体情况如表5所示。

表 5　2008—2012 年三家出版社 B9 大类被引图书

社会科学文献出版社			商务印书馆			三联书店		
序号	书名	被引频次	序号	书名	被引频次	序号	书名	被引频次
1	《新教伦理与资本主义精神》	90	1	《宗教生活的基本形式》	183	1	《论信望爱》	9
2	《"全球化"的宗教与当代中国》	54	2	《金枝——巫术与宗教之研究》	32	2	《教会史》	8
3	《中国宗教报告》（2009）	41	3	《奥义书》	27	3	《基督教要义》	8
4	《中国宗教报告》（2010）	35	4	《宗教的本质》	25	4	《敬虔生活原理》	7
5	《信仰但不认同》	28	5	《宗教与科学》	22	5	《神话与传说》	5
6	《中国宗教报告》（2011）	27	6	《道教美学思想史研究》	21	6	《摩西的生平》	4
7	《文化神话学》	22	7	《日本的神道》	17	7	《论四福音的和谐》	3
8	《清王朝佛教事务管理》	18	8	《西北道教史》（精装）	17	8	《基督徒的生活》	3
9	《俄国宗教史》	15	9	《西北道教史》	17	9	《回到正统》	3
10	《刚恒毅与中国天主教的本地化》	14	10	《德意志历史上的民族与宗教》	16	10	《宽宽信箱与出埃及记（二版）》	3
11	《印度宗教多元文化》	13	11	《中国道教史》	8	11	《沙漠教父言行录》	3
12	《中国宗教报告》（2012）	13	12	《赴日宋僧无学祖元研究》	8	12	《中华龙》	2
13	《韩国佛教史》	12	13	《特兰特圣公会议教规教令集》	8	13	《论道成肉身》	2
14	《宗教人类学》	12	14	《圣经叙事研究》	7	14	《欧洲神话的世界》	2
15	《基督教青年会在中国》	11	15	《为什么我不是基督教徒》	7	15	《创世六日》	2
16	《印度教概论》	10	16	《祖堂集校注》	7	16	《论基督教信仰》	2
17	《新疆古代佛教研究》	9	17	《大中国志》	6	17	《殉道史》	2
18	《中国基督教史话》	9	18	《基于梵汉对勘的〈法华经〉语法研究》	6	18	《亦神亦祖：粤西南信仰构建的社会史》	2
19	《基督宗教与近代中国》	9	19	《阿赞德人的巫术、神谕和魔法》	6	19	《异教徒》	2
20	《巨赞法师全集》	8	20	《论隐秘的上帝》	5	20	《桑奇三塔：西天佛国的世俗情味》	2
...	...	...	...	...	...	...	...	...

同样，利用"二八定律"测定 B9 大类图书，被引频次＞10 的才能被认为是具有较高学术利用率的图书。B9 大类的图书被引频次≥10 的，社会科学文献出版社占 16 条，商务印书馆占 10 条，三联书店 0 条；社会科学文献出版社的 h 指数是 12，商务印书馆的 h 指数是 8，三联书店的 h 指数为 5。分析证实社会科学文献出版社的 B9 "宗教"类图书的出版数量最大、质量最高。

4. 结语

目前人们对核心出版社的研究大多停留在某个较大的学科范畴，如有文章分析出计算机类六大核心出版社是北京大学出版社、清华大学出版社、电子工业出版社、机械工业出版社、希望电子出版社、人民邮电出版社；又有文章分析出经济类核心出版社前三名是机械工业出版社、中国人民大学出版社、经济科学出版社；还有文章分析出医学文献核心出版社是人民卫生出版社、人民军医出版社、科学技术文献出版社，等等。

事实上，同类大学科的各个核心出版社的出版倾向是有所不同的，笼统地从某个较大的学科范围来了解核心出版社是不科学的，对同类学科细分类目的数据分析也是很有必要的。

上述三家出版社被选5年图书的信息，直观诠释了三家出版社的出版倾向，其中商务印书馆的B大类出版数量最大；但是分析细分类目下的B2"中国哲学"类图书的被引频次，三联书店的学术图书价值居于榜首，其次是商务印书馆，最后是社会科学文献出版社；B9"宗教"类图书社会科学文献出版社最强，其次是商务印书馆，最后是三联书店。

由此可见，同是B大类的核心出版社，三联书店在"中国哲学"类目出版质量最高，而在"宗教"类目出版的图书质量较低；商务印书馆出版的这两类的细分类目下的图书质量并不是很强；采访人员在采购"中国哲学""宗教"类图书时，可优先选择三联书店和社会科学文献出版社的图书。

所以仅仅研究某个较大学科的核心出版社的图书信息是不够的。只有针对本馆所需要的专业图书进行细分类目分析，才能较为准确地发现核心出版社的高质量图书。

参考文献

[1] 钟建法. "核心出版社"采购的理论和方法 [J]. 图书馆建设，2003（4）：43-45.

[2] 吴志荣，蔡迎春. 中国哲学社会科学类学术图书基本书目（1995—2005）[M]. 北京：国家图书馆出版社，2013.

[3] 吴志荣. 对引文分析法方法论地位的重新思考 [J]. 图书馆杂志，2012（05）：11-14.

[4] Hirsch J E. An index to quantify an individual's scientific research output [J]. Proc. Na-tl. Acad. Sci., 2005, 46（102）：16569-16572.

[5] 粮丽萍. 计算机类图书采购策略的探讨 [J]. 图书馆学研究，2004（06）：45-47.

[6] 石菊君，吴利萍，冯有胜. 经济类核心出版社的测定与图书馆采购策略 [J]. 现代情报，2011（03）：139-142.

[7] 刘宁，耿波. 用文献计量学方法确定医学类图书核心出版社 [J]. 图书馆杂志，2010（06）：25-27.

〔作者简介〕许树梅（1984—），女，学士，上海师范大学天华学院图书馆馆员，研究方向是图书馆学。

（收稿时间：2017年7月）

（五）教育学学术著作影响力分析*①

——基于 Google Scholar 引文数据

雷顺利

（上海师范大学图书馆，上海，200234）

[摘要] 被引用与否以及引用量的高低是图书发挥影响力的重要依据。本文利用 Google Scholar，获取 1995—2005 年出版的教育类（G4~G7）学术图书的引文量并进行统计分析，得出教育学领域高影响力著作、出版社和作者，由此分析其在学科领域的影响力。

[关键词] 学术著作　教育学　Google Scholar　学术影响力　引文

1 引言

图书被引频次的多少，显示其研究内容被学界所关注程度的高低，同时也说明该图书对本学科领域影响力的大小。我们可以推断，图书被引频次越多，说明它的学术影响力越大。引文分析被应用到不同学科领域作为衡量学术影响力的依据，在教育学领域，杨秦借助《中文社会科学引文索引》（CSSCI）（2000—2007）提供的数据，针对教育学学科论文引用的图书进行统计处理，得到对我国教育学研究最有影响力的国内学术著作 127 种、国外学术著作 91 种；朱茗和杨秦借助 CSSCI 中 2000—2007 年教育学论文引用图书的相关数据，对国内外出版社进行被引统计分析，列出在教育学领域最有学术影响力的百家内地出版社。这些研究对了解教育学科领域有学术影响力的出版社和著作具有积极的作用。

目前，维普、CNKI、万方等中文期刊数据库和 Google Scholar 以及专门的引文分析数据库——CSSCI 都有引文统计分析功能，每个数据库所得出的引文统计结果也各不相同。以往的研究借助 CSSCI 这一工具，由于在 Google Scholar 中得到的引用文献既包括传统的学术期刊，也包括 Web 网页、预印本和电子期刊等，所以它不仅能够反映学术期刊之间的引用关系，也能广泛反映学术期刊、Web 网页、预印本、电子期刊之间的引用关系。Google Scholar 虽然具有比较大的局限性，如引文的质量不够高、不够稳定、权威等，但是，Google Scholar 反映学术文献之间的引用关系更为广泛，这是 Google Scholar 成为引文分析工具的最大优势。因此，采用 Google Scholar 进行引文统计分析，为我们了解教育学学术著作的影响力提供了另一个视角。

---

* 本文系教育部人文社会科学研究规划基金项目"基于标准书目分析的高校哲社类馆藏发展实证研究"（10YJA870025）成果之一。

① 雷顺利. 教育学学术著作影响力分析——基于 Google Scholar 引文数据 [J]. 图书情报知识，2013（04）：106-111.

2 研究数据的来源和选择

为了尽可能确保获取出版图书的完整性，本文从我国的第二大馆——上海图书馆、收录中文电子图书数量最多的超星集团、长期为图书馆制作书目数据的上海丹诚图书公司、目前国内规模最大的书商——人天书业集团等多渠道获取了教育类 1995—2005 年出版的图书总目录，中图分类号涉及 G4~G7；为了保证出版图书有一定的时间段被关注和引用，选取了 1995—2005 年出版的图书。

确定学术类图书的选择标准。以下情况视为非学术类图书：① 各类大专以下（包括大专）教材；② 各类教学辅导材料、习题集；③ 各类职业认证考试、等级考试教材及辅导材料；④ 各类职业教育、岗位培训、励志类图书；⑤ 各类科普读物、普及读物；各类文艺作品；⑥ 工具书；⑦ 各类政策法规、政府出版物。

经过去重和筛选得到教育类学术图书 15 339 种，将筛选出来的教育类学术图书目录一一在 Google Scholar 中查找被引频次，得出 7 134 种图书有被引频次，占被选出图书的 46.5%，一半以上的图书 1 次也没有被引用过。1995—2005 年教育类有被引频次的学术图书如表 1 所示。

表 1 1995—2005 年有被引频次的学术图书出版年份、类别以及被引频次分布

项目		G4	G5	G6	G7	出版数量/种	被引频次
出版年份	1995	102	36	139	18	295	5 840
	1996	117	51	189	35	392	9 126
	1997	131	26	110	28	295	6 379
	1998	152	39	169	33	393	9 545
	1999	250	71	300	52	673	16 646
	2000	273	82	316	53	724	22 699
	2001	282	54	412	49	797	26 999
	2002	271	56	373	62	762	23 426
	2003	272	72	505	72	921	24 757
	2004	259	76	488	82	905	19 724
	2005	272	82	531	92	977	14 966
合计		2 381	645	3 532	576	7 134	180 107

3 数据结果分析

从表 1 中可以看出，有被引频次的学术图书出版数量逐年递增，而被引频次在 2001 年达到最高峰。从整体来看，表 1 中数据体现了较强的规律性。

3.1 高被引学术著作

从表 2 中可以看出，被引频次最高达 1 528 次，被引频次超过 1 000 次的有 7 种图书。

100 种图书中,国内著作 89 种、国外译著 11 种,这些图书的影响特别广泛。通过对被引频次高的前 100 种图书进行分析,发现 G4 教育学理论和 G6 各级教育大类占的图书种数最多。有 59 种图书是 G4 大类,其中 G40 教育学一般理论有 25 种,G42 教学理论 18 种。由于一般理论对于各个领域的研究有通用性,因此受关注比较多。G6 有 31 种,其中中小学教育类的有 19 种,基本上都是学科教学领域的研究图书,这一点与《对我国教育学研究最有影响的国内学术著作分析》的研究结论一致。在教育学领域,对课程和教学的研究是学界非常关注的领域。从目录中可以看出,影响力高的 100 种图书基本上都是各个专业领域知名的教授和专家撰写的图书,知名的教授和专家在学术领域具有较大的影响力,知名教授和专家的效应非常明显。

表 2 高被引学术著作排名

序号	被引频次	ISBN 号	书　　名	作者	出版社	出版年份
1	1 528	7-107-10687-2	《民主主义与教育》	[美]约翰·杜威著,王承绪译	人民教育出版社	2001
2	1 399	7-5041-2134-7	《教师角色与教师发展新探》	叶澜等著	教育科学出版社	2001
3	1 324	7-5617-2703-8	《为了中华民族的复兴,为了每位学生的发展:〈基础教育课程改革纲要(试行)〉解读》	钟启泉等主编	华东师范大学出版社	2001
4	1 278	7-107-13651-8	《教学论》	李秉德主编	人民教育出版社	2000
5	1 200	7-5041-1797-8	《当代教育学(试用本)》	袁振国主编	教育科学出版社	1998
6	1 197	7-5320-7139-1	《课程与教学论》	张华著	上海教育出版社	2000
7	1 144	7-5041-1610-6	《课程理论:课程的基础、原理与问题》	施良方著	教育科学出版社	1996
8	983	7-5617-3292-9	《自主学习:学与教的原理和策略》	庞维国著	华东师范大学出版社	2003
9	945	7-04-007737-X	《高等教育心理学》	伍新春主编	高等教育出版社	1998
10	923	7-5443-0267-9	《国际教育新理念》	顾明远,孟繁华主编	海南出版社	2003
11	920	7-5600-2587-0	《英语教学策略论》	王笃勤编著	外语教学与研究出版社	2002
12	853	7-04-006732-3	《思想政治教育学原理》	邱伟光,张耀灿主编	高等教育出版社	1999
13	809	7-5617-2007-6	《教学理论:课堂教学的原理、策略与研究》	施良方,崔允漷主编	华东师范大学出版社	1999
14	752	7-303-06328-5	《教育技术学》	何克抗,李文光编著	北京师范大学出版社	2002
15	724	7-5320-1360-X	《现代课程论》	钟启泉编著	上海教育出版社	2003
16	718	7-107-12430-7	《教育评价学》	陈玉琨著	人民教育出版社	1999
17	673	7-107-12207-X	《教育社会学》	吴康宁著	人民教育出版社	1998
18	629	7-5338-4963-9	《体育与健康课程与教学论》	季浏主编	浙江教育出版社	2003
19	624	7-5041-2022-7	《后现代课程观》	[美]小威廉姆·E.多尔著,王红宇译	教育科学出版社	2000

续表

序号	被引频次	ISBN 号	书　名	作者	出版社	出版年份
20	564	7-5435-2465-1	《英语教学交际论》	王才仁著	广西教育出版社	1996
21	549	7-5041-2409-5	《职业教育学》	刘春生，徐长发主编	教育科学出版社	2002
22	547	7-5041-2324-2	《专业化:挑战21世纪的教师》	刘捷著	教育科学出版社	2002
23	545	7-5617-2453-5	《比较职业技术教育》	石伟平著	华东师范大学出版社	2001
24	528	7-303-05898-2	《远程教育学》	丁兴富编著	北京师范大学出版社	2001
25	523	7-107-14473-1	《教育走向生本》	郭思乐著	人民教育出版社	2001
26	507	7-5338-3534-4	《高等教育新论：多学科的研究（第2版）》	[美]伯顿·克拉克主编，王承绪等译	浙江教育出版社	2001
27	494	7-107-16537-2	《任务型语言教学》	龚亚夫，罗少茜著	人民教育出版社	2003
28	466	7-5444-0058-1	《实践导向职业教育课程研究：技术学范式》	徐国庆著	上海教育出版社	2005
29	449	7-04-006733-1	《思想政治教育方法论》	郑永廷主编	高等教育出版社	1999
30	440	7-107-17637-4	《现代教育论（第2版）》	黄济，王策三主编	人民教育出版社	2004
31	425	7-5617-2792-5	《被压迫者教育学：30周年纪念版》	[巴西]保罗·弗莱雷著，顾建新，赵友华，何曙荣译	华东师范大学出版社	2001
32	415	7-81047-385-9	《教育的问题与挑战：思想的回应》	朱小蔓编著	南京师范大学出版社	2000
33	404	7-5041-1674-2	《理解与教育：走向哲学解释学的教育哲学导论》	金生鈜著	教育科学出版社	1997
34	385	7-80139-831-9	《合作学习的理念与实施》	王坦著	中国人事出版社	2002
35	382	7-5320-7576-1	《教学模式论》	高文著	上海教育出版社	2002
36	372	7-5041-2380-3	《学校道德教育原理（第2版修订版）》	檀传宝著	教育科学出版社	2003
37	366	7-5041-2467-2	《课程与教师》	[日]佐藤学著；钟启泉译	教育科学出版社	2003
38	364	7-5617-1861-6	《发展性教师评价制度》	王斌华著	华东师范大学出版社	1998
39	364	7-5334-3735-7	《新课程英语教与学》	黄远振著	福建教育出版社	2003
40	359	7-301-05599-4	《新课程师资培训精要》	钟启泉主编	北京大学出版社	2002
41	356	7-5019-2474-0	《创造性思维与教学》	陈龙安著	中国轻工业出版社	1999
42	356	7-5320-6161-2	《现代教师论》	陈永明主编	上海教育出版社	1999
43	356	7-5600-3124-2	《英语课堂教学形成性评价研究》	罗少茜编著	外语教学与研究出版社	2003
44	355	7-04-006711-0	《思想道德修养（第3版）》	罗国杰主编	高等教育出版社	1998
45	352	7-5617-3716-5	《任务型外语教学研究：认知心理学视角》	魏永红著	华东师范大学出版社	2004
46	351	7-303-06277-7	《教育哲学导论》	石中英著	北京师范大学出版社	2002
47	341	7-80133-236-9	《教育的智慧：写给中小学教师》	林崇德著	开明出版社	1999

续表

序号	被引频次	ISBN 号	书　名	作者	出版社	出版年份
48	338	7-5617-2838-7	《外语教育展望》	左焕琪编著	华东师范大学出版社	2002
49	332	7-301-06704-6	《大学的逻辑》	张维迎著	北京大学出版社	2004
50	331	7-302-08968-X	《高等职业技术教育实践教学研究》	俞仲文，刘守义，朱方来等著	清华大学出版社	2004
51	328	7-5603-1305-1	《电化教育学》	王世恩，刘淑香主编	哈尔滨工业大学出版社	1998
52	327	7-5617-2820-4	《语文教育展望》	倪文锦，欧阳汝颖主编	华东师范大学出版社	2002
53	316	7-5617-2280-X	《德育原理》	黄向阳著	华东师范大学出版社	2000
54	316	7-107-17461-4	《学校与社会·明日之学校（第2版)》	[美] 约翰·杜威著；赵祥麟，任钟印，吴志宏译	人民教育出版社	2005
55	316	7-5338-4298-7	《走出象牙塔：现代大学的社会责任》	[美] 德里克·博克著；徐小洲，陈军译	浙江教育出版社	2001
56	315	7-303-07408-2	《外国教育史（修订本）（上、下册)》	王天一，夏之莲，朱美玉编著	北京师范大学出版社	2005
57	314	7-5041-2179-7	《教师的成长与发展》	傅道春主编	教育科学出版社	2001
58	313	7-5328-2197-8	《教学艺术论》	李如密著	山东教育出版社	1995
59	308	7-5633-3148-4	《高等教育管理学》	薛天祥主编	广西师范大学出版社	2001
60	302	7-5434-2772-9	《教育投入与产出研究》	王善迈著	河北教育出版社	1996
61	302	7-107-13892-8	《教育文化学》	郑金洲著	人民教育出版社	2000
62	301	7-300-05559-1	《变革中的就业环境与中国大学生就业》	曾湘泉等著	中国人民大学出版社	2004
63	299	7-5621-2535-X	《探究教学论》	靳玉乐主编	西南师范大学出版社	2001
64	294	7-5435-2642-5	《教学的原理、模式和活动》	吴立岗主编	广西教育出版社	1998
65	294	7-107-15633-0	《外国教育史教程：缩编本》	吴式颖主编	人民教育出版社	2003
66	291	7-5440-1283-2	《教育哲学通论》	黄济著	山西教育出版社	1998
67	290	7-107-18517-9	《教学心理学新视点》	张大均，王映学主编	人民教育出版社	2005
68	289	7-5406-5429-5	《有效教学论》	高慎英，刘良华著	广东教育出版社	2004
69	288	7-5320-8430-2	《当代职业教育新论》	马庆发著	上海教育出版社	2002
70	282	7-5041-2223-8	《教师教育课程的国际比较》	李其龙，陈永明主编	教育科学出版社	2002
...
100	227	7-5011-5494-5	《学术责任》	[美] 唐纳德·肯尼迪著；阎凤桥等译	新华出版社	2002

注：表中有底纹部分是与《对我国教育学研究最有影响的国内学术著作分析》和《对我国教育学研究最有影响力的国外学术著作》文中提供的高被引图书重合的图书。

从整体来看，通过 Google Scholar 得出的图书被引频次要大大超过 CSSCI，被引频次排名前 100 的图书中，与《对我国教育学研究最有影响的国内学术著作分析》提供的 127 种图书、《对我国教育学研究最有影响力的国外学术著作》提供的 91 种图书进行比较，有 33 种图书是一致收录的，两种不同检索工具得出的有学术影响力图书有一定重合度，由于本文与前面两篇论文分析的工具和时间范围不一样，因此重合度不高。

3.2 高影响力出版社

出版社的学术地位和学术影响力一般通过出版社出版的著作被其他研究成果引用的情况来定量研究（表3）。考虑到本文只对有被引频次的图书进行统计分析，因此选取了 1995—2005 年出版 10 种及以上有被引频次学术图书的出版社引文量进行统计排名。

表 3 高影响力出版社排名

序号	出版社名称	有被引频次的图书/册	被引频次	平均被引频次
1	教育科学出版社	281	19 439	69.2
2	人民教育出版社	351	19 324	55.1
3	高等教育出版社	355	15 087	42.5
4	华东师范大学出版社	246	14 383	58.5
5	上海教育出版社	195	10 047	51.5
6	北京师范大学出版社	196	7 275	37.1
7	广西教育出版社	80	3 979	49.7
8	山东教育出版社	134	3 870	28.9
9	浙江教育出版社	77	3 828	49.7
10	南京师范大学出版社	118	2 988	25.3
11	北京大学出版社	80	2 946	36.8
12	福建教育出版社	79	2 551	32.3
13	江苏教育出版社	79	2 389	30.2
14	广西师范大学出版社	87	2 239	25.7
15	首都师范大学出版社	87	2 229	25.6
16	广东教育出版社	97	2 104	21.7
17	中国轻工业出版社	98	2 051	20.9
18	广东高等教育出版社	85	1 761	20.7
19	外语教学与研究出版社	11	1 692	153.8
20	海南出版社	37	1 571	42.5
21	东北师范大学出版社	141	1 404	10.0
22	科学出版社	78	1 332	17.1
23	西南师范大学出版社	82	1 290	15.7
24	浙江大学出版社	73	1 286	17.6
25	华中师范大学出版社	67	1 268	18.9
26	中国社会科学出版社	52	1 226	23.6

续表

序号	出版社名称	有被引频次的图书/册	被引频次	平均被引频次
27	中国人事出版社	35	1 194	34.1
28	四川教育出版社	49	1 152	23.5
29	山西教育出版社	32	1 129	35.3
30	中央广播电视大学出版社	52	1 032	19.8
31	湖南师范大学出版社	53	1 024	19.3
32	湖北教育出版社	45	972	21.6
33	上海科技教育出版社	24	964	40.2
34	开明出版社	31	915	29.5
35	河北教育出版社	23	903	39.3
36	清华大学出版社	44	873	19.8
37	中国人民大学出版社	35	830	23.7
38	湖南教育出版社	41	795	19.4
39	复旦大学出版社	28	731	26.1
40	江西教育出版社	21	716	34.1
41	人民邮电出版社	15	690	46.0
42	社会科学文献出版社	26	649	25.0
43	人民出版社	24	641	26.7
44	电子工业出版社	18	626	34.8
45	南京大学出版社	28	611	21.8
46	华南理工大学出版社	21	603	28.7
47	华中科技大学出版社	23	568	24.7
48	安徽教育出版社	20	567	28.4
49	安徽人民出版社	10	556	55.6
50	中国和平出版社	14	545	38.9
51	河海大学出版社	32	534	16.7
52	河南大学出版社	42	516	12.3
53	中山大学出版社	51	497	9.7
54	吉林教育出版社	20	496	24.8
55	天津教育出版社	26	484	18.6
56	四川大学出版社	68	477	7.0
57	新华出版社	20	458	22.9
58	湖南大学出版社	34	450	13.2
59	黑龙江教育出版社	15	409	27.3
60	民族出版社	34	406	11.9
61	辽宁师范大学出版社	47	402	8.6
62	山东人民出版社	30	391	13.0

续表

序号	出版社名称	有被引频次的图书/册	被引频次	平均被引频次
63	哈尔滨工业大学出版社	23	385	16.7
64	河北大学出版社	34	372	10.9
65	湖南人民出版社	20	353	17.7
66	陕西师范大学出版社	24	339	14.1
67	中国林业出版社	20	338	16.9
68	北京教育出版社	20	332	16.6
69	上海大学出版社	18	321	17.8
70	北京工业大学出版社	11	319	29
...				
100	学苑出版社	11	182	16.5
	总计	5 255	164 437	31.3

注：表中底纹部分是与《对教育学最有学术影响的百家出版社分析》一文中提供的出版社重合的出版社。

7 134 种图书共涉及出版社 451 家，出版社分布范围非常广泛。从表 3 中可以看出，被引频次最多的出版社是教育科学出版社，共被引 19 439 次，高校出版社中华东师范大学出版社出版的有被引频次的学术类图书种数较多，被引频次较高。被引频次高的前 100 家出版社 11 年间共被引 164 437 次，占总被引量的 91.3%，这 100 家出版社赢得了绝大部分学界对图书的关注度，具有较强的学术图书出版实力，其中高校出版社占 42 家，各地专业教育类的出版社占 27 家，这两种类型的出版社在教育学科中影响力比较大。

在《对教育学最有学术影响的百家出版社分析》一文中列出的 100 家出版社中，有 60 家与本文重合；在排名前 50 的出版社中，有 46 家与本文重合，重合度非常高。

3.3 高影响力作者

评价作者的学术成就要考虑发文量，但单纯的发文量指标显然不能完全反映文章的质量及其对学科领域的影响力，文献被引频次与作者的影响力呈正相关关系，被引频次越高说明文章作者的影响力越大。高影响力的作者应该是既有一定的出版数量，又有较高的被引频次，这样才能形成较强的学术辐射力。在这里我们只统计第一作者的有被引频次图书的出版数量，包括图书主编、编著和翻译。7 134 种有被引频次的图书共涉及 4 772 位作者（指个人，不包括单位和机构），11 年间出版 10 种以上图书的有 17 位作者，出版 5~10 种图书的共 98 位作者（表 4）。本文认为作者 11 年间出版有被引频次图书 5 种及以上，就已经达到一定的出版数量了，因此本文只统计出版有被引频次图书 5 种以上作者的被引频次。

表 4 有被引频次图书作者出版数量统计

类别	10 种以上	5~10 种	2~4 种	1 种	总计
作者数/位	17	98	885	3 772	4 772

表 5 中列出了有一定出版数量和高被引的 40 位作者，引用量最高的是钟启泉教授，11 年间出版的著作被引达 4 222 次，其出版的有被引频次的图书也最多，有 23 种。

表 5 中的 40 位高影响力作者包括了教育学原理、课程与教学、教育社会学、教育心理学、教育管理学、高等教育学等各个学科方向最具代表性的学者和专家，这些作者被视为教育学领域高影响力作者。

总体来看，利用 Google Scholar 和利用 CSSCI 两种不同引文工具查出的引文量有一定的差别，Google Scholar 引文量更高，一方面是由于 Google Scholar 本身的引文来源更广泛，而 CSSCI 仅仅局限于核心期刊；另一方面是因为利用 CSSCI 统计的引用时间范围限定为 2000—2007 年，而本文统计的时间为 1995 年至今的引文量。因为以上差别，统计出来的高被引著作和高影响力出版社有一定的差异。

表 5 高影响力作者排名

序号	作者	被引频次	出版数量/种	序号	作者	被引频次	出版数量/种
1	钟启泉	4 222	23	21	赵中建	598	9
2	王承绪	2 714	14	22	张楚廷	596	13
3	叶澜	2 043	9	23	檀传宝	571	5
4	施良方	1 982	5	24	杨德广	564	10
5	袁振国	1 777	15	25	贺国庆	508	6
6	张华	1 616	7	26	吴式颖	505	5
7	顾明远	1 527	15	27	杨东平	501	6
8	李秉德	1 416	4	28	张大均	469	6
9	陈玉琨	1 126	8	29	周小山	468	6
10	伍新春	1 034	5	30	陈学飞	464	7
11	郑金洲	973	15	31	祝智庭	463	5
12	吴康宁	939	4	32	鲁洁	448	10
13	陈永明	896	8	33	李其龙	410	6
14	靳玉乐	881	14	34	曹理	406	5
15	季浏	875	4	35	徐小洲	377	5
16	林崇德	825	6	36	潘懋元	376	9
17	薛天祥	811	5	37	黄甫全	373	6
18	皮连生	766	9	38	戚万学	373	5
19	朱小蔓	728	12	39	朱永新	369	21
20	傅道春	661	6	40	熊川武	335	6

参考文献

[1] 车黎莎,许光鹏.对我国心理学研究最有影响的国外学术著作分析——基于 CSSCI（2000—2007 年）数据［J］.西南民族大学学报：人文社会科学版，2010（10）：262-267.

[2] 杨秦. 对我国教育学研究最有影响的国内学术著作分析——基于 CSSCI（2000—2007 年）数据 [J]. 西南民族大学学报：人文社会科学版，2010（2）：258-270.

[3] 杨秦. 对我国教育学研究最有影响力的国外学术著作——基于 CSSCI（2000—2007 年）的分析 [J]. 西南民族大学学报：人文社会科学版，2010（3）：258-267.

[4] 朱茗，杨秦. 对教育学最有学术影响的百家出版社分析——基于 CSSCI（2000—2007 年）数据 [J]. 出版科学，2010（3）：80-83.

[5] 陶慧卿，庄琦，潘卫. 关于 Google Scholar 与 Web of Science 引文分析的实证研究 [J]. 中国索引，2008（4）：57-62.

[6] 蔡迎春. 基于"类目细分"的核心出版社 h 指数雷达图实证研究——以国内经济类核心出版社为例 [J]. 图书情报工作，2011（11）：70-75.

[7] 邱均平. 发文量和 h 指数结合的高影响力作者评选方法研究——以图书情报学为例的实证分析 [J]. 图书馆论坛，2008（6）：44-49.

〔作者简介〕雷顺利，女，上海师范大学图书馆副研究馆员，硕士，研究方向是馆藏资源建设与利用。

（收稿时间：2013 年 3 月）

（六）理工科图书出版同质化问题研究[①]

——以"C语言""C++""混凝土结构"类图书为例

许晶晶

（上海师范大学图书馆　上海　200234）

[摘要] 本文以"C语言""C++""混凝土结构"类图书为例，利用内容分析法和直接阅读法，分别提取出参照样本和其他样本图书同质化的十个指标，为指标设置权重并进行计算，按照计算结果判断这三类图书同质化程度，以期为图书采访人员工作提供理论依据。

[关键词] 同质化　内容分析法

1　引言

所谓"同质化"是指同一大类中不同品牌的商品在性能、外观甚至营销手段上相互模仿，逐渐趋同的现象。出版同质化主要表现在出版产品的内容层次上，同一类型的出版产品品种重复，且内容替代性强。图书出版是高校图书馆资源建设的上游环节，图书出版状况的好坏直接影响着图书采购工作的质量。当代图书出版的同质化趋势日益严重，图书质量良莠不齐，选择高质量异质化图书成为目前大多数图书馆馆藏资源建设的难题。目前，业界有很多成果都涉及图书同质化问题，但对于如何利用科学的研究方法判断图书同质化程度却鲜有涉及。

计算机类图书和建筑类图书是理工科图书的重要组成部分，近年随着计算机技术在各行业的日益普及，计算机类图书成为高校馆藏资源建设的重点，计算机类图书同类图书数量明显过剩，内容严重同质化，"C语言"尤甚，因此，本文将"C语言"类图书作为同质化问题研究的第一个案例，再随机选择计算机类的"C++"类图书作为第二个案例。建筑类图书品种丰富，近年"混凝土结构"类图书数量越来越多，其同质化程度已影响到建筑类图书的采购，故本文选择"混凝土结构"类图书作为同质化问题研究的第三个案例。以"C语言""C++""混凝土结构"三类图书为例，用实证研究的方法对其同质化程度进行客观判断，以期能够为馆藏资源建设提供依据。

[①] 许晶晶. 理工科图书出版同质化问题研究——以"C语言""C++""混凝土结构"类图书为例[J]. 图书馆, 2016 (03): 56–59.

2 研究过程

2.1 数据来源及样本确定

2.1.1 数据来源

考虑到理工科图书时效性强的特点，本文选择 2010—2014 年的图书数据。数据源于历年采访数据较全面的中标书商，主要有北京人天书店有限公司、湖北三新有限公司、北京百万庄图书公司，这几家书商的采访数据相互补充，使得选取的图书数据较全。

2.1.2 样本确定

对数据以"C 语言"为检索词进行文本筛选得到 772 种图书，对数据以"C++"为检索词进行文本筛选得到 379 种图书，对数据以"混凝土结构"为检索词进行文本筛选得到 183 种图书。根据高校图书馆馆藏建设"不采购面向高职高专的图书、不采购考级考证类图书、不采购习题集及图集"等原则确定研究对象。根据书目上提供的信息或是根据书名信息进行判断、删除，具体删除如下图书：① 各类高职、高专、职业教育、成人教育类教材；② 各类职业认证考试、等级考试教材；③ 各类教学辅导材料、习题集等。删除后得到"C 语言"类图书 536 种，"C++"类图书 298 种，"混凝土结构"类图书 137 种；并采用随机抽样的办法抽取样本，在"C 语言""C++""混凝土结构"类图书中随机抽取各 100 种图书。

2.2 同质化影响因素确定

影响图书同质化的因素很多，主要表现在两方面：一是书名；二是内容。在抽取样本时已经对书名进行了限制，如在选取数据时以"C 语言""C++""混凝土结构"为检索词，所选图书书名中若有"C 语言""C++""混凝土结构"关键词，则被视为书名同质化。因此接下来重点考虑内容因素。为了便于研究，本文在"C 语言""C++""混凝土结构"类图书样本中各抽取一本书为参照样本。

对于"C 语言""C++"类图书参照样本的选取，参考《基于引文统计的我国计算机类学术性图书出版情况分析》一文的研究结果，即计算机类图书第一核心出版社为清华大学出版社。基于此，用关键词"清华大学出版社"进行筛选，对于筛选结果进行随机抽样。在"C 语言"类图书样本中抽取 2014 年清华大学出版社出版、田丽华主编的《C 语言程序设计》为参照样本（在表 1 中用"样本 1"表示），在"C++"类图书样本中抽取 2012 年清华大学出版社出版、田秀霞主编的《C++高级程序设计》为参照样本（在表 2 中用"样本 1"表示）。对于"混凝土结构"图书参照样本的选取，参考笔者《基于引文分析的核心作者研究——以建筑类图书为例》一文的研究结果，即建筑类图书中"建筑结构"方面核心作者单位主要有大连理工大学、同济大学等。基于此，用关键词"同济大学"进行筛选，对于筛选结果进行随机抽样，抽取 2011 年同济大学出版社出版、顾祥林主编的《混凝土结构基本原理》（第 2 版）为参照样本（在表 3 中用样本 1 表示）。

图书内容是需要深入挖掘和认真分析的部分，本文采用内容分析法和直接阅读法来确定内容的要素。"内容分析法是一种对具有明确特性的传播内容进行的客观、系统和定量描述的研究技术。实质是对传播内容所含信息量及其变化的分析。"通过对《C语言程序设计》一书的直接阅读并用内容分析法分析，将该书的内容提取为十个关键词，分别为：C语言概述、数据类型、运算符、表达式、程序设计、预处理命令、函数、数组、指针、文件，将这些关键词设置为：要素一、要素二、…、要素十，其余99种图书（用样本2、…、样本100表示）同样依照这种方法设置要素。例如任意抽取2013年电子工业出版社出版、李俊主编的《C语言程序设计》，与参考样本图书内容进行对比，对于内容主题相同但是语言表达方式不同的可提取同一个关键词，对于内容主题不同的可提取不同关键词。李俊主编的《C语言程序设计》一书第一部分是对"C语言"基本内容的概述，主要内容与参考样本图书"C语言概述"主题基本一致，因此该书的第一个关键词提取为"C语言概述"。同样，通过阅读发现李俊主编的《C语言程序设计》没有"运算符""程序设计""预处理命令""函数""数组""指针"等内容，却多出了"流程控制""基本输入/输出语句"等内容，对于与参考样本图书内容相异的部分，将关键词提取为"无"。由此确定李俊主编的《C语言程序设计》内容按照参考样本关键词的顺序提取十个关键词，分别为：C语言概述、数据类型、无、表达式、无、无、无、无、无、文件。

"C++"类图书关键词的提取方法与"C语言"相同。同理，通过对《C++高级程序设计》一书的阅读将该书的内容提取为十个关键词，分别为：数据类型、流程控制、函数、数组、指针、结构体、类与对象、继承、多态、异常处理，并设置为：要素一、要素二、…、要素十，其余99种图书（用样本2、…、样本100表示）同样依照内容分析法阅读全书后设置要素。其余样本图书要素的提取与李俊《C语言程序设计》要素提取方法相同。以2013年机械工业出版社出版、温宇杰主编的《深入实践C++模板编程》为例，该书内容不涉及"数据类型""流程控制"等内容，则十个关键词分别为：无、无、函数、无、无、无、类与对象、无、无、无。

"混凝土结构"类图书关键词提取方法同样如此。通过对《混凝土结构基本原理》一书的阅读将该书的内容提取为十个关键词，分别为：混凝土基本性能、轴心受力构件、受弯构件、偏心受力构件、构件斜截面、构件扭曲、构件受压、预应力、构件使用性能、混凝土结构耐久性，将其分别设置为：要素一、要素二、…、要素十，其余99种图书（用样本2、…、样本100表示）同理，与李俊的《C语言程序设计》要素提取方法相同。以2014年清华大学出版社出版、李斌主编的《混凝土结构设计原理》为例，提取十个关键词，分别为：混凝土基本性能、无、受弯构件、无、无、构件扭曲、构件受压、预应力、无、无。

2.3 同质化程度判断

分析发现影响同质化程度的内容指标，即反映图书内容的十个关键词（要素一、要素二、…、要素十），为平行关系，对于内容同质化的影响同样重要，用B1、B2、…、B10表示，采用直观判断法把B1、B2、…、B10指标权重设置为1、1、…、1。其余样本2、…、样本100中指标与样本1对应位置的指标相同，可将该指标权重设置为1，将其余情况下该指标权重设置为0。例如李俊《C语言程序设计》的指标权重为：1、1、0、1、0、0、0、0、0、1；而温宇杰《深入实践C++模板编程》的指标权重为：0、0、1、0、0、0、1、0、

0、0；李斌《混凝土结构设计原理》的指标权重为：1、0、1、0、0、1、1、1、0、0。

对于同质化程度的判断，需要对指标进行权重计算：结果=B1+B2+…+B10。若结果<5，则视为图书同质化程度较低；若结果≥5，则视为图书同质化程度较高；结果>5 的程度越高，则同质化越严重；若结果=10，则视为两本书完全相同。若50%的样本结果≥5，则认为该类图书同质化程度较高，反之则认为该类图书同质化程度较低；结果≥5 的样本数量越多，则说明该类图书同质化现象越严重。

3 "C语言""C++""混凝土结构"类图书同质化程度分析

3.1 "C语言"类图书同质化程度分析

根据上述分析列出表1。由表1可知，指标 B1 同质化达到99%，其余指标：B2 为86%、B3 为71%、B4 为43%、B5 为33%、B6 为62%、B7 为55%、B8 为52%、B9 为51%、B10 为43%。这说明"C语言"类图书内容同质化主要集中在B1、B2、B3、B6 等方面，指标 B1 同质化程度最高，指标 B5 同质化程度最低。这与"C语言"类图书内容有关，"C语言概述"是它的基本内容，大部分图书都会有所涉及，而其他方面的内容如"表达式"等在著作过程中会根据侧重点不同而有所取舍。70%的"C语言"类图书权重计算结果≥5，因此可以判断："C语言"类图书同质化程度较高。

表1 "C语言"类图书同质化程度

样本1	B1	B2	B3	B4	B5	B6	B7	B8	B9	B10	结果
样本2	1	1	1	0	1	1	1	0	1	1	8
样本3	1	1	1	0	1	0	1	1	0	0	6
样本4	1	1	1	0	0	1	1	0	1	1	7
样本5	1	1	1	0	0	1	1	0	1	0	6
样本6	1	1	1	1	0	1	0	0	0	1	5
样本7	1	1	1	1	0	1	1	1	1	1	9
样本8	1	1	0	1	1	0	1	1	1	1	8
样本9	1	1	1	0	0	1	0	1	0	0	5
…											
样本100	1	0	0	0	0	0	0	0	0	0	1

3.2 "C++"类图书同质化程度分析

以同样的方法分析并列出表2。由表2可知，指标 B1 同质化达到65%，其余指标：B2 为57%、B3 为35%、B4 为65%、B5 为51%、B6 为48%、B7 为15%、B8 为60%、B9 为53%、B10 为48%。这说明"C++"类图书内容同质化主要集中在B1、B4、B8 等方面，指标 B1 同质化程度最高，指标 B7 同质化程度最低。这与"C++"类图书内容有关，

"函数概述"方面的内容是它的核心内容,而其他方面的内容如"结构体"、"类与对象"等属于非核心内容,有些作者会舍去。49%的"C++"类图书权重计算结果＞5,所以可以判断:"C++"类图书同质化程度较低。

表2 "C++"类图书同质化程度

样本1	B1	B2	B3	B4	B5	B6	B7	B8	B9	B10	结果
样本2	0	1	0	1	0	1	0	0	1	0	4
样本3	0	1	0	0	0	0	0	0	0	0	1
样本4	0	1	0	0	0	0	0	1	1	1	4
样本5	0	0	1	0	1	0	0	0	0	0	2
样本6	0	1	0	1	1	1	0	1	0	0	5
样本7	0	0	0	1	0	0	0	1	0	0	2
样本8	1	0	0	0	0	0	0	1	0	0	2
样本9	1	0	0	0	0	0	0	1	1	1	4
...											
样本100	0	1	1	0	1	0	0	1	0	0	4

3.3 "混凝土结构"类图书同质化程度分析

以同样的方法分析并列出表3。由表3可知,指标B1同质化达到54%,其余指标:B2为18%、B3为54%、B4为9%、B5为40%、B6为43%、B7为9%、B8为31%、B9为3%、B10为13%。这说明"混凝土结构"类图书内容同质化主要集中在B1、B3等方面,指标B1同质化程度最高,指标B9同质化程度最低。这与"混凝土结构"类图书内容有关,"混凝土性能"包括物理性能和材料性能等方面的内容,是它的基础内容,而"构件使用性能"等方面的内容很多图书都不涉及。26%的"混凝土结构"类图书权重计算结果＞5,所以可以判断:"混凝土结构"类图书同质化程度较低。

表3 "混凝土结构"类图书同质化程度

样本1	B1	B2	B3	B4	B5	B6	B7	B8	B9	B10	结果
样本2	1	0	1	0	1	0	0	0	0	0	3
样本3	1	1	0	1	0	0	0	0	1	1	5
样本4	1	0	1	0	0	0	1	1	0	0	4
样本5	1	1	1	0	0	0	0	1	0	0	4
样本6	1	0	1	0	0	1	0	1	0	0	4
样本7	0	0	0	0	0	0	0	0	1	0	1
样本8	0	0	0	0	0	0	0	0	0	0	0
样本9	0	0	0	0	0	0	0	0	0	0	0
...											
样本100	0	0	1	0	1	1	1	1	0	0	5

4 结语

4.1 "C语言""C++""混凝土结构"类图书同质化现状

统计显示,"C语言"类图书同质化严重,有19%的"C语言"类图书同质化现象非常严重,基本达到雷同。统计显示"C++"类图书同质化程度虽然较低,但是49%的图书接近界定同质化程度高低的临界值,这说明"C++"类图书目前虽然同质化较低,但是有同质化恶性发展趋势。统计显示,"混凝土结构"类图书同质化程度明显较低。

统计结果说明,"C语言"类图书出版质量较低,图书内容大同小异;与"C语言"类图书相比,"C++"类图书出版质量稍好;"混凝土结构"类图书出版质量相对最好。主要原因有:①"C语言"类图书中学术专著极少,教程类图书占多数,因此难有创新,不同作者之间相互模仿借鉴,核心内容不变,造成内容上的低水平重复;② 研究中涉及30家以上的出版社,但不同出版社"C语言"类图书内容同质化仍然严重。对此出版社负有不可推卸的责任:为了获取高额利润,抢占市场份额,走跟风出版的捷径;对于图书知识产权的保护不到位等等,缺少高质量的原创图书。

4.2 "C语言""C++""混凝土结构"类图书同质化对采购决策的影响

为了提高文献资源的收藏质量,必须采用科学的方法进行筛选,才能保证图书采购的"全而不滥"。目前,图书采购方式主要有两种:一种是以书展为依托,采访人员根据样书或库存进行的现货采购;一种是以各种书目信息为依托,以书目预订为渠道的期货采购。现货采购无法同时对馆藏图书进行有效对比和分析,往往会造成时间和精力的浪费,因此在"C语言"和"C++"类图书采购中宜采用期货采购搭配科学的采购策略,"混凝土结构"则可采用现货采购和期货采购相结合的采购策略。

"C语言"类图书同质化严重,甚至有雷同现象,采购人员在采购该类图书时不仅要慎重,还要减少该类图书的采购。笔者对所在图书馆"C语言"类馆藏图书进行了统计,出版时间在2008—2012年的接近百种,说明该类图书馆藏丰富,能够满足读者需求,后期只需部分更新即可;将采购重点放在读者荐购上,根据读者的实际需求有效补充馆藏,避免同质化带来的资源浪费。

"C++"类图书虽然同质化程度较低,但采购人员要注意:认真对比书目信息与馆藏图书信息的异同,借此判断新书是否与馆藏图书同质化,若是则不予采购,反之则正常采购;可以采用"核心出版社"的方法进行采购,利用既往研究成果,对清华大学出版社、机械工业出版社、电子工业出版社等核心出版社的计算机类图书进行采购;考虑到"C++"类图书有同质化恶性发展趋势,采购人员也要适当减少该类图书的采购。

"混凝土结构"类图书同质化程度较低,采购人员可以根据采购政策正常补充馆藏。但是该类图书的采购对采购人员的知识储备要求很高,采购人员要熟悉这类图书内容的知识要点,因此要积极补充这方面的专业知识,在知识背景的指导下才能更加科学合理地采购图书,有效防止入藏图书同质化的出现。

参考文献

[1] 林雅萍，刘惠敏，蔡迎春，等. 从出版统计和馆藏分析看图书采购策略——以2002—2005年国内出版的计算机类图书为例 [J]. 图书情报知识，2009（3）：117-121.

[2] 陆怡洲. 基于引文统计的我国计算机类学术性图书出版情况分析 [J]. 图书馆论坛，2009（4）：165-167，145.

[3] 蔡迎春. 回眸与展望：民国档案学术研究的发展现状与特征 [J]. 上海师范大学学报（哲学社会科学版），2015（5）：110-117.

[4] 蔡璐. 基于学科主题进行细分的高校图书馆馆藏质量研究——以高等教育学科为例 [J]. 图书与情报，2011（2）：118-121.

[5] 吴志荣. 论我国图书馆学研究中的外部反思现象 [J]. 上海师范大学学报（哲学社会科学版），2015（5）：103-109.

〔作者简介〕许晶晶（1982—），女，硕士，上海师范大学图书馆资源建设部馆员，研究方向为图书馆知识服务、采访策略等。

（收稿时间：2015年12月）

（七）心理学学科数字资源的比较分析

刘晓霞

（上海师范大学图书馆，上海，200234）

[摘要] 图书馆为学科选择最适合的数据库，对学科发展至关重要。本文选择 PsycARTICLES（PA）、Elsevier Science Direct、Taylor & Francis 和 Wiley 4 个数据库的心理学学科，从 SSCI/SCI 源刊收录比例、JCR（《期刊引用报告》）影响因子排名和数据库检索系统 3 个方面入手，比较分析这些数据库中的期刊，为图书馆心理学学科数字资源的选择提供参考依据。

[关键词] 数据库　SSCI　SCI　JCR　检索系统

近年来，科学、专业图书馆或高校图书馆等学术型图书馆购置数字文献的经费所占比例越来越高，读者的信息利用行为也越来越依赖于电子资源。尤其是在外文期刊的利用方面，数据库资源在外文期刊的获取利用过程中发挥着越来越重要的作用。

不同的数据库由于其学科分布、检索平台、收录的核心期刊、检索年限等的不同，给图书馆数据库引进工作带来了很大难度。对学术型图书馆来说，如何从学科角度鉴别数据库至关重要。本文以心理学数字资源为例，通过对不同数据库中心理学在 SSCI（社会科学引文索引）/SCI（科学引文索引）源刊收录比例、JCR 影响因子排名、数据库检索系统等方面的分析，综合评价心理学学科的外文数字资源，为学科资源建设提供参考。

1 数据库来源及数据获取

本文选用我国高校图书馆中比较常用的 4 个全文数据库进行分析，这些数据库分别来自美国、荷兰和英国。

（1）PsycARTICLES（PA）。该数据库收录了美国心理协会（APA）、APA 教育出版基金、加拿大心理协会和 Hogrefe 和 Huber 出版社出版的全部期刊。目前 PA 共收录有 77 种期刊，包括 4 种已停刊的期刊，最早的期刊从 1894 年开始出版，并且几乎所有的 APA 期刊都可追查到第 1 卷第 1 期。

（2）Elsevier Science Direct。该数据库分 4 大类 24 个学科，包含有 2 200 多种期刊，其中心理学是社会与人文科学下的一个学科，包含期刊 116 种。

（3）Taylor & Francis。该数据库收录期刊超过 1 500 种，心理学期刊在该库中是 Behavioral Sciences 主题下的期刊，共有 141 种，其中包括 Psychology Press 出版的一流心

---

① 刘晓霞. 心理学学科数字资源的比较分析 [J]. 图书情报知识，2011（02）：113-117.

理学期刊。

（4）Wiley。Wiley 是一个多学科的全文数据库，其心理学——Psychology 共包含 61 种期刊。

本文在研究过程中从数据库商处获取或从数据库网站上下载数据库分学科列表，将对应的心理学学科数据加以整理，用于本文的数据分析。属于心理学期刊，但是在数据库中未列入心理学学科的，本文不统计在内。

2 数据库心理学期刊质量比较分析

2.1 SSCI/SCI 源刊统计分析

SSCI 和 SCI 是美国科技情报所（ISI）开发的权威引文索引。其严格的选刊标准和选刊程序保证了所收录期刊的质量，因此，被 SSCI 和 SCI 索引一直是高质量期刊的象征，也是评价期刊学术水平高低的一个重要标准。本文的 SSCI 和 SCI 数据由笔者于 2010 年 6 月 18 日在 THOMSONREUTERS 网站上下载。其中，SSCI 中共有 10 个有关心理学学科的主题：① Psychology, Applied；② Psychology, Biological；③ Psychology, Clinical；④ Psychology, Developmental；⑤ Psychology, Educational；⑥ Psychology, Experimental；⑦ Psychology, Mathematical；⑧ Psychology, Multidisciplinary；⑨ Psychology, Psychoanalysis；⑩ Psychology, Social。SCI 中有 1 个心理学学科主题：Psychology。

SSCI 心理学期刊经查重后共有 478 种，SCI 心理学期刊有 30 种。经过比对查重发现，SCI 心理学期刊中有 21 种与 SSCI 心理学期刊重复。因此，SSCI 和 SCI 共收录 487 种心理学期刊。

（1）覆盖率。通过对这 487 种 SSCI/SCI 心理学期刊和上述 4 个数据库的心理学期刊进行比较发现，这 4 个数据库的心理学期刊被 SSCI/SCI 源刊收录的为 202 种，SSCI/SCI 心理学期刊在 4 个数据库心理学期刊中的覆盖率为 51.14%。其中 Elsevier Science Direct 的心理学期刊被 SSCI/SCI 收录的最多，有 59 种。收录比例最高的是 PA，SSCI/SCI 心理学期刊在其中的覆盖率达 62.34%（表 1）。

表 1 四个数据库心理学期刊被 SSCI/SCI 收录的情况

	项目	心理学期刊数/种	被 SSCI/SCI 收录的情况	
			种数	覆盖率/%
数据库	Elsevier Science Direct	116	59	50.86
	PA	77	48	62.34
	Taylor & Francis	141	58	41.13
	Wiley	61	37	60.66
	总计	395	202	51.14

（2）各数据库心理学期刊的聚合度。通过对上述 487 种 SSCI/SCI 心理学期刊的统计

发现，各数据库被 SSCI/SCI 收录的心理学期刊数都不少于其心理学学科下被 SSCI/SCI 收录的期刊数（表2）。从表2可以看出，4个数据库中只有 PA 的心理学期刊数与其被 SSCI/SCI 收录的心理学期刊数相同，因为只有 PA 是一个专门的心理学数据库。Elsevier Science Direct、Taylor & Francis、Wiley 都是综合性数据库，有些心理学与其他学科交叉的期刊被列入其他学科，因此，这些数据库中心理学学科下被 SSCI/SCI 收录的心理学期刊数少于整个数据库中被 SSCI/SCI 收录的心理学期刊数。由表2可知，每个数据库对心理学期刊的聚合程度不同，最低的是 Wiley，被 SSCI/SCI 收录的 58 种心理学期刊中，只有 37 种聚合在心理学学科下。

表 2 数据库心理学期刊的聚合度

	项目	心理学学科下被 SSCI/SCI 收录的期刊数/种	被 SSCI/SCI 收录的心理学期刊数/种	比例/%
数据库	Elsevier Science Direct	59	70	84.29
	PA	48	48	100
	Taylor & Francis	58	80	72.50
	Wiley	37	58	63.79
	总计	202	256	78.91

2.2 影响因子分析

影响因子（Impact Factor，IF）作为一种计量指标被用来评价各类期刊的质量优劣，反映期刊的学术影响力。JCR 由 ISI 出版，主要针对 SSCI/SCI 收录的期刊进行评价。除影响因子外，JCR 还提供了期刊的总引文数（Total Cites）、五年的影响因子（5-year Impact Factor）、即时指数（Immediacy Index）、论文总数（Articles）、半衰期（Cited Half-life）、特征因子（Eigenfactor TM Score）和论文影响分数（Article Influence TM Score）。

JCR 分科学版和社会科学版，分别对应 SCI 和 SSCI。2008 年 JCR 社会科学版共包含心理学 11 个学科主题，与 SSCI 相比，增加一个心理学学科，其他学科主题相同，收录心理学期刊 459 种。JCR 科学版的心理学期刊共分两个学科，分别是 Psychology 和 Experimental，收录期刊 61 种。排除重复的期刊，JCR 中共收录的心理学期刊有 473 种，其中影响因子排在前 10 位的期刊 Elsevier 收录有 2 种，PA 收录有 3 种。

各数据库的心理学期刊影响因子分布见表3。从表3可以看出，4个数据库的心理学期刊中影响因子大于 1 的有 147 种，占 JCR 影响因子大于 1 的心理学总刊数（293 种）的 50.17%，这些期刊平均影响因子为 1.991。收录心理学期刊影响因子比较高的数据库是 PA，其平均影响因子达 2.946，最大的影响因子值是 12.568，影响因子大于 10 的期刊有 2 种，影响因子大于 1 的有 37 种。其次是 Elsevier Science Direct 的心理学期刊，期刊平均影响因子为 2.248，最大影响因子为 10.981，影响因子大于 10 的期刊有 1 种，影响因子大于 1 的期刊有 50 种。

表 3 四个数据库心理学期刊影响因子分布

项目		Elsevier Science Direct	PA	Taylor & Francis	Wiley	总计
期刊数/种	JCR 收录的期刊数/种	59	43	57	37	196
	IF≥10	1	2	0	0	3
	5≤IF<10	1	3	0	0	4
	4≤IF<5	2	3	1	2	8
	3≤IF<4	6	6	0	4	16
	2≤IF<3	20	12	6	6	44
	1≤IF<2	20	11	28	13	72
	0≤IF<1	9	5	22	12	48
	无 IF	0	1	0	0	1
最大 IF 值		10.981	12.568	4.286	4.854	
平均 IF 值		2.248	2.946	1.227	1.727	1.991

2.3 质量分析

从以上对各数据库心理学期刊被 SSCI/SCI 收录的比例、心理学期刊的聚合度以及影响因子的分析可以看出各数据库心理学期刊的质量差别:

PA 被 SSCI/SCI 收录的心理学期刊比例最高,聚合度达到了 100%,期刊的最高影响因子和平均影响因子也最高,几乎所有的 APA 期刊都是从第一卷第一期开始收录,所以它无疑是心理学期刊质量最高的数据库。

Elsevier Science Direct 的心理学期刊虽然被 SSCI/SCI 收录的比例相对较低,但是它的心理学期刊在心理学学科下的聚合程度较高(84.29%),影响因子也较高。Taylor & Francis 的心理学期刊最多,但是被 SSCI/SCI 收录的比例相对较低(41.13%),在期刊影响因子方面也有待提高。Wiley 的心理学期刊被 SSCI/SCI 收录的比例较高,但其心理学期刊在心理学学科下的聚合程度较低。

3 检索系统比较分析

数据库收录学科期刊的质量和数量是图书馆在学科信息资源建设中考虑的主要因素,而友好便捷、功能强大的检索系统也是一个必不可少的评判标准。检索系统是数据库平台非常重要的一部分,其作用是让已经入库的数字化资源被用户搜索到,让用户准确地搜索到自己真正需要的信息。不同的检索系统实现的检索功能不同,所提供的检索方式、检索字段、检索技术、检索限制条件和检索结果显示方式也各有差异。由于 PA 被整合在不同的数据库平台上,而各个平台的检索功能不同,所以本文以 EBSCO 平台上的 PA 为例,其他 3 个数据库分别有出版商的检索平台。

3.1 检索方式

基本检索和高级检索是最常见的检索功能,这 4 个数据库无一例外都提供了这两种检索方式，而且都提供了出版物检索功能。除此之外，PA 数据库所在 EBSCO 平台还有主题词检索、参考文献检索、索引检索和视觉检索，所以它是检索方式最多的一个数据库。从表 4 可以看出，专家检索是 Elsevier Science Direct 的检索特色，该检索方式需要用户自己组配检索方式，对用户的检索技能要求较高。而主题词检索、索引检索和视觉检索则是 PA 的检索特色，也是 EBSCO 平台的特色。应用主题词可以查出 EBSCO 各数据库中的规范主题词，提高了文献检索的检全率和检准率。Taylor & Francis 和 Wiley 提供了 CrossRef 检索，该功能可以利用用户熟悉的 Google 检索整合在 CrossRef 上不同出版商的期刊内容。

表 4 检索方式比较

检索方式	Elsevier Science Direct	PA	Taylor & Francis	Wiley
基本检索	√	√	√	√
高级检索	√	√	√	√
专家检索	√			
主题词检索		√		
出版物检索	√	√	√	√
参考文献/引文检索		√	√	
索引检索		√		
视觉检索		√		
CrossRef 检索			√	√

3.2 检索字段（高级检索）

检索字段是数据库提供给用户的检索入口，检索入口越多，对用户的帮助越大。Elsevier Science Direct 提供了 10 个检索字段，PA 提供了 29 个检索字段，Taylor & Francis 有 8 个检索字段，Wiley 有 11 个检索字段。虽然不同数据库的检索字段各异，但是用户最常用的检索字段如题名、作者、关键词、摘要、全文、刊名、ISSN，这 4 个数据库都有提供（表 5）。除了常用的检索字段外，Taylor & Francis 和 Wiley 还提供了 DOI 检索。DOI（Digital Object Identifier，数字对象标识符）是美国出版协会提出并建立的标识体系，被指定用来代表知识产权对象（物理的、数字的或抽象的）的名称（字符、数字），例如电子期刊文章、图像、电子书以及任何类型的内容。每篇文章对应一个永久唯一的 DOI，DOI 检索字段增加了数据库文献的检准率。

表 5 检索字段比较

检索字段	Elsevier Science Direct	PA	Taylor & Francis	Wiley
题名、作者、关键词、摘要、全文、刊名、ISSN	√	√	√	√
参考文献	√			√
作者单位	√	√		√

续表

检索字段	Elsevier Science Direct	PA	Taylor & Francis	Wiley
DOI			√	√
其他	摘要标题关键词联合字段	主题词、出版日期、出版商、分类号、文献类型、卷、期、文章编号、方法学等		基金项目

3.3 检索条件限定

检索条件限定是一种辅助检索手段，用户可根据自己的使用偏好限定检索结果范围、输出形式等。除 PA 外，其他 3 个数据库都是综合数据库，可以分学科订购。因此，学科限定和订购范围限定对用户来说很有必要。如果用户只需要检索某一个学科方面的资源，则完全可以把检索结果限定在特定学科内。假如一个图书馆只购买了数据库中的心理学学科和教育学学科，在检索时把检索结果限定在订购的期刊范围内，就可以避免在大范围的检索结果中逐条筛选可利用的全文文章的难题，节约了文献检索时间，提高了效率。从表 6 可以看出，对于本文选定的几个数据库来说，在检索结果限定方面，Elsevier Science Direct 和 Taylor & Francis 比 Wiley 的检索系统好，用户可以在检索时对学科和订购的期刊进行限制。

表 6 检索条件限定比较

	检索功能	Elsevier Science Direct	PA	Taylor & Francis	Wiley
检索条件	学科				
	订购范围				
	文献类型				
	卷、期、页码				
	出版日期				
	结果排序				
	每页显示结果				
	其他				
检索技术	布尔逻辑算符	√	√	√	√
	截词检索	√	√	√	√
	位置检索	√	√		
	短语检索	√	√	√	√
	括号检索	√	√		√

3.4 检索结果输出

从表 7 可以看出，在检索结果方面，各个数据库都提供了排序、E-mail、导入至文献管理软件、PDF 格式和 HTML 格式等功能。PA 和 Wiley 不支持二次检索功能。在筛选结果方面，除了可按刊名、主题、年代筛选外，PA 还提供了性别、年龄、主题词等筛选条件，可以更详细地进行检索结果的筛选。Elsevier Science Direct 和 PA 提供检索结果的 RSS 定制,借助于 RSS 阅读器可以在不打开网站内容页面的情况下,阅读支持 RSS 输出的网站内容。可以避免多次检索,当有新的符合检索条件的文章出现时,能够主动推送给用户,这体现了以用户为中心的图书馆 2.0 理念。引文链接也是一个重要的功能,可以根据文献间的知识关系,不用检索而直接完成参考文献的链接和获取,比直接检索简单、省时,便于科研人员对文献资源进行挖掘和利用。除 PA 外,其他 3 个数据库均提供了引文链接服务。PA 虽然没有引文链接功能,但 PA 检索结果的显示格式除了标题、作者、来源、摘要等基本项目外,增加了人口群、年龄组、方法论等,这更能体现心理学论文的特性。

表 7 检索结果比较

检索功能	Elsevier Science Direct	PA	Taylor & Francis	Wiley
二次检索	√		√	
筛选结果	√	√		
检索结果单页/显示条目选择		√	√	
排序	√	√	√	√
RSS 定制	√	√		
打印		√	√	√
E-mail	√	√	√	√
导入至文献管理软件	√			
PDF 格式	√	√	√	√
HTML 格式	√	√	√	√
引文链接	√		√	√

3.5 检索系统综合分析

从以上对检索系统的分析可以看出,PA 所在的 EBSCO 平台是一个检索功能很强大的检索系统,并且只有 PA 提供了主题词库,检索限定条件最多,大大提高了检准率。Elsevier Science Direct 无论是从检索方式、检索字段还是从检索结果限定来看,都优于 Taylor & Francis 和 Wiley。但是在数据库的一些新检索特性方面,如 DOI、CrossRef 等,Taylor & Francis 和 Wiley 比另外两个数据库好。

4 结语

对于图书馆的数字资源建设来说,质量和检索系统是考察数据库的两个主要方面,能够选择质量好、检索系统功能强大的数据库自然最好,如 PA。如果二者不能兼得,如何取舍也是一个值得研究的问题。笔者认为,对于图书馆和用户而言,质量是第一要素,相关人员可以通过培训达到熟练使用检索系统。除此之外,数据库价格和利用率也是资源建设时需要考虑的重要因素,特别是近年来外文数据库每个合同期的价格都在大幅上涨,这给图书馆的外文文献资源订购造成了很大的经济压力，价格在很大程度上制约着数据库的引进。图书馆可以根据以上对各数据库心理学学科的质量和检索系统分析，在权衡经费的基础上，确定引进最合适的数据库，保障心理学学科建设与发展的需要。

参考文献

［1］黄萍，等．科技期刊影响因子的影响因素分析及提高措施［J］．编辑学报，2006（S1）．

［2］雷顺利．EBSCO 数据库的综合评价——Pro Quest 平台的比较［J］．图书馆建设，2008（8）．

［3］贾东琴，董伟．DOI 在政府信息公开中的应用初探［J］．图书情报工作，2009（15）．

［4］陈雅，王云峰．图书馆 2.0：以用户为中心的互动模式［J］．图书与情报，2007（1）．

［5］江玲．引用链接技术 CrossRef 研究［J］．武汉理工大学学报，2010（8）．

〔作者简介〕刘晓霞（1983—），女，上海师范大学图书馆馆员，发表论文数篇。

（收稿时间：2010 年 12 月）

(八) 2002—2005年法律类学术性图书出版情况分析[①]

王铁梅

(上海师范大学图书馆 上海 200234)

[摘要] 作者对全国总书目中2002—2005年法律类学术性图书的出版数量进行了统计,然后从发文、引文以及专家评价等角度出发,全面综述了法律类学术性图书的出版情况,得出一些具有参考意义的结论。

[关键词] 法律类学术性图书 出版分析 引文分析 文献计量

近年来,随着我国法制化进程的加快、公民法律意识的增强,法律类图书出版呈现出异彩纷呈的发展趋势。据"全国图书零售观测系统"对50个大中城市的70多家大中型零售书店监测,法律类图书达3万种以上。在法律类图书中,法规单行本1 000多种,法规汇编3 000多种。法律类图书强劲的销售势头和可观的利润,让许多出版社趋之若鹜。除去原有的出版法律图书的出版社,如法律出版社、人民法院出版社、中国检察出版社、中国法制出版社等,各省的人民出版社也纷纷进入法律图书领域,就连一些理工类出版社,也一举推出了几十种法律图书,更不用说与法律有着密切联系的社科、经济类出版社。在不大的市场份额中,有这么多出版社参与,必然有的出版社只是偶尔介入,这类出版社出版法律图书没有什么经验,难以保证法律图书的质量,也将影响法律的严肃性和权威性。为此,本文以2002—2005年《全国总书目》中的法律类书目为统计源,对其发行、被引频次以及出版社分布情况等方面做了一些计量分析,以期从中发现一些带有规律性的问题,为图书馆在法律方面的馆藏建设提供理论依据。

1 采样范围

本文统计数据依照2002—2005年《全国总书目》《全国新书目》中法律类图书书目为统计源;为了确保统计数据的全面准确,还参照了2002—2005年《人天书目》中的法律类图书书目,共计选出法律类图书书目16 199种,从中筛选出有学术价值的图书7 916种作为本文计算被引频次的数据源。

2 学术性图书的认定标准

所谓学术性是指对某些事物的研究,上升到一定的理论高度去认识问题、探索规律和

[①] 王铁梅. 2002—2005年法律类学术性图书出版情况分析 [J]. 图书馆,2009 (03): 102-104.

本质，它既包括对实践的概括、总结、提高，也包括对实践问题的预见、探索和研究。依照这个原理对 16 199 种法律类图书作出筛选，选出 7 916 种具有学术价值的图书，并将其中的以下图书剔除：

（1）基本法律法规、法规文献选编、法规政策选编。
（2）教材及应试类。
（3）基本法律条例、法律条例释义。
（4）工具书和普及性读物。
（5）各类案例。

3 出版概况

3.1 出版数量

1979 年全国出版法律图书仅 47 种，而 2003 年已达到 4 000 余种。2002—2005 年《全国总书目》中法律类图书共计 16 199 种，2002 年为 3 467 种，2003 年为 4 370 种，2004 年为 4 191 种，2005 年为 4 171 种（表 1）。其中 2003 年是法律学术类图书品种增长较快的一年，新书品种比 2002 年增加了三分之一左右。2003 年中国法律图书公司股分化运作的成功以及年底中国法律图书出版发行联合会的宣告成立似乎预示着新的一年法律图书发行格局将发生大的变革。法律类图书增长势头一直不减。从近几年看，全国每年出版的政治法律类图书有 4 000 余种，年销售额在 30 亿元左右。

表 1 2002—2005 年法律类文献年出版数量

项目		出版数量/种	百分比/%
年份	2002	3 467	21.4
	2003	4 370	27.0
	2004	4 191	25.9
	2005	4 171	25.7
合计		16 199	100.0

3.2 出版种类

法律图书是诠释、介绍、论述法律思想、法律理论、各类案例、法律法规等内容的专著、教材、工具书和普及性读物。法律图书选题向理论化和通俗化两极发展。近几年在法律图书市场唱主角的仍然是法律法规类、法学理论类、法律应用类、教材及应试类、普法类等，但每一类图书都有更新。

3.3 出版社分布

随着法律图书在整个图书市场的份额逐步增长，此类图书强劲的销售势头和可观的利润正让更多出版社趋之若鹜。近年来，我国法律图书的出版逐步形成了以法律专业出版社为主体，其他出版社为辅助的出版体系。总的说来，是以在京法律专业出版社为主，如表2所示。2002—2005年法律图书出版社排在前10位的是法律出版社、中国法制出版社、人民法院出版社、中国政法大学出版社、北京大学出版社、中国检察出版社、中国人民公安大学出版社、中国人民大学出版社、中国方正出版社、中国民主法制出版社，其中中国法制出版社和法律出版社居绝对领先地位，分别出版了1 370种和2 413种，两者占据了法律类图书大部分的市场份额。这一方面或许是由它们的专业性所决定的，而身处北京对第一时间掌握新法等国家政策的出台也有其不可比拟的优势，如更容易获得作者资源和相关出版资源，也可较好地保证图书本身的权威性。

表2　2002—2005年法律类图书出版社出版数量前10位排名

排名	出版社	出版种类
1	法律出版社	2 413
2	中国法制出版社	1 370
3	人民法院出版社	980
4	中国政法大学出版社	606
5	北京大学出版社	604
6	中国检察出版社	598
7	中国人民公安大学出版社	557
8	中国人民大学出版社	417
9	中国方正出版社	400
10	中国民主法制出版社	278

4　被引频次

引用是科学文献的基本属性之一，通过对学术性图书被引频次的分析，可以发现作者科研成果的继承性、可靠性及其从事研究的严肃性，发现各学科知识之间的密切联系；同时被引频次也是衡量学术性图书质量水平的一个有效工具。

4.1　文献被引概况

本文从2002—2005年《全国总书目》16 199种法律类图书中筛选出有学术价值的图书7 916种，通过Google Scholar和CSSCI数据库对每种学术图书进行检索，统计出2002—2005年7 916种有学术价值的图书中有3 558种是从未被引用过的，占44.95%，还有4 358种分别被引用过1～839次，占55.05%；其中被引7次以上的法律类学术性图书有 1 564 种，占 19.76%；被引 10 次以上的有 1 107 种，占 13.98%（表 3）。从统计结果中可以看出，高质量学术性图书的比例不高，符合布拉德福定律中的二八现象。这一现象说明法律类学术性图书出版不规范，同质化现象比较严重。

表 3　2002—2005 年法律类学术性图书单品种被引频次分布

被引频次	0	1	2	3	4	5
种数	3 558	804	719	475	331	240
所占比例/%	44.95	10.16	9.08	6	4.18	3.03
被引频次	6	7	8	9	10 次以上	
种数	225	192	142	123	1 107	
所占比例/%	2.84	2.43	1.79	1.55	13.98	

4.2　被引文献的年代分布

通过对被引文献的年代分布进行统计分析，可以从时间概念上了解被引文献的出版、传播和利用情况，也可从中获得专业文献老化程度的可靠指标，为文献情报的科学管理和评价提供依据。这里仅统计了 2002—2005 年法律类学术性图书被引用的年代分布，2002—2005 年该类学术性图书被引用峰值出现在 2002 年，一般来说，学术文献发表后的 2～5 年内是被引用的高峰期。被引频次越多，说明学术文献的认知度越高，也可以说明学术文献的质量越高。为此我们通过 Google Scholar 和 CSSCI 数据库对这 4 年中所出版的法律类学术性图书的被引情况进行了统计，发现大部分学术性图书被引用的比例不高，其中被引 160 次以上的学术文献情况列于表 4 中。从中可以发现，高频次被引的学术性图书绝大多数都是 2002 年和 2003 年出版的，距离本文写作的时间正好是 5 年左右，和专家们的结论基本吻合。

4.3　被引文献的主题分布

通过对被引文献内容分布的统计分析，不仅可以了解学术性图书的质量，也可透视出该著作对法律学研究前沿和热点的反映程度。法律类学术性图书是诠释、介绍、论述法律思想、法律理论、各类案例、法律法规等内容的专著，2002—2005 年法律类学术性图书被引的主题分布涉及法律法规类、法学理论类、法律应用类等方面，在法律图书市场上历来都是法律法规占主导地位，而近年来法律文化类图书开始显山露水。随着时间的推移，出版社也开始设法根据市场状况、目标读者和大众对法律的认知程度从内容上分类出版图书。

4.4　高被引出版社和高被引著作分布

文中的高被引出版社和高被引著作是通过设定选取的，被引频次超过 160 次的出版社和著作为高被引出版社和高被引著作。基于上述原则，通过对被引频次的统计，可发现对法律学科的发展有突出贡献的出版社和著作如表 4 所示。从文献著者来看，他们是一大批法学界知名学者，他们的著作对提高法律学术性图书的总体质量有着极其重要的促进作用。特别是由中国人民大学出版社出版的王利明等著的《合同法》一书，被引用达839次之多，在法律学界有着极大的影响，有很高的学术价值。一般情况下，作者发表的著作被引用的次数越高，作者的学术水平和著作的利用价值就越高，其研究的是前沿问题和热点问题，具有一定的研究深度。由表4可看出，被引200次以上的学术性图书有这样一些共性：一是从作者来看，他们当中有不少人为法律界研究领域的知名学者；二是从著作的发表时间及题名来看，它们多是当时研究的前沿问题和热点问题；三是从著作的内容来看，它们一般具有一定的研究深度和理论突破，创新性较强，从而可以发现民法典、司法体制改革方面的研究比较受关注，同时，与司法实践结合比较紧密的证据法、物权法、民事诉讼、刑事诉讼等应用学科的选题也较多，成为法律出版的热点。

表4 高被引出版社和高被引著作

排名	年份	被引频次	著作名	出版社
1	2002	839	《合同法》	中国人民大学出版社
2	2002	397	《走向知识经济时代的知识产权法》	法律出版社
3	2002	341	《物权法研究》	中国人民大学出版社
4	2003	339	《法学方法论》	商务印书馆
5	2002	323	《人身权法论》	人民法院出版社
6	2003	320	《德国民法通论》	法律出版社
7	2002	301	《比较刑法原理》	武汉大学出版社
8	2002	247	《刑法的基本立场》	中国法制出版社
9	2003	228	《中国法律与中国社会》	中华书局
10	2003	193	《刑法概说》	中国人民大学出版社
11	2002	191	《民事法律行为》	中国人民大学出版社
11	2002	191	《法律史解释》	中国法制出版社
12	2002	183	《法医DNA分析》	中国人民公安大学出版社
13	2004	179	《近代西方刑法学说史略》	中国检察出版社
14	2002	175	《法理学》	复旦大学出版社
15	2004	169	《刑法分则的解释原理》	中国人民大学出版社

4.5 核心出版社分布

布拉德福定律是英国文献学家布拉德福教授经过长期观察，对各种学科的文献进行了大量的统计调查，运用数学的定量统计方法得出的描述文献序性结构的经验定律，它揭示了定期出版物中论文（或文章）的离散规律。根据布拉德福定律，按照文献减少的顺序排列，可以划分出对该学科（主题）最有贡献的核心区。这里的核心区就是核心出版社。核心出版社是指出版文献信息密度高、文献新颖、被引频次多和学术声誉高的出版社。引入"核心出版社"的根本目的就是要将其应用于图书的采访工作。为了获得某一学科100%的文献，需要大量的文献源，但其中绝大部分文献来自少量的文献源。本文通过对 2002—2005 年法律类学术性图书出版社的出版数量和被引频次的统计，分析出这 4 年中的核心出版社，如表 5 所示。

表 5　核心出版社

出版社	出版数量/种	被引频次
法律出版社	1 336	11 736
中国政法大学出版社	434	4 304
北京大学出版社	374	3 642
中国人民大学出版社	201	3 447
中国检察出版社	376	2 598
中国人民公安大学出版社	349	2 441
人民法院出版社	586	2 397
中国法制出版社	503	1 820
武汉大学出版社	110	1 480
商务印书馆	45	718

以上对 2002—2005 年法律类学术性图书的出版情况和被引情况进行了计量统计和简要述评，数据处理遵循真实客观的原则，分析评述尽可能克服主观因素。文中数据在统计过程中虽经反复核对，仍难免有差错。统计文献数据来源仅限于近 5 年，难免有某些偶然性；本文研究结果也可能与实际有一定差距，有待同行进一步分析研究。

5　专家评论

5.1　隐忧不可忽视

隐忧之一：竞相出版，影响质量。据"全国图书零售观测系统"2004 年对 50 个大中城市 70 多家大中型零售店的监测，当年出版法律单行本的出版社有 99 家，出版法律汇编的出版社有 223 家。在不大的市场份额中，有这么多出版社参与，必然有的出版社只是偶尔介入，这类出版社出版法律图书没有什么经验，难以保证法律图书的质量，也将影响法律的严肃性和权威性。

隐忧之二："名家"编著，蒙骗读者。眼下市场上所看到的有些"名家"主编的图书，让人不敢恭维，因其只是挂了一个虚名而已。一些七拼八凑的"办案指南""刑事名案集成"等书籍，读来索然无味，大多是抄来抄去的文字堆砌，可以说是粗制滥造、毫无价值。

隐忧之三：精美包装，"大部头"多。放眼市场，文字在 100 万字以上、定价在 100 元以上的"大部头"法律书非常多。加之一些出版社在出版包装上大做文章，内容一般的书籍，却包装得十分精美，给读者造成错觉。

5.2　呼唤规范出版

法律法规的普遍性、权威性特征，要求法律法规的出版必须庄重严肃、确保质量，做到及时、准确、完整、无误。为此，法律界一些学者建议：① 出版法律类图书的出版社应为符合法规规定的条件的出版社，不符合条件的出版社不得出版；② 国家对法律出版社的管理要符合社会主义市场经济的要求，符合中国国情，符合国际上通行的做法，真正做到既保证法律的严肃性、权威性和法律出版的高质量，又确保法律出版市场竞争的充分性和有效性；③ 从事法律出版的出版社，要适应出版市场的激烈竞争，切实提高综合实力，提高出版水平，增强市场竞争力，积极走向国际市场；④ 采取有效措施，严格法律汇编审定制度，切实防止法律汇编、法律单行本出版过多过滥的现象；⑤ 出版管理机构要加强管理，及时遏制盗版现象。

6　结束语

随着中国法治建设的逐步完善，民众法律意识和法律素养日益提高，普通百姓对法律图书的需求也在不断增强，法律类图书的出版成了一个新的热点，有关生活问题、经济法律类图书走俏。无论是在法律类图书的选题，还是在市场上的产品表现来看，波澜不惊的情形较长时间里将会继续。这种情况的改变需要两个支撑点：① 中国的法治成长足够成熟，拥有一批理论、实践功力兼备且愿意致力于法律辞书编撰的人才储备；② 中国出版领域必须具有引领市场的意识、出色的市场营销能力并提供到位的相关服务。

参考文献

［1］邱均平. 文献计量学［M］. 北京：科学技术文献出版社，1998.

［2］邱均平. 信息计量学（四）第四讲文献信息离散分布规律布拉德福定律［J］. 情报理论与实践，2000（4）.

［3］秘书亮.《图书馆理论与实践》2000 年载文统计分析［J］. 图书馆理论与实践，2002（1）：86–87.

［4］滕洪松，吴小雨.《图书情报知识》2002—2004 年载文与引文著者的统计分析［J］. 情报探索，2007（1）：27–29.

〔作者简介〕王铁梅（1969—），女，上海师范大学图书馆馆员，发文数篇。

（收稿时间：2008 年 10 月）

二、馆藏资源研究

（九）综合性大学的馆藏图书学科结构分析[①]

孙彩杰

（上海师范大学图书馆　上海　200234）

[摘要] 本文首先分析了影响综合性大学馆藏图书学科结构的因素，然后以2005—2009年4个综合性大学图书馆的馆藏情况、利用情况、学科依存情况以及这五年的出版情况为案例，用层次分析法计算出各影响因素的权重，最后得出适合于综合性大学图书馆馆藏的学科结构比例。

[关键词] 藏书结构　学科结构　依存度　学科图书利用率

藏书结构反映着藏书体系各部分的组织形式及相互关系，规定着不同学科、类型、水平的文献在藏书体系中各自占有的比例，对大学图书馆来说，按照文献内容的学科类别来区分藏书，是设计藏书结构的基础。从纵向上看，图书馆藏书在内容上要保持每门学科内在的历史延续性和完整性，反映出学科发展变化的过程；从横向上看，图书馆藏书要能反映出各门学科之间互相交叉、互相联系的关系，各学科之间要保持合理的比例，这样才能较好地为学校的学科建设服务。

馆藏图书是图书馆为读者服务的物质基础，其学科结构是否合理，直接关系到馆藏能否满足读者需求。本文从学科结构入手，首先分析影响馆藏图书学科结构的因素；然后以4所综合性大学，即上海师范大学、同济大学、青岛大学和上海大学2005—2009年馆藏中文图书的数据为采集对象，以种为计量单位，分析这4所大学22个大类（《中图法》）的学科结构及利用情况，并统计分析2005—2009年我国图书的出版情况；最后运用层次分析法进行计算，试图给出适合综合性大学馆藏的学科结构比例，为构建图书馆的学科结构提供研究思路和计算方法。本文中4个大学图书馆分别以Ⅰ、Ⅱ、Ⅲ、Ⅳ来表示。

[①] 孙彩杰. 综合性大学的馆藏图书学科结构分析 [J]. 图书馆, 2011 (01): 110-112.

1 馆藏图书学科结构影响因素

影响馆藏图书学科结构的因素有很多，如各学科的读者人数、是否重点学科、购书经费等，然而影响综合性大学图书馆学科结构的共同因素有4个：目前的馆藏学科结构、学科图书利用率、学科专业依存度以及学科出版比例。

1.1 目前的馆藏学科结构（长期累积形成的学科结构）

目前的馆藏学科结构是图书馆服务保障能力的主要体现。只有在充分研究目前馆藏学科结构的基础上，才能把握学校和图书馆的发展重点。

目前的馆藏学科结构是学校和图书馆发展历史的一种真实写照，是随着学科建设和图书馆发展逐步形成的。如果高校在不同时期对学科专业做出不同程度的调整或者增加，图书馆的馆藏就会及时做出调整，馆藏的学科结构也会随之变化。综合性大学馆藏图书的学科结构既要保障所有相关学科，又要兼顾本校读者其他的某些非学科需求。各馆目前的馆藏学科结构均是根据学校的学科发展及某些特殊需求历经几十年甚至上百年努力积累而成的，因此，在这4个影响因素中对于确定适合综合性大学馆藏的学科结构而言，目前的馆藏学科结构是最重要的。

1.2 学科图书利用率

对各学科图书利用率的分析，能够为各学科的质量控制和馆藏优化提供客观依据。反过来说，学科结构的比例关系也影响着读者对各学科图书的利用率。

学科图书利用率指的是某类图书一段时间内（通常为一年）流通量与馆藏总流通量之比，是衡量馆藏质量的标准之一。通过对学科图书利用率的分析，可以了解馆藏满足读者需求的程度，获知读者的需求偏好，还能预测各学科的潜在需求，为调整馆藏学科结构起到指导作用。如果馆藏结构合理的话，每门学科的流通量在整个流通量中所占的比例应该与该学科的藏书量在整个藏书量中所占的比例相同。即学科图书利用率与学科馆藏比相减的绝对值越小，说明该学科的馆藏量与读者需求越接近，学科结构越合理，反之亦然。而且由于学科图书利用率是一年的学科流通量与馆藏总流通量之比，因此在这4个影响因素中，对于确定适合综合性大学馆藏的学科结构而言，是比较重要的。

1.3 学科专业依存度

图书馆的学科建设是一个不断增长、不断完善的过程。采访人员在采选新书时，既要注意到各学科图书的完备性和连续性，又要保证重点学科的图书；既要满足普通读者的借阅需求，又要保障重点学科的现实和潜在需求。因此在学校学科体系逐步完善的过程中，图书馆的馆藏结构也在逐步进行调整。

馆藏资源学科专业依存度是指某一学科专业在一定时期内（通常一年）所配置的与本专业紧密相关的馆藏资源数量与年度馆藏增加总量之比，可用如下计算公式来表示：馆藏资源学科专业依存度=学科专业年度相关馆藏资源增量/全年馆藏资源增量。每年购入的新书是对学科建设的补充，同时又不断调整着馆藏的学科结构。因此在这4个影响因素中，对于确定适合综合性大学馆藏的学科结构而言，学科专业依存度是次要的。

1.4 学科出版比例

学科出版比例是指每年某学科出版图书量与总出版数量之比，这里的出版数量指的是每年出版的图书量。

图书馆学科结构纵向上的完备性和横向上的合理性都与学科图书的出版状况有着密切的关系。图书馆每年采购新书时，无论现采或圈选书商书目，采访人员都经常会遇到某几门学科的出版品种少、挑选余地很小的情况；也经常遇到出版品种较多的学科，需要从海量图书中选书的情况。为了保证图书的品种和数量，采购中势必会有跟随出版潮流的问题存在。也就是说，学科结构也会受到出版比例的影响。然而，如果采访人员的业务素质较高或具有较强的敬业精神，这个影响程度就不会很高。因此学科出版比例相对前面的三个影响因素而言，对确定适合综合性大学馆藏学科结构的重要程度就是最低的了。

2 分析4个图书馆馆藏学科结构的影响因素

2.1 四个图书馆目前的馆藏学科结构

4个图书馆的学科覆盖率都达100%，并且总馆藏均呈现出逐年递增的趋势。然而，各学科馆藏量差异极大，如表1所示。从表1中可以看出，4个图书馆馆藏比例最高与最低的学科之间均相差20%左右。

表1 四馆学科馆藏/总馆藏最高与最低的对比情况

图书馆	连续5年最高		连续5年最低	
	学科	5年平均百分比/%	学科	5年平均百分比/%
Ⅰ馆	I	19.32	V	0.07
Ⅱ馆	T	25.00	S	0.35
Ⅲ馆	T	20.27	S	0.10
Ⅳ馆	T	19.49	V	0.06

再以5年平均学科馆藏在前3名的学科为例，Ⅰ馆连续5年名列前3名的学科是I类（19.32%）、T类（11.82%）和K类（10.42%）；Ⅱ馆连续5年名列前3名的学科是T类（25.00%）、F类（11.05%）和I类（10.73%）；Ⅲ馆连续5年名列前3名的学科是T类（20.27%）、I类（18.13%）和F类（12.11%）；Ⅳ馆连续5年名列前3名的学科是T类（19.49%）、I类（16.06%）和F类（11.55%）。可以看出，4个馆都比较重视文学和工业技术学科图书的收藏，但前3名学科的馆藏比例差异很大。

2.2 四个图书馆的学科图书利用率

从4个图书馆的馆藏和利用情况来看，馆藏比例较大的学科虽然学科图书利用率也很高，但相同学科二者的值却不尽相同，甚至有较大差别。仍以学科图书利用率在前3名的学科为例，Ⅰ馆利用率连续5年名列前3名的学科是I类（17.95%）、T类（11.97%）和K类（10.37%）；Ⅱ馆利用率连续5年名列前3名的学科是T类（31.51%）、F类（11.17%）和I类（10.26%）；Ⅳ馆利用率连续5年名列前3名的学科是I类（19.3%）、T类（19.45%）和F类（12.15%）。可以看出，这3个馆连续5年馆藏和利用率在前3名的学科是完全一致的，但这些学科的馆藏比例与利用率却有很大差别。Ⅲ馆利用率连续5年名列前2名的学科是T类（19.58%）和I类（18.09%），也与馆藏排名前2名学科是一致的，但馆藏比例与利用率差别很大。

由于上文提到学科图书利用率与学科馆藏比相减的绝对值越小，该学科的馆藏量与读者需求越接近。通过计算Ⅰ馆学科馆藏量发现，与读者需求最接近的学科（连续5年处于前5名）是V类、X类和E类，Ⅱ馆最接近的学科是E类和S类，Ⅲ馆最接近的学科是E类、V类、S类和X类，Ⅳ馆最接近的学科是E类和V类；而Ⅰ馆学科馆藏量与读者需求最不接近的学科（连续5年处于后5名）是Z类、H类和B类，Ⅱ馆最不接近的学科是G类、O类、R类和T类，Ⅲ馆最不接近的学科是F类，Ⅳ馆最不接近的学科是R类、I类和H类。由此可见，馆藏与需求最接近的学科大多是馆藏比例较低的学科，馆藏与需求最不接近的学科大多是馆藏比例较高的学科。

2.3 四个图书馆的学科专业依存度

学科专业依存度能反映出不同时期（这里是每年）馆藏与各专业间相互依存的情况。Ⅰ馆5年学科专业依存度第1名的学科分别是I类（24.44%）、T类（17.2%）、T类（16.65%）、I类（14.16%）、T类（17.18%），最后1名5年均是V类（0.06%、0.28%、0.03%、0.02%、0.02%）；Ⅱ馆连续5年第1名都是T类（33.50%、25.29%、19.88%、23.35%、37.05%），最后1名5年分别是V类（0.24%）、A类（0.27%）、V类（0.18%）、V类（0.20%）、A类（0.47%）；Ⅲ馆第1名第1年是F类（19.78%），后面4年均是T类（29.40%、23.08%、22.02%、21.07%），最后1名5年分别是S类（0.08%）、S类（0.13%）、V类（0.09%）、S类（0.07%）、S类（0.04%）；Ⅳ馆第1名第1年是H类（13.93%），后面4年均是T类（22.99%、27.29%、33.63%、25.76%），最后1名5年均是V类（0.01%、0.06%、0.13%、0.03%、0.02%）。可以看出，4个馆连续5年的第1名和最后1名虽然基本稳定在1～2个学科，但比例有大幅调整。通过统计分析可知，4个馆的其他各学科在5年里学科专业依存度的排名和比例都有所调整。

2.4 四个图书馆的学科出版比例

中华人民共和国新闻出版总署的年度统计报告中出版业基本情况显示：2005—2009年连续5年出版比例在前5名的学科均是G类、T类、F类、I类、D类，连续5年出版比例在最后4名的学科是E类、N类、A类、V类。连续5年超过出版数量平均数的学科是G类、T类、F类、I类、D类、J类、K类、H类、R类。连续5年出版比例持续增加的学科有R类（4.69%、4.87%、5.38%、5.67%、5.67%）、B类（2.34%、2.45%、2.60%、2.77%、2.90%）、P类（0.59%、0.63%、0.63%、0.64%、0.70%）。通过统计分析可知，中文图书每年的出版数量都在大幅增加，在 2005—2009 年，每年与前一年相比，增长量分别为 1.25%、4.47%、9.81%、12.9%。

如果馆藏图书没有合理的学科结构，具体采选时仅按照书商提供的书目购书，势必会为了保证图书的品种和数量，出版比例高的学科图书购买比例大。

3 分析影响因素的权重

每种影响因素对馆藏学科结构都有着不同程度的影响，通过上述 4 个因素的简单相加并不能得到学科的藏书比例，而是需要分析每种因素的相对重要程度，因此考虑用层次分析法来确定每种影响因素的权重以及合成权重。

层次分析法（Analytic Hierarchy Process，AHP）是美国运筹学家萨迪（T. L. Saaty）教授在 20 世纪 70 年代提出的一种定性和定量相结合、系统化、层次化的分析方法。大致可分为 4 个步骤：

第 1 步：确定评价指标，建立层次结构模型。
第 2 步：分析同一层的每两个指标对上一层的相对重要性，构造两两比较判断矩阵。
第 3 步：由判断矩阵计算最大特征值及其对应的标准化特征向量，并对矩阵进行一致性检验。
第 4 步：计算各因素的权重及合成权重。

3.1 建立层次结构模型

由于馆藏学科结构的影响因素有目前的馆藏学科结构、学科图书利用率、学科专业依存度以及学科出版比例，因此建立如图 1 所示的层次结构模型。

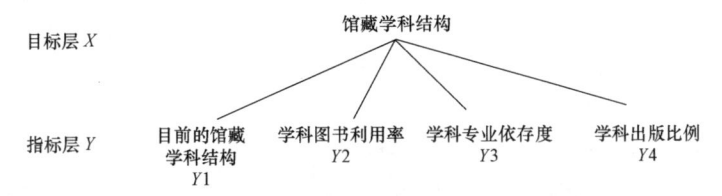

图 1 馆藏学科结构与影响因素的层次结构模型

3.2 构造两两比较判断矩阵

基于以上分析以及通过图书馆专家对 4 个影响因素的两两相对重要程度比较，运用萨迪等人提出的"1～9 标度法"，构造如表 2 所示的判断矩阵。

表 2 判断矩阵

X	$Y1$	$Y2$	$Y3$	$Y4$
$Y1$	1	4	5	6
$Y2$	1/4	1	3	4
$Y3$	1/5	1/3	1	3
$Y4$	1/6	1/4	1/3	1

3.3 计算最大特征值及特征向量，并进行一致性检验

为了克服计算判断矩阵时费时费力又容易出错的困难，笔者通过试验，利用 MATLAB 软件能既迅速又准确地得到计算结果。计算得出的最大特征值是 4.205 1，标准化后的特征向量是 0.588 5、0.232 5、0.118 0、0.061 0。

由于两两比较时人的主观判断的差异，每个判断矩阵难以达到完全一致。为了保证用层次分析法来分析馆藏学科结构的合理性，需要对上述构造的判断矩阵进行一致性检验。利用一致性指标 $CI = \left(\dfrac{\lambda_{max} - n}{n-1}\right)$ 和一致性比例 $\left(CR = \dfrac{CI}{RI}\right)$ 来判断 Y 对 X 的矩阵是否具有一致性，检验通过后，标准化后的特征向量就是各影响因素的权重。

在这个矩阵里 $n=4$，因此 $CI = \dfrac{4.205\ 1 - 4}{4-1} \approx 0.068\ 4$

为了检验不同维数的判断矩阵是否具有满意的一致性，还要判断一致性比例 CR 的值。平均随机一致性指标 RI 如表 3 所示。

表 3 平均随机一致性指标

n	1	2	3	4	5	6	7	8	9
RI	0	0	0.58	0.9	1.12	1.24	1.32	1.41	1.45

由表 3 得知 $n=4$ 时，RI=0.9，因此一致性比例

$$CR = \frac{CI}{RI} = \frac{0.068\ 4}{0.9} = 0.076$$

根据萨迪的观点，当 CR＜0.10 时，判断矩阵的一致性是可以接受的，否则应对矩阵做适当修正，直到有满意的一致性为止。上述 Y 对 X 的判断矩阵 CR=0.076＜0.1，所以前面构造的判断矩阵具有满意的一致性，可以用特征向量作为各影响因素的权重。

3.4 确定各因素的权重及合成权重

标准化后的 4 个特征向量就是 4 个影响因素的权重，即目前的馆藏学科结构的权重是 0.588 5、学科图书利用率的权重是 0.232 5、学科专业依存度的权重是 0.118 0、学科出版比例的权重是 0.061 0。

设 b_i 为第 i 个影响因素的分值，a_i 为第 i 个影响因素的权重。通过公式 $b = \sum\limits_{i=1}^{n} b_i a_i$，$i = 1, 2, \cdots, n$（这里 $n=4$），把各影响因素的分值和权重综合起来，就可以得到合成权重，也就是某学科的藏书比例。

4 计算馆藏图书的学科比例

以 I 馆 2005 年的统计数据为例，通过上述公式，计算出馆藏图书 A 类的学科比例

计算过程为
$$\sum_{i=1}^{n}=1.51\%\times 0.588\ 5+1.00\%\times 0.232\ 5+\cdots$$

$$1.51\%\times 0.588\ 5+1.00\%\times 0.232\ 5+\cdots$$
$$=0.89\%+0.23\%+0.19\%+0.01\%$$
$$=1.32\%$$

依此类推，计算出 2005—2009 年 I 馆 22 个学科的合成权重。再分别计算出 II 馆、III 馆以及 IV 馆 2005—2009 年 22 个学科的合成权重，这样每学科共计有 20 个合成权重，对这 20 个合成权重，利用公式 $\frac{1}{20}\sum C_{ij}$（C_{ij} 表示第 i 个图书馆 j 年的合成权重，i=1，2，3，4；j=2005，2006，2007，2008，2009）求得平均值，该值就是综合性大学馆藏图书合理的学科比例，如表 4 所示。

表 4　计算所得 22 个学科的学科比例

学科	合理的学科比例/%	学科	合理的学科比例/%	学科	合理的学科比例/%
A	0.71	I	15.25	S	0.52
B	4.49	J	4.19	T	19.74
C	2.27	K	7.66	U	0.99
D	6.50	N	0.59	V	0.12
E	0.43	O	5.39	X	0.81
F	10.70	P	0.75	Z	1.03
G	6.02	Q	1.05		
H	7.04	R	3.40		

5　结语

本文通过对 4 所综合性大学图书馆共计 20 份统计数据进行分析和计算，探索出综合性大学图书馆通用的学科藏书比例，从而为综合性大学图书馆的馆藏学科建设提供了理论基础和客观依据，使图书馆能利用有限的经费最大限度地为教学和科研服务，积极推动了馆藏学科建设。唯一不足的是，由于每个大学都有各自的重点学科，馆藏学科建设势必要倾向于重点学科，因此各图书馆不必千篇一律，死搬硬套按照这个学科比例来建设藏书结构。因为本文是为构建图书馆的学科结构提供了研究思路和计算方法，各图书馆可以根据本校的专业设置和学科发展情况，按照这个学科比例稍做调整，确定适合本馆藏书建设的学科结构。当然，也可以把重点学科和新建学科作为对馆藏学科结构的第 5 个影响因素，根据本文的权重分析，计算出适合本馆藏书的学科比例。

参考文献

[1] 吴慰慈，刘兹恒. 图书馆藏书 [M]. 北京：书目文献出版社，1996.

[2] 余海宪. 藏书发展与资源共享 [M]. 北京：人民教育出版社，2002.

[3] 冯济德，周彤彤. 地方高校馆藏图书学科专业依存度比较分析 [J]. 图书馆建设，2009（10）：23-26.

[4] 李曦峰，隗德民，东野广升. 大学图书馆馆藏专业图书配置分析 [J]. 情报探索，2007（11）：118-120.

〔作者简介〕孙彩杰（1975—），女，汉族，籍贯山东，硕士，上海师范大学图书馆副研究馆员，信息技术部主任，在核心期刊发文6篇。

（收稿时间：2010年9月）

（十）藏书质量评价实证研究及缺藏分析[①]

——以国内5所高校图书馆经济类馆藏为例

蔡迎春

（上海师范大学图书馆，上海，200234）

[摘要] 本文在对2002—2005年国内经济类文献的"核心书目"进行测定的基础上，对国内5所高校图书馆的经济类文献的采选质量进行评价。本文结合图书馆中文图书采购的客观环境及内部实际情况，对评价结果的分析得出：影响中文图书缺藏的主要原因是为了达到评估要求而进行的突击采购、出版物剧增导致的出版质量严重下滑、采购模式变化导致的图书馆依赖书商书目、采购人员的稳定性以及是否具有一定的业务素质或较强敬业精神等。本文通过对这些因素进行深入分析，为高校图书馆有效提高中文图书采选质量提供客观依据。

[关键词] 核心书目　藏书质量评价　缺藏分析

经济学长期以来是国内外的热门学科之一，学科范畴非常广泛，国内经济类院校云集。据统计，目前国内财经类、金融类以及工商类高校有50所左右，并且有许多综合性院校也都设有经济、金融或商学院。无论是经济类院校，还是综合院校，国内外经济类学术文献的保障率直接影响着本校经济及相关专业教学的开展和学科的发展。不同高校图书馆中文图书采访策略、采购渠道、征订书目、采购形式、采购人员等诸多方面的不同，势必会造成经济类文献的藏书质量的差别。因此，本文以实证方式，对不同高校图书馆国内经济类馆藏质量进行横向比较，通过对比较结果进行分析来评价经济类馆藏的采购质量，并在此基础上结合各高校图书馆采购工作所处的客观环境以及实际情况查找原因，寻求有效提高中文图书采购质量的对策。考虑到不同类型高校图书馆经济类文献的采选情况不尽相同，如经济类院校图书馆对于经济类文献的采选比综合性高校图书馆品种要多、范围要广，文献购置经费充足的高校，其文献的采选量也相应比较高等因素。为了保证比较结果对本馆经济类文献采选质量的提高具有一定参考依据，主要选取与我校经济类学科设置、年购书经费、馆藏规模大致相仿的4所高校的图书馆进行比对。它们分别是：华东师大图书馆、上海大学图书馆、南京师大图书馆、湖南师大图书馆。

[①] 蔡迎春. 藏书质量评价实证研究及缺藏分析——以国内5所高校图书馆经济类馆藏为例[J]. 图书情报知识, 2010(03): 106-111.

1 评价方式的选择

藏书质量的评价，理论上实现的方法很多，如直接观测法、用户评议法、统计分析法、书目核对法、引文分析法、藏书结构分析法等。其中"书目核对法"较为常见，其原理就是被评价的馆藏与标准书目、核心书目或权威性的馆藏目录逐一进行核对，以评价馆藏文献收藏的完备程度等。在此评价方法中"核心书目"的确定非常关键。

鉴于"核心书目"主要是指反映某学科最新研究成果及前沿研究状况和发展趋势、对本学科领域具有较大影响或推动作用的学术性著作，核心书目的评判依据是具有较高的评价或者具有较多的被引频次。本文尝试通过"引文分析法"来确定经济学领域的"核心书目"，而 Google Scholar 的出现为通过引文分析法确定"核心书目"提供了可能，可以通过 Google Scholar 查证经济类图书的被引频次，从而获得某一时段经济类"核心书目"。

2 "核心书目"的确定

2.1 统计数据

由于《全国总书目》是国内具有代表性的权威书目，基本上能反映我国经济类文献的出版情况，所以本文试选取 2002—2005 年《全国总书目》中的经济类书目作为统计样本。由于主要是查证经济类学术研究图书的被引情况，因此对统计样本进行初选，排除学术价值比较低的图书（如经济类基础理论、操作实务、股票投资等）和经济学教材、辅导用书或资料性工具书（如年鉴、年度报告等）。

2.2 经济类"核心书目"

利用 Google Scholar 对初选后的调查样本图书逐一进行被引频次查证，具有被引情况的图书有 14 511 种，其中 2002 年 3 612 种，2003 年 3 633 种，2004 年 3 708 种，2005 年 3 558 种。从查证结果看，文献的被引频次差异非常大，如图 1 所示。

被引频次越高，说明学术研究成果具有的利用价值越高，对本学科领域发展具有的影响也越大，推动作用也越强。可是问题的关键是，选取被引频次为多少的文献可以作为本学科领域的"核心书目"呢？由图 1 可知：被引频次在 5 以上的文献占到总被引频次的 99.3%。如果以被引频次>5 作为确定"核心书目"的标准，那么可以在一定程度上避免因"引用动机"等因素给利用引文分析法确定"核心书目"的权威性和准确性带来的影响。同时，考虑到文献的被引频次与文献的出版时间关系密切，本文根据文献出版时间不同，以被引频次 5 为基数进行选取经济类"核心书目"，如 2002 年选择被引频次>5 的经济类文献，2003 年选取被引频次>4 的经济类文献……，依此类推，"核心书目"总量共有 7 242 种，其中 2002 年 1 741 种，2003 年 1 909 种，2004 年 1 791 种，2005 年 1 801 种。从各年"核心书目"量来看，数量基本一致。由此可见，这样的选取方式具有一定的合理性。

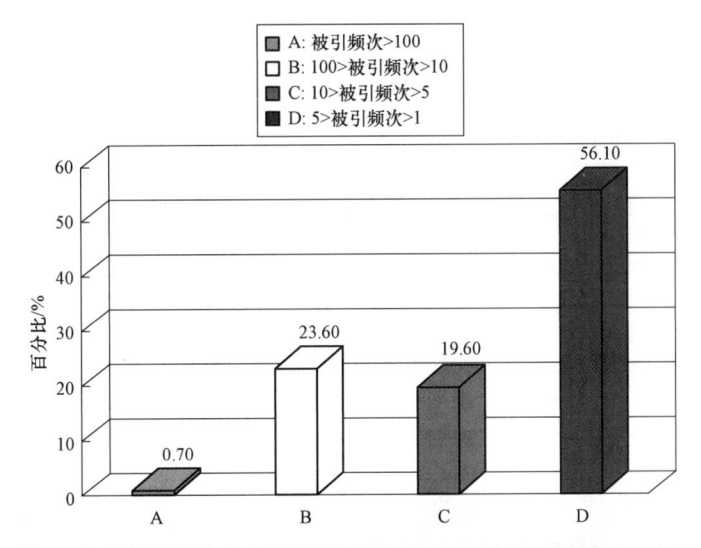

图1　各段被引频次文献总量占具有被引情况文献总量的比例情况

3　经济类馆藏的对比及评价

3.1　统计及对比情况

通过各馆的自动化系统，导出 2002—2005 年馆藏"F"大类中文图书并进行核对（结果见表1）。由于各馆分类细则具有一定的差别，如同一种书，有的馆分在"F"的相应类中，而有的馆却分到其他类目。为了确保统计结果具有公平性，5 家图书馆统计过程一致。

表1　2002—2005 年经济类馆藏核心文献对比情况　　　　　　　种

项目		A馆	B馆	C馆	D馆	E馆
2002 年	馆藏总量	2 096	2 059	2 569	1 198	2 425
	核心种数	563	720	818	315	712
	非核心量	1 553	1 339	1 751	883	1 713
	核心未见	1 178	1 021	923	1 426	1 029
2003 年	馆藏总量	2 383	2 721	2 145	1 607	2 646
	核心种数	589	946	774	501	911
	非核心量	1 794	1 775	1 371	1 106	1 735
	核心未见	1 320	963	1 135	1 408	998
2004 年	馆藏总量	3 032	2 993	2 351	2 138	3 818
	核心种数	571	823	677	452	941
	非核心量	2 461	2 170	1 674	1 686	2 877
	核心未见	1 220	968	1 114	1 339	850

续表

项目		A 馆	B 馆	C 馆	D 馆	E 馆
2005 年	馆藏总量	3 447	4 183	2 352	2 949	4 354
	核心种数	582	1 035	672	677	1 054
	非核心量	2 865	3 148	1 680	2 272	3 300
	核心未见	1 219	766	1 129	1 124	747

注：馆藏总量=馆藏中文图书中，某年度出版经济类图书总种数（多卷书以 1 种计）；

核心种数=某年度出版的馆藏经济类图书中与该年度"核心书目"相同的图书总种数；

非核心量=某年度出版的馆藏经济类图书中与该年度"核心书目"不重合的图书总种数；

核心未见=某年度出版的"核心书目"中与该年度馆藏经济类图书不重合的书目总种数。

（1）馆藏总量（种）。馆藏总量的年度变化情况，可以在一定程度上反映图书馆的馆藏采购是否稳定、是否存在短期"突击采购"等情况。因此，本文首先从经济类藏书总量角度进行分析：① 馆藏总量中，有 4 家呈现逐年增加的趋势，其中 E 馆、B 馆和 D 馆经济类藏书，4 年间几乎翻了一倍。而 A 馆的增长幅度相对较小，4 年间增长了 60%左右。② C 馆馆藏总量保持最为平稳。

（2）馆藏核心比（%）。馆藏核心比即"馆藏核心种数"占"学科馆藏总量"的比例，一般可以用来评价文献收藏的完备程度。5 家图书馆经济类"馆藏核心比"，如图 2 所示。

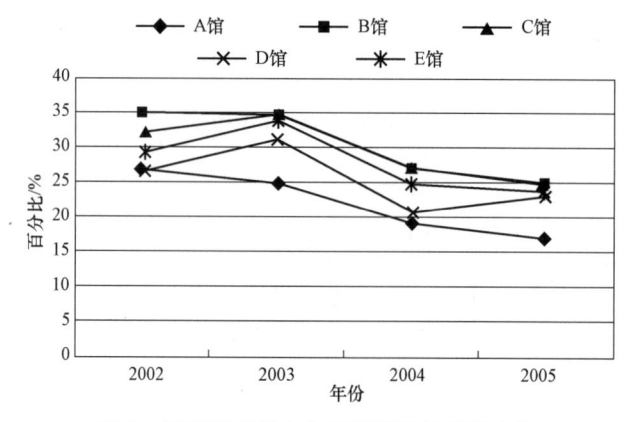

图 2 五家图书馆各年度经济类馆藏核心比

从图 2 可知：①"馆藏核心比"表现出比较大的差异，并且普遍处于比较低的水平，比例最高的是 2002 年的 B 馆，其核心种数占藏书种数的 35%，最低的是 2005 年的 A 馆，仅有 17%。②"馆藏核心比"大多表现为逐年下降趋势，平均每年下降 2 个百分点左右。③ C 馆经济类"馆藏核心比"基本处于相对较高的水平，且表现比较平稳。A 馆最低，且逐年下降趋势比较明显。

3.2 评价结果

应用"书目对比法"进行藏书质量评价，可以比较馆藏图书的完备性，从这个意义上讲，如果要评价图书馆某学科图书收藏的完备程度，"馆藏核心比"可以作为一个评价指标。

除此之外，本文认为，图书馆学科藏书量是否保持稳定，也是一个比较重要的评价指标。

因此，从"馆藏核心比"和"藏书总量"两个指标来看：① C 馆各年度"馆藏核心比"相对其他 4 家图书馆最高，而且各年采购总量比较稳定，没有出现因一些因素而加大或减少其采购量的情况，经济类藏书质量相对最高。② 其次是 B 馆和 E 馆，这 2 家图书馆无论在经济类"馆藏核心比"方面，还是馆藏总量增长趋势方面都比较接近，经济类藏书质量大致相当。③ D 馆虽然相对 A 馆在"馆藏核心比"方面略高，但是其经济类图书年采购量差异比较大，这 2 家图书馆经济类藏书质量也大致相当，相对较低。

4 原因分析及应对策略

一般来说，图书馆学科馆藏的完备性、学术性，与学科图书的出版状况、文献采购途径（征订书目是否全面、书目来源渠道是否广泛等）、采购人员的学科专业素质与敬业精神等方面有着十分密切的关系。

4.1 客观环境对中文图书采购工作带来的挑战

（1）高校本科教学评估——短期内中文图书采购量翻倍。21 世纪初，尤其是在 2004 年前后，高校迎来了新一轮的本科教学评估高潮，但是在评估指标体系中，僵化地将图书馆的馆藏资源数量（C 级标准）以及质量（A 级标准）同时作为图书馆能否满足高校本科教学所需的基本要求的 2 个重要指标。鉴于评估，许多高校图书馆会短期内"突击采购"，大量采集一些学术价值低或陈旧文献以暂时满足评估指标中数量的要求。从 5 家图书馆对比结果看出（图 2），2004—2005 年，B 馆和 E 馆，经济类图书的增长速度大概是 2002 年的 2 倍，年采购量大概占到经济类图书年出版总量的 40%，而这种情况的出现，对于一个非专业院校图书馆来说，显然是不正常的，极大可能与本科教学评估有关（两所高校评估时间分别是 2005 年和 2007 年）。虽然从评价结果看，其经济类"馆藏核心比"，与其他 3 家图书馆相比较高，但是馆藏非核心量的绝对值同样也比较高。无疑，这种在评估之前短期内突击采购大量同一学科的图书，会影响到图书采购质量的稳定，对馆藏图书整体质量造成影响。

（2）经济类出版文献的剧增——出版质量严重下滑。20 世纪末，市场经济体制的建立，促进了经济的繁荣，对外贸易、金融、广告策划等类图书，市场营销、个人投资等实用性读本如雨后春笋，占据市场的主导地位。21 世纪初，由于我国即将加入世界贸易组织（WTO），国内经济学研究逐渐在与国际经济科学研究接轨，国内外经济环境与发展势头强烈地刺激着经济类出版文献的剧增，营销理念、重组战略、竞争优势、MBA 经典教材、原版经济学等学术著作也各领风骚，充斥着图书发行市场。在快速剧增的背后不可避免地隐藏着在经济利益驱使下出版质量良莠不齐的现状。据《全国总书目》统计，2002 年国内出版的经济类图书为 9 977 种，2003 年 10 610 种，2004 年 11 716 种，2005 年 12 137 种，年增长幅度约 7%，但是 4 年"核心书目"总量仅 7 242 种，仅占 4 年经济出版总量的 16%，出版质量非常低。这种低水平剧增情况，无疑给高校图书馆对经济类文献的采选增加了很大的盲目性和难度。

（3）采购模式的变化——书商书目的崛起。采购模式、采购渠道及书目来源对图书馆采购质量非常关键。21世纪初，随着北京人天、武汉三新、四川世云等一批民营书商的成立，书商自编的书目，打破了图书馆从新华书店系统现购、征订书目仅《新华书目报》这种单一的书目来源形式。书商书目中的信息分别来自各出版社、《新华书目报》和书商现货信息等，在数量和品种上，远远超过《新华书目报》。在这种形势下，高校图书馆开始顺应市场变化，改变原有的采购模式，寻求与书商的合作，尤其是到了2004年，这种合作更加普遍，图书馆虽仍然利用《新华书目报》选购图书，但更多的是依靠书商书目。2005年前后，随着教图、机工等一批国有书商的加入，书商成为图书馆馆配市场的主力军，通过书商书目进行中文图书的采购模式逐渐成熟起来。

按理说，利用书商书目，可以扩大采购图书的渠道，弥补原先采购渠道单一的局面，图书馆可采购到更多有价值的图书，从而提高藏书质量，但是评价结果却不尽然。表2展示了2002—2005年5家图书馆采访书目变化的情况。从中可以看出：① 随着与书商合作力度的加大，利用书商书目进行采选，5家图书馆经济类图书采购质量却呈逐年下降趋势。② 采访书目比较稳定、利用书商书目进行采购较迟的图书馆，采购质量却最为稳定，如B馆、C馆。③ 采访书目变化较大、利用书商书目采购量较大的图书馆，质量下降幅度也最为明显，如A馆。因此，本文认为经济类图书的采购质量，与采访书目的稳定性以及是否采用书商书目有着一定的联系。

表2　五家图书馆在2002—2005年采访书目变化的情况

项目	2002年	2003年	2004年	2005年
A馆	《新华书目报》、新华书店现采	《新华书目报》、《人天书目》、书商现采	《新华书目报》、《机工书目》、书商现采	《新华书目报》、《人天书目》、《机工书目》、《教图书目》、书商现采
B馆	《新华书目报》、新华书店现采	《新华书目报》、新华书店现采	《新华书目报》、新华书店现采	《新华书目报》、新华书店现采
C馆	《新华书目报》、新华书店现采	《新华书目报》、新华书店现采	《新华书目报》、《人天书目》、新华书店现采	《新华书目报》、《教图书目》、书商现采
D馆	《新华书目报》、新华书店现采	《新华书目报》、新华书店现采	《新华书目报》、新华书店现采	《新华书目报》、《人天书目》、新华书店现采
E馆	《新华书目报》、新华书店现采	《新华书目报》、新华书店现采	《新华书目报》、《人天书目》、新华书店现采	《新华书目报》、《人天书目》、书商现采

为了证实上述结论，本文对目前比较大的3家供应商（教图、人天、三新）自编书目进行了对比，发现对于折扣率较低的高教出版社出版的图书，三家书目收集数量差异非常大，最高的与最低的相差近4倍；另外，还发现在书商书目中，二渠道或合作出版书目信息的比例越来越高，更有甚者，在书商书目中出现了质量比较低的二渠道书或盗版书。由此可见，虽然书商书目打着为图书馆提供更多的可选择书目和提供更优质服务的旗号，赢得了高校图书馆的青睐，但是面对出版市场诸多的不规范和混乱情况，书商提供的自编书目却未能真正从图书馆对学术性、专业性较高的文献需要角度出发来提供书目信息。提供的书目鱼龙混杂，非但不能满足图书馆需要，反而增加了采购图书的盲目性，给图书采购质量带来隐患。

由此可见，图书馆在实际采购中，要避免完全依靠书商书目进行采购，要多种文献采购方式相结合：① 加强对文献出版、发行市场的调研分析，加强与"核心出版社"的直接合作。根据"二八定律"可知，在某学科领域，20%的出版社出版的图书总量可能要占到年出版总量的80%，图书馆如果能够将这20%的出版社的图书收集全的话，就能保证某学科馆藏文献的学术质量。因此，图书馆如果对本校重点学科文献出版情况进行深入分析，从而确定出版规范、出版学术质量高的"核心出版社"，通过直接向其索取最新书目信息，并加强与其之间的直接合作，就可以避免书商自编书目造成的部分学术价值高的图书采购不到的情况发生。② 在书商招标工作中，更要看重书商书目的范围、品种以及到书情况，而不是折扣等其他方面的因素。图书馆要通过试合作，对拟合作书商书目进行分析，找出各自的优势和不足，对未到书反馈清单和到书情况进行对比，查找图书未到原因，最后再根据优势互补原则，确定合作书商并制定完善的合作协议。③ 在图书采购环节中，不能忽略"访"的重要性。除了与书商进行合作外，还需要经常"走访"地方新华书店和一些专业书店、学术书店。这一方面可以对馆藏图书进行查缺补漏，另一方面可以不断加强对书的感觉，增加对学术文献的鉴别能力。

4.2 图书馆内部因素对采购质量造成的影响

图书馆对采购质量造成影响的内部因素主要有：图书馆是否具有比较科学的、可持续的采购策略，采购人员是否稳定、是否具有一定的业务素质或较强的敬业精神等。因此，本文选择5家图书馆2005年馆藏经济类图书中非核心部分，首先按《中图法》（F的二级类目）进行统计，然后按对数据样本进行初选的标准对 F2 大类的图书进行统计，发现：① 经济类馆藏内部结构比例具有一定的差别。例如，F0、F1 大类，A 馆所占比例较低，F2 大类所占比例达到 43.00%，而 C 馆、D 馆与 A 馆相反，F0、F1 所占比例相对较高，F2 比例相对较低，在 34.00%左右。② 在 F2 类中，经济类基础、会计、审计、人力资源等实务操作用书，A 馆所占的比例比较高，而 B 馆、C 馆和 D 馆所占的比例相对较低。据统计，2005 年 F2 大类图书种数占到经济类出版总量的 38.00%左右，5 家图书馆在 F2 大类中表现出的采购比例与出版比例不均衡现象，显然会对学科图书的结构质量造成一定的影响；而且 F0、F1 类主要是一些经济类的学术研究图书，而 F2 包含了许多学术层次比较低的经济类基础、实务操作用书，如果 F0、F1 类图书采选比例较低，而 F2 类图书采选比例过高，必定也会影响到经济类馆藏的内容质量。由此可见，经济类图书的采选质量，除了与当前经济类图书的出版状况、采购渠道有关外，更重要的是与采购人员有关。

首先，采购人员对专业图书的把握是一个比较关键的因素。如果采购人员知识面不宽，或者对专业知识知之甚浅，面对大量的经济类文献就无法鉴别优劣，做不到多中求好、好中求精。因此，图书馆要选拔具有一定学科专业背景的馆员从事采购工作，或者通过各种渠道提高采购人员对各学科专业图书的鉴别、评估和筛选能力。如果能借鉴国外图书馆在馆藏建设方面的经验，加强学科馆员对馆藏建设工作的作用，利用学科馆员对各专业熟悉的优势或通过学科馆员加强与专业老师的联系，进行学科专业图书的圈选，而采购人员主要负责非专业图书及通识性图书的圈选、订购工作和学科专业图书的订购工作，则会收到更好的效果。其次，采购人员的敬业精神和责任心对采购质量也有非常大的影响。如果采访人员缺乏专业的敬业精神，就不会严格地按照本馆既定藏书发展规划和采购细则对文献进行仔细甄别，在采购中有可能出现跟随潮流，迎合出版行业的畅销之风的趋势，或根据自己的个人喜好进行图书的采购。最后，采购人员的稳定性，也是一个比较重要的影响因素。据悉，A 馆在 2003 年重新聘任采购人员，而 B 馆和 C 馆的采购人员一直保持不变，在采购工作岗位上干了多年，积累了丰富的经验。现阶段，许多图书馆为了保护采购人员免受商业贿赂，对采购人员进行轮岗，这种做法显然对藏书质量的稳定是不利的，所以他们要做的是从制度上去遏制受贿的可能。

参考文献

[1] 邱燕燕. 数字环境下的馆藏评价标准和方法 [J]. 情报资料工作，2005（3）.

[2] 许继新. 试述新华书目报征订功能的边缘化 [J]. 图书馆工作与研究，2009（3）.

[3] 蔡迎春，穆卫国. 高校图书馆书商书目研究 [J]. 图书情报工作，2009（13）.

[4] 吴志荣. 人类信息交流的变革和社会文明的变迁 [J]. 上海师范大学学报（哲学社会科学版），2009（6）.

〔作者简介〕蔡迎春（1971—），女，上海师范大学图书馆副研究馆员，部主任，发表论文 20 余篇。

（收稿时间：2010 年 1 月）

（十一）从排行榜看教育学科馆藏文献质量

刘晓霞

（上海师范大学图书馆　上海　200234）

[摘要] 本文通过对借阅排行榜上榜教育学科文献的引文分析，从参考文献被图书馆收藏情况、参考文献年代分布、出版社分布等方面的统计分析，考察图书馆教育学科文献的馆藏质量，并根据实际的分析结果为以后图书馆的信息资源建设提出相应的建议。

[关键词] 读者利用　引文分析　馆藏文献质量

图书馆馆藏评价是图书馆信息资源建设的一个重要方面，也是图书馆信息资源建设工作的反馈环节，可以此检验图书馆信息资源建设的质量，为以后的信息资源建设工作和科学决策提供参考。

对整个馆藏文献质量评价是一个庞大的系统工程，只有图书馆各方人员配合，才能完成。因此，作为一次尝试，笔者仅选择对本馆馆藏教育学科文献进行评价。教育学科是上海师范大学的重点学科，对该学科馆藏文献质量进行评价，可以从一个侧面反映本校图书馆的馆藏文献质量。图书馆作为学校教学科研服务的文献信息中心，应为学科建设提供文献保障，特别是对重点学科文献的资源保障。即在专业范围内，图书馆拥有的应用研究和理论研究等方面文献，能够支持教师、科研人员进行一定深度的科学研究和教学辅导，满足师生对本学科专题文献的整体需求。

1　评价方法

馆藏文献质量评价的方法有很多，常用的方法有直观评价法、用户评议法、统计分析法、书目核对法、引文分析法、馆藏结构分析法、成本收益分析法、读者利用分析法等，但每种方法都是从一个侧面对复杂的藏书体系构成的一个方面、一个部分作出评价。要对馆藏文献质量作出全面的评价，就必须适当结合使用各种评价方法。本文采用引文分析法和读者利用分析法相结合的方法，有效结合两种方法的优点，弥补它们各自的不足，综合考察教育学科馆藏文献质量。

1.1　引文分析法

科学文献之间是相互联系的，它们之间的联系就表现在相互引证方面，这种相互引证关系就是引文分析的主要依据。利用引文分析法评价馆藏文献，主要是通过核查所选定文

---

① 刘晓霞. 从排行榜看教育学科馆藏文献质量 [J]. 图书馆, 2009（01）: 115 – 117.

献的文内参考文献和文后参考文献，检查这些参考文献被图书馆收藏的情况。如果这些文献的参考文献大多被图书馆收藏，则说明图书馆在该方面馆藏质量较高，对教学科研的支持度较大，能够较好满足用户的需求。反之，如果这些文献中的大部分都没有被图书馆收藏，则说明图书馆该方面的馆藏质量较差，不能较好地支持教学科研，也不能满足用户的需求。参考文献是用户潜在利用的文献，因此，通过对参考文献的分析，还可以查看馆藏被利用情况和可能被利用情况。

引文分析法较适用于科研馆藏的评价，它能从用户利用文献的角度来评价馆藏的实用性和满足程度，可以较准确地评价馆藏和学科核心书刊的占有率。用引文分析法评价馆藏的结果与评价者所选用的引文来源文献有很大关系，因此，来源文献的选定至关重要，在选择时要充分考虑其发表的时间因素、代表性、作者的权威性、引文的数量、文献本身的学术性等因素。

1.2 读者利用分析法

读者利用分析法是通过读者对馆藏的利用数据进行馆藏评价的方法，主要包括进馆人次与使用行为分析、藏书利用情况统计分析、馆际互借统计分析和读者意见调查统计分析等。进馆人次与使用行为分析主要是分析馆藏服务比重。藏书利用情况统计分析是图书馆最为重视的一个方面，也是馆藏文献质量一个笼统、概括的反映，包括藏书的利用率、借阅排行榜、外借量、拒借率等各种数据，通过这些数据可以分析出馆藏的利用情况，确定热门文献和呆滞文献。一般来说，除拒借率外，其他数据越大，则说明图书馆的馆藏质量越高。拒借率代表的是图书馆不能满足用户文献需求的程度，自然是越小越好。在开架借阅的情况下，拒借率难以统计，文献传递和馆际互借的数量在一定程度上可以反映馆藏不能满足需求的情况。馆际互借统计分析可以反映馆藏文献的缺陷，为图书采访提供依据。读者意见调查统计分析在用户评议法中经常用到，主要通过制作读者调查问卷，根据读者的评价结果，找出馆藏文献资源建设的不足，并根据评价结果作出改善。

2 上榜图书的引文分析

本文依据上海师范大学图书馆 2007 年的读者借阅排行榜，通过对上榜图书中的教育学科图书作引文分析，评价本图书馆的教育学科文献质量。

2.1 上榜图书概况

上榜的教育学科文献共有 14 种，全部为学术性中文图书，其中 5 种是外文翻译的图书。这些书中，被借次数最多的是 29 次，最少的是 17 次，周转率均大于 2，有的高达 6.67，这表明这些书的利用率很高。14 种图书中有 9 种在 2000 年以后出版，3 种在 20 世纪 90 年代出版，2 种在 20 世纪 80 年代出版。它们分别由 8 家出版社出版，其中华东师范大学出版社出版了 4 种，教育科学出版社出版了 3 种，人民教育出版社出版了 2 种。

2.2 参考文献概况

通过对参考文献的统计分析，依据参考文献不重复计次原则，我们得到教育学科上榜图书参考文献的统计分析结果，如表1所示。

表1 参考文献概况　　　　　　　　　　　　　　　　　条

项目	中文书	外文书	中文期刊	外刊	会议论文	学位论文	报纸	网络文献	总数	平均
原文为中文的中文文献（9种）	551	151	114	50	3	2	9	6	886	98.4
外文翻译来的中文文献（5种）	0	255	0	214	12	1	0	0	482	96.4
总数	551	406	114	264	15	3	9	6	1 368	97.7

从表1可以看出，14种上榜图书共有1 368条参考文献，其中中文文献为886条，外文文献482条（中文参考文献中有一部分是由外文翻译而来，如果算上这部分，该数字还要大一些），平均每种文献的引文文献为97.7条。详细来看，5种由外文翻译而来的上榜书平均参考文献为96.4条，9种原文为中文书的上榜图书平均参考文献为98.4条。从这些上榜图书的参考文献数量看，我国教育学科的学术著作平均引文略高于国外学术著作。从中文图书对外文文献的引用情况来看，我国教育学科的学者比较注意吸收国外教育学的观点学说，力争使我国的教育学科与国际接轨。

2.3 参考文献被图书馆收藏情况的统计分析

2.3.1 参考文献中图书的收藏情况

为了考察本图书馆教育学科的文献质量状况，在图书馆书目检索系统中对上榜图书的参考文献进行了逐个检索，认真查看其所属馆藏地并进行统计记录，结果如表2所示。

表2 参考文献图书馆收藏情况

项目	参考文献中图书种数		图书馆收藏的图书				参考文献中教育学科图书				图书馆收藏的教育学科图书			
分项数据	中文	外文	中文/种	比重/%	外文/种	比重/%	中文/种	占有率/%	外文/种	占有率/%	中文/种	比重/%	外文/种	比重/%
	551	406	404	73.3	67	16.5	388	61.3	324	79.8	277	71.4	60	18.5
合计 种数	957		471				712				337			
合计 比重/%			49.2				74.4				47.3			

通过对表2的分析，我们可以得出以下结论：在所有的参考图书中，图书馆收藏比率为49.2%，也就是说，有一半以上的参考图书是图书馆没有收藏的。从文种结构来看，中文图书的收藏比率达到了73.3%，外文的收藏比率仅为16.5%。由此可见，图书馆收藏的中文图书比较齐全，外文图书较少。在所有的参考文献所涉图书中，教育学科图书比例为74.4%，说明教育学科与其他学科有一定的交叉性，在学术研究和学科发展中积极吸收着其他学科的知识。这给图书馆信息资源建设工作一个启示：在以后的信息资源建设过程中，

与教育学科交叉关系紧密的其他学科文献资源，图书馆应注意收藏，以辅助教育学科的发展。教育学科图书被图书馆收藏的比例仅为 47.3%，从文种结构来看，中文教育学科图书的收藏比例为 71.4%，外文为 18.5%。对于作为重点学科的教育学科来说，图书馆教育学科文献收藏率仅为 47.3%，是不能满足学科发展和教学科研需要的。中文教育学科图书较为完备，但仍需提高，外文图书收藏率仅为 18.5%，需要大力加强教育学科外文图书资源的建设。

2.3.2 参考文献中期刊的收藏情况

相对于图书，期刊的时效性较强，学科前沿问题、学术新观点会第一时间在期刊上发表，期刊尤其是核心期刊是衡量馆藏文献质量的一个关键指标。上榜教育学科图书的参考文献共涉及 126 种期刊，其中有 113 种教育学科专业学术期刊，被图书馆收藏的有 50 种。如表 3 所示。从表 3 可以看出，图书馆对教育学科中文期刊的保障率较高，达到了 85.7%，核心期刊完全收藏，且大部分从创刊号开始收藏，5 种未被图书馆收录的期刊均是非核心期刊，有的甚至现在已停刊。相比较而言，外文期刊的收藏率较低，仅为 25.6%。在核查的过程中，笔者发现，有的外文期刊仅是订阅了某一段时间，现在已经停订，这可能是根据学科发展和用户需要做出的变化，但对于期刊这种连续出版物来说，保持其连续性非常必要，在这一点上中文期刊做得较好。

表 3 期刊收藏情况

项目		引文中包含的教育学科期刊数/种	馆藏收录数/种	馆藏比重/%
文种	中文	35	30	85.7
	外文	78	20	25.6
总数		113	50	44.2

2.4 从参考文献年代分布看馆藏质量

鉴于图书馆收藏的中文核心期刊较全，且大多是从创刊号开始征订，而外文太少，没有统计分析意义，因此，主要对参考文献图书的年代进行统计，以此查看图书馆对教育学科不同年代文献的收录情况，如表 4 所示。

表 4 参考文献图书的年代分布情况

项目		中文种数	图书馆收藏种数	馆藏比重/%	外文种数	图书馆收藏种数	馆藏比重/%
年代	1950 以前	17	11	64.7	22	1	4.6
	1950—1960	14	9	64.3	25	1	4.0
	1960—1970	12	4	33.3	37	3	8.1
	1970—1980	17	14	82.4	41	1	2.4
	1980—1990	73	54	74.0	92	26	28.3
	1990—2000	173	110	63.6	103	27	26.2
	2000—	82	75	91.5	4	1	25.0
总数		388	277	71.4	324	60	18.5

对表4进行分析,我们可以得知参考文献中外文图书的年代分布情况:中文图书以1980年以后出版的图书为主,图书馆收藏的比例也较高,尤其是2000年以后出版的教育学科中文图书,图书馆的收藏比例达到了91.5%,这表明图书馆近年来较为重视教育学科的发展,力争为其提供完备的图书文献资源。外文图书同样是集中在1980年以后出版的著作中,不过图书馆收藏的比例都较低,因此,图书馆应该加大外文图书资源的建设力度。从参考文献的年代分布情况我们也可以看到,教育学科文献的半衰期较长、文献老化、内容更新较慢、回溯性比较强。因此,一些经典的早期文献,理应纳入图书馆信息资源建设范畴。

2.5 从参考文献的出版社分布看馆藏质量

每一个学科都有其相应的核心出版社,通过查看图书馆对该学科核心出版社文献收藏情况,能够得知图书馆馆藏文献质量。如表5所示,按数量排序,前10位的出版社共出版图书229种,占到了所有教育类学科文献的59%,图书馆收藏190种,收藏比率达到了83.0%,这说明图书馆还是非常重视教育学科核心出版社图书的,对它们做了较为完备的收藏。

表5 教育学科图书的出版社分布

	项目	引文种数	图书馆收藏种数	馆藏比重/%
出版社	人民教育出版社	67	57	85.1
	教育科学出版社	41	38	92.7
	华东师范大学出版社	39	33	84.6
	上海教育出版社	26	23	88.5
	北京师范大学出版社	15	11	73.3
	山东教育出版社	11	10	90.9
	商务印书馆	11	10	90.9
	四川教育出版社	7	2	28.6
	浙江教育出版社	6	3	50.0
	广西教育出版社	6	3	50.6
	总数	229	190	83.0

3 对图书馆信息资源建设的启示

通过对上榜图书参考文献被图书馆收藏情况的统计分析,我们可以看到教育学科文献质量的状况,并为图书馆以后的信息资源建设工作提供参考依据。为了更好地建设馆藏,突出教育学科重点学科地位,保障教学科研和学科发展需要,图书馆需要做好以下几个方面的工作。

3.1 继续巩固教育学科中文文献质量

由以上的统计分析,我们可以看到,在教育学科的中文文献方面,图书馆做得较好,文献收藏率达到了 71.4%。即便如此，仍有 28.6%的图书没有被图书馆收藏。另外，根据图书馆对近两年入藏图书利用率的统计分析可知，教育学科图书的利用率仅有 60%，很大一部分图书处于呆滞状态。对比这两种情况，图书馆应该做好两方面的工作：一方面要扩大宣传，加强读者教育，使他们能够从呆滞图书中找到图书馆缺藏资源的替代品，充分利用馆藏满足自己的需要；另一方面我们应该深入调查，根据用户实际需要和学科发展要求，适时采购部分图书，尽力使教育学科的文献质量处于较高水平。

3.2 加强教育学科外文文献资源建设，更好地满足读者需要

相对于教育学科的中文文献，外文文献很缺乏，324 种外文图书中只有 60 种被图书馆收藏，78 种外文期刊图书馆仅订阅了 20 种，且有部分现在已停订。出现这种情况，应该是由两方面原因造成的：首先上海师范大学是一所一般本科院校，这决定了图书馆的馆藏文种结构倾向于中文文献；其次是近些年来，国外原版文献的价格大幅上涨，给图书馆原本紧张的经费带来了巨大压力，使图书馆对原版文献的引进量减少。从读者利用的数据分析中我们也得知，我国学者在科学研究方面大量参考国外文献，图书馆如果不能够支持他们获得本学科国外研究情况的信息，势必对他们的教学科研造成一定影响。对教育学科这样一个重点学科来说，图书馆还是应该根据教学和科研的实际需要，适量采购能够反映学科发展前沿、参考价值高、与本学科发展关系密切的外文原版文献，以满足广大师生的需求，保持其重点学科的优势地位。

3.3 加快数字资源建设步伐，弥补纸质文献的不足

数字资源的快速发展，使得它在高校图书馆信息资源建设中占据着越来越重要的位置，在保障高校教学科研方面起着不可替代的作用，对于纸质馆藏的不足更是一种有效的弥补方式，因此，各家图书馆都在积极引进、建设数字资源。目前，数字资源包含了几乎所有纸质文献的内容，而数字资源的方便存取、快捷高效是纸质资源所不能比拟的。数字资源是馆藏纸质资源的有效补充，图书馆应该根据不同类型资源的特点，选择性地引进数字资源，弥补图书馆纸质馆藏的不足，满足教学科研的需要。

3.4 实现资源共建共享，实现"存取"和"拥有"并存互惠

在文献数量庞大的今天，任何一家图书馆都无法独自拥有所有的资源，只有通过信息资源共建共享，才能实现资源合理配置，有效满足用户需求。信息资源共建共享的具体表现形式即为馆际互借和文献传递，也就是藏书发展模式中的"存取"模式，用"存取"来弥补"拥有"的不足。"存取"和"拥有"是并存的，一家图书馆的存取以其他馆拥有为前提，而一家图书馆的拥有又可以被其他许多家图书馆存取。当然，图书馆不能孤立地决定采取"拥有"还是"存取"的藏书发展模式，而必须将拥有与存取的问题置于资源共建共享的大背景中去考虑。加入资源共建共享网络，可使各家图书馆有能力建设好自己的重点学科馆藏和特色馆藏，为更好地开展馆际互借和文献传递服务打下基础，实现更有效的存取，满足用户的需求，保障教学科研和学科发展需要。

参考文献

[1] 何琍芳. 重点学科与高校文献资源建设 [J]. 情报资料工作, 2007 (4).
[2] 肖希明. 信息资源建设 [M]. 武汉：武汉大学出版社, 2008.
[3] 邱均平. 信息计量学 [M]. 武汉：武汉大学出版社, 2007.
[4] 何少红. 高校图书馆馆藏评价方针初探 [J]. 情报探索, 2006 (8).
[5] 肖希明. 藏书发展模式的选择：拥有还是存取 [J]. 图书馆论坛, 2002 (1).

〔作者简介〕刘晓霞（1983—），女，上海师范大学图书馆助理馆员。

（收稿时间：2008年10月）

（十二）当前藏书建设中存在的高比例误选黑洞及对策*①

——以计算机类图书为例

陆怡洲　吴志荣

（上海师范大学图书馆　上海　200234）

[摘要] 我国高校图书馆图书误选的比例很高，已经形成可怕的误选黑洞。根据2002—2005年出版的计算机类图书数据测定出核心书目并对照5所综合性大学图书馆的馆藏发现，高校图书馆缺藏现象和零外借率现象十分严重，由此可推断，目前高校图书馆存在计算机类图书的高比例误选黑洞。针对这些问题，高校图书馆可以采取分析核心出版社的出版强项、研究好书的形成要素、推动书商编制高质量的征订书目等策略。

[关键词] 核心出版社　核心书目　零外借率

1 引言

"黑洞"是天文学名词，也被引申为无法摆脱的境遇。"误选"即错误的选择，本文指对所购置图书的错误选择。"误选黑洞"即无法摆脱的误选境遇。近年来，由于每年的图书出版品种繁多，同质化且低水平重复现象严重，图书馆对图书的误选几乎每天都在发生，谁也无法保证所选的每种图书都是有价值的，这就形成了"误选黑洞"。虽然误选无法避免，但是图书馆应该尽可能地将误选图书比例控制在一定范围内。过高的误选比例不仅会造成人力、空间和经费的浪费，而且大量无价值的图书入藏还将大大削弱图书馆的功能。

近年来一些研究者对各家图书馆误选的比例进行了研究。研究结果表明，我国高校图书馆图书误选的比例很高，已经形成可怕的误选黑洞。因此，降低误选比例是当前藏书建设领域亟待解决的问题。由于计算机类图书的价格比较昂贵且半衰期较短，高比例误选产生的负面效果较为明显，所以本文以计算机类图书为例，揭示我国高校图书馆高比例的图书误选现象，并提出降低误选比例的思路。

---

* 本文为2010年国家教育部人文社会科学研究规划基金项目"基于标准书目分析的高校哲社类馆藏发展实证研究"研究成果之一，项目编号：10YJA870025。

① 陆怡洲,吴志荣.当前藏书建设中存在的高比例误选黑洞及对策——以计算机类图书为例[J].图书馆建设,2011(07)：19–22.

2 高比例的图书误选现象

2.1 核心书目缺藏统计分析

近年来一些研究者以 Google Scholar 作为发现工具，运用引文分析法测定了核心出版社、核心书目，并把核心书目与一些图书馆的馆藏进行了比对。Google Scholar 是很好的学术资源发现工具，能够对图书的被引频次进行较为全面的统计。当然，引文分析法也存在缺陷，如某些作者通过伪引、自引等手法来增加引文量，但这种情况一般发生在论文中，图书的引用与被引情况因目前涉及不到社会评价问题而比较客观，因此，单纯的图书被引量的统计数据还是比较有说服力的。

2.1.1 核心书目的测定

笔者曾于 2008 年利用 Google Scholar 对 2002—2005 年出版的计算机类学术性图书进行过引文统计，试图通过图书的被引频次选出核心图书，从而形成这一时期计算机类学术性图书的核心书目。

首先，统计出 2002—2005 年出版计算机类图书共 25 022 种，除去大专以下（包括大专）教材、各类教学辅导材料和习题集、各类考试教材、娱乐休闲类图书、辞典、词典、年鉴等非学术性图书之后还有 16 756 种，再利用 Google Scholar 进行引文统计，被引 1 次以上的图书共 7 584 种。

其次，由于中文被引文献从出版到被利用的平均时差约为半年，中文学术性文献的引用期大致为出版后 2～5 年，其中出版后 2～3 年被引用的最多，之后由新到旧有规律地呈逐年下降趋势，所以选择核心图书的被引频次逐年递减，才能客观反映出有价值图书的情况。因此，笔者将 2002 年出版的被引 5 次以上、2003 年出版的被引 4 次以上、2004 年出版的被引 3 次以上及 2005 年出版的被引 2 次以上的图书定为核心图书。对计算机类学术性核心图书进行统计得出，2002 年的核心书目收录有 1 195 种、2003 年的有 1 206 种、2004 年的有 1 095 种、2005 年的有 1 035 种，占年出版新书比例均不超过 20%（表 1）。

表 1　2002—2005 年计算机类核心图书数量、新图书总量及核心图书所占比例

年份	核心图书数量/种	新图书总量/种	核心图书所占比例/%
2002	1 195	6 342	18.8
2003	1 206	6 512	18.5
2004	1 095	6 398	17.1
2005	1 035	5 770	17.9

2.1.2 和核心书目比照的缺藏统计分析

将以上所测定的核心书目对照 5 家综合性大学图书馆馆藏发现，缺藏现象十分严重（表 2）。同时，通过数据分析还发现，这些图书馆每年购入的计算机类图书数量并不少，但核心图书占所购入图书的比例很低，最高是平均 33.7%，最低仅为 23.0%（表 3），由此可知图书馆存在高比例误选现象。

表2　2002—2005年5家图书馆所购计算机类核心图书量占核心图书总量的比例

项目		2002年所购核心图书数量/2002年核心图书总量	2003年所购核心图书数量/2003年核心图书总量	2004年所购核心图书数量/2004年核心图书总量	2005年所购核心图书数量/2005年核心图书总量	所购核心图书数量/核心图书总量
华东师范大学图书馆	种数	455/1 195	517/1 206	470/1 095	542/1 035	1 984/4 531
	比例/%	38.0	42.9	42.9	52.4	43.8
上海大学图书馆	种数	805/1 195	634/1 206	558/1 095	611/1 035	2 608/4 531
	比例/%	67.4	52.6	51.0	59.0	57.6
南京师范大学图书馆	种数	425/1 195	550/1 206	425/1 095	224/1 035	1 624/4 531
	比例/%	35.6	45.6	38.8	21.6	35.8
湖南师范大学图书馆	种数	313/1 195	305/1 206	389/1 095	210/1 035	1 217/4 531
	比例/%	26.2	25.3	35.5	20.3	26.9
上海师范大学图书馆	种数	388/1 195	395/1 206	409/1 095	466/1 035	1 658/4 531
	比例/%	32.5	32.8	37.4	45.0	36.6

表3　2002—2005年5家图书馆所购计算机类核心图书数量占其总购图书数量的比例

项目		2002年核心图书数量/2002年总购入量	2003年核心图书数量/2003年总购入量	2004年核心图书数量/2004年总购入量	2005年核心图书数量/2005年总购入量	核心图书数量/总购入量
华东师范大学图书馆	种数	455/1 113	517/1 549	470/1 620	542/2 146	1 984/6 428
	比例/%	40.9	33.4	29.0	25.3	30.9
上海大学图书馆	种数	805/2 768	634/1 531	558/1 552	611/1 884	2 608/7 735
	比例/%	29.1	41.4	36.0	32.4	33.7
南京师范大学图书馆	种数	425/1 425	550/1 689	425/1 308	224/791	1 624/5 213
	比例/%	29.8	32.6	32.5	28.3	31.2
湖南师范大学图书馆	种数	313/1 207	305/1 040	389/1 353	210/855	1 217/4 455
	比例/%	25.9	29.3	28.8	24.6	27.3
上海师范大学图书馆	种数	388/1 638	395/1 477	409/1 968	466/2 122	1 658/7 205
	比例/%	23.7	26.7	20.8	22.0	23.0

2.2 零外借率统计分析

由于阅览率无法统计，笔者采用图书外借率来衡量图书利用情况。例如，笔者曾对华东师范大学图书馆2007年7月1日—2008年6月30日入藏的自动化技术和计算机技术新书的零外借率进行了统计，得出零外借率高达57.16%（新书入藏3年内应该是外借率最高的时期），而这个类别的新书占入藏总量的比例达16.6%。又如，上海师范大学图书馆2007年和2008年计算机类图书的零外借率分别高达61.20%和61.11%。图书馆对计算机类图书零外借率的统计结果进一步说明，目前图书馆存在高比例误选现象。

由此可见，高校图书馆存在计算机类图书的高比例误选黑洞。

3 降低误选比例的思路

要降低图书误选的比例，除了培养学科馆员、加强院系教师参与选书的力度等常规办法外，笔者认为还可以采用下述办法。

3.1 分析核心出版社的出版强项

近年来，选择核心出版社是图书馆提高图书采购质量的常用办法。上述研究也对计算机类图书的核心出版社进行了测定，发现核心出版社出版的图书零外借率也很高，而且也有相当多的图书并没有被引记录。因此，盲目地依赖核心出版社去采购图书是不可取的。因为核心出版社的测定是在某个学科范围内进行的，而一个学科涉及的范围太大，相同学科领域的核心出版社之间肯定存在某种差异，不可能所有该学科的图书都是某个核心出版社的出版强项。所以，仅仅依赖对计算机类核心出版社的测定来控制采购质量是不够的，图书馆应该基于细分类目对某学科的核心出版社的图书质量作进一步的分析，分析它们的出版差异或出版强项，以降低误选比例。以计算机类图书为例，将计算机类图书划分出出版数量所占比例较高和较为常用的若干小类，并继续运用引文分析法进行统计，得出计算机类图书的核心出版社在这些小类中所存在的差异。

根据对核心出版社出版数量及上海师范大学图书馆图书利用率的统计分析，笔者选取了 2004—2007 年我国出版的计算机类图书超过 500 种且图书利用率超过 35% 的 7 个计算机类目，即 TP311、TP312、TP316、TP36、TP391、TP392、TP393，同时选取了有关研究成果排名前 9 位的核心出版社，分析这 7 类图书在这些核心出版社的分布情况，并运用 Google Scholar 对其被引情况进行统计，把被引频次大于 1（包括 1）的图书视为有价值的图书，然后将这 9 个出版社出版的 7 类图书中有价值的图书量及总量进行比较，结果如表 4 所示。

表 4　2004—2007 年出版的 7 类计算机图书中有价值的图书量与总量对比

出版社	TP311（图书量/总量）/种	TP312（图书量/总量）/种	TP316（图书量/总量）/种	TP36（图书量/总量）/种	TP391（图书量/总量）/种	TP392（图书量/总量）/种	TP393（图书量/总量）/种	合计（图书量/总量）/种	排名
清华大学出版社	156/223	98/236	42/93	16/27	38/106	23/67	22/64	395/817	1
电子工业出版社	54/124	45/154	23/57	32/105	55/138	37/98	12/23	258/698	2
人民邮电出版社	39/104	33/98	17/33	9/21	89/201	21/43	31/87	239/587	3
机械工业出版社	35/88	51/126	21/45	14/36	36/108	13/32	8/16	178/451	4
高等教育出版社	23/62	22/64	7/15	6/12	18/39	34/36	7/19	117/247	5
中国铁道出版社	11/21	15/51	14/30	3/6	9/27	8/13	7/16	67/164	6
科学出版社	6/12	28/32	2/3	2/3	8/15	5/14	4/12	55/91	7
中国电力出版社	5/9	12/23	0/2	2/3	5/9	5/9	3/8	32/63	8
化学工业出版社	1/4	4/13	1/2	2/4	4/6	6/7	4/11	22/47	9

根据表 4 可以得知，从有价值的图书出版的绝对数来看，核心出版社的排名次序基本没有变，而如果从各出版社出版的有价值图书数量占其出版图书总量的比例来看，情况就不同了。应该认为，出版的有价值图书所占比例越高，则该出版社出版这类图书的质量就越高，如清华大学出版社出版 TP311 类有价值图书的比例为 70%，这说明清华大学出版社所出版的 TP311 类图书质量很高。笔者对以上 9 个出版社出版的有价值图书占出版图书总量的比例进行由高到低排序，比例相同的按出版数量由大到小排序，结果如表 5 所示。

表 5　2004—2007 年出版的 7 类计算机图书的出版社排名情况

排名	TP311	TP312	TP316	TP36	TP391	TP392	TP393
1	清华大学出版社	科学出版社	科学出版社	科学出版社	化学工业出版社	高等教育出版社	电子工业出版社
2	中国电力出版社	中国电力出版社	人民邮电出版社	中国电力出版社	中国电力出版社	化学工业出版社	机械工业出版社
3	中国铁道出版社	清华大学出版社	化学工业出版社	清华大学出版社	科学出版社	中国铁道出版社	中国铁道出版社
4	科学出版社	机械工业出版社	机械工业出版社	高等教育出版社	高等教育出版社	中国电力出版社	中国电力出版社
5	电子工业出版社	人民邮电出版社	中国铁道出版社	中国铁道出版社	人民邮电出版社	人民邮电出版社	高等教育出版社
6	机械工业出版社	化学工业出版社	高等教育出版社	化学工业出版社	电子工业出版社	机械工业出版社	化学工业出版社
7	人民邮电出版社	中国铁道出版社	清华大学出版社	人民邮电出版社	清华大学出版社	电子工业出版社	人民邮电出版社
8	高等教育出版社	电子工业出版社	电子工业出版社	机械工业出版社	机械工业出版社	科学出版社	清华大学出版社
9	化学工业出版社	高等教育出版社	中国电力出版社	电子工业出版社	中国铁道出版社	清华大学出版社	科学出版社

由表 5 可以知道，各个核心出版社的出版强项是不同的，它们的出版倾向也是有差异的。例如，清华大学出版社在 TP311 类排名第一，而科学出版社在 TP312、TP316、TP36 类的排名均为第一，电子工业出版社在 TP393 类排名第一。

3.2　研究好书的形成要素

要研究好书的形成要素（如抽取一定数量的有一定被引频次的图书进行分析），图书馆可以分析有价值图书作者的身份、年龄、所属机构、所属地域等，分析出版图书的出版社，分析其受哪些科研基金资助，分析其所属学科范围，等等，进而得出形成好书的基本要素。目前有些采访人员选定各个学科的核心作者或知名作者并为这些作者建立了数据库，这种做法很值得提倡。

3.3　推动书商编制高质量的征订书目

在 20 世纪 90 年代中期以前，新华书店总店主办的《新华书目报》是图书馆主要的征订书目，而后《新华书目报》的征订功能逐渐边缘化，书商编制的征订目录则开始崛起。

然而，由于书商具有唯利性、不稳定性、缺乏高水平的专业人员或不了解图书馆的需求等特点，其编制的目录不尽如人意。大多数书商在编制目录时只追求数量而不重视质量，呈现在图书馆采访人员面前的书商征订目录收录的图书都是没有经过选择的图书，这种目录对于降低图书误选比例没有助益，而上述误选现象大多也是由图书馆采访人员根据目前一些大型书商的征订目录采购图书的后果。因此，书商应该引进高水平的专业人员，加强与图书馆专业人员的互动，共同研究各出版社的出版强项和好书的形成要素，从而编制出针对性强、质量高的图书征订目录。

国外书商早在几十年前就推出了图书纲目订购的做法，国外很多出版社也把直接向图书馆推荐好书作为其重要职责。与此相比，我国的出版发行业较为落后。因此，编制高质量的图书征订目录应该成为我国图书馆配业务发展的重要趋势之一。

参考文献

[1] 蔡迎春. 基于文献出版统计分析的藏书质量控制 [J]. 图书情报工作，2010（3）：8–10.

[2] 陆怡洲. 基于核心书目测定的缺藏案例分析 [J]. 图书情报工作，2010（3）：10–14.

[3] 王铁梅. 基于核心书目的馆藏测评案例分析：以法律类文献为例 [J]. 图书与情报，2010（3）：136–140.

[4] 穆卫国. 基于"哲学核心书目"的馆藏漏采分析研究 [J]. 图书馆建设，2010（3）：53–55.

[5] 孙博阳. Google 学术搜索工具及其在我馆的应用 [J]. 大学图书馆学报，2007（2）：79–82.

[6] 陆怡洲. 基于引文统计的我国计算机类学术性图书出版情况分析 [J]. 图书馆论坛，2009（2）：165–167.

[7] 刘淑波，胡文华. 新书书库图书利用实证调查研究及对策：以华东师大闵行校区图书馆为例 [J]. 图书情报知识，2010（3）：101–105.

[8] 何旋. 基于图书利用率统计的中文计算机类图书的采购策略 [J]. 图书馆建设，2010（3）：45–48.

[9] 陆怡洲. 基于类目细分的计算机类学术性图书核心出版社的出版差异 [J]. 现代图书馆建设论丛，2010（12）：125–136.

[10] 许继新. 试述《新华书目报》征订功能的边缘化 [J]. 图书馆工作与研究，2009（3）：46–49.

〔作者简介〕陆怡洲（1982—），女，上海师范大学图书馆馆员。吴志荣（1951—），男，现任上海师范大学图书馆副馆长，研究馆员。

［收稿时间：2011 年 2 月］

（十三）师范院校图书馆数字资源建设的调查分析[①]

雷顺利　刘晓霞　马凌云

（上海师范大学图书馆，上海，200234）

[摘要] 以全国范围内选取的 37 家师范院校图书馆为研究样本，运用网络调查的方法了解其数字资源整体的建设水平和程度。在此基础上，对师范院校图书馆数字资源建设的未来发展进行展望。

[关键词] 师范院校图书馆　数字资源建设　数据库

1　引言

数字资源以其特有的优势越来越成为高校教学和科研重要的保障。近年来，高校图书馆数字资源的建设有了长足发展，各高校图书馆都在加强数字资源的建设力度以支撑学校各学科领域的研究和发展。因此，了解数字资源整体的建设水平和程度，对于图书馆数字资源的建设具有非常重要的借鉴意义。

本文选取师范院校图书馆这一群体作为研究对象。选取对象有：① 北京师范大学、华东师范大学、东北师范大学、华中师范大学、陕西师范大学、西南大学（合并西南师范大学）等 6 所部属师范大学；② 全国每个省（市）选取一所省（市）属师范院校。样本院校共计 37 所。所选学校中有师范院校并入的综合性大学，如西南师范大学并入西南大学；银川师专（含宁夏教育学院）并入宁夏大学；广州师范学院、广州教育学院和广州高等师范专科学校并入广州大学。为方便起见，统称其为师范院校。

目前，各高校的数字资源主要来源于三个方面：一是购入数据库；二是自建数字资源；三是网络免费资源和开放资源。本文通过查看图书馆网页的方式在 2008 年 12 月对 37 学师范院校图书馆数字资源及其相关内容的建设进行调查，其中数据库数量的计算是以购入数据库为准，自建数字资源和免费资源没有计算在内。对于有多个子库打包的数据库，如 EBSCO 数据库，有的高校把 ASP 和 BSP 等 15 个子库分别挂在网页上，有的高校则在网页上挂 EBSCO 一个数据库，这种情况还有 OC LC First-Search 数据库（包括 12 个子库）和中国资讯行。在计算各高校数据库的数量时，为了统一起见，这几个数据库只算作一个数据库。

---

① 雷顺利，刘晓霞，马凌云. 师范院校图书馆数字资源建设的调查分析 [J]. 图书情报知识，2009（04）：56 – 61.

2 师范院校图书馆数字资源建设比较

2.1 引进数据库的数量

从表1和图1可以看出,图书馆购入数据库总量超过50个的师范院校有10所,这10所中有8所是"211"大学(表1中阴影部分),首都师范大学和上海师范大学从数据库的数量上看已经达到"211"大学的水平。数据库总量最多的是北京师范大学和华南师范大学,最少的是新疆师范大学、海南师范大学、内蒙古师范大学和宁夏大学。

表1 三十七家师范院校图书馆引进数据库的数量统计

序号	学校名称	数据库总量/个	外文数据库所占比例/%	综合:文科:理工科/%	中文数据库/个 综合	文科	理工科	多媒体	总计	外文数据库/个 综合	文科	理工科	总计
1	北京师范大学	98	66	49:28:23	21	7	3	2	33	25	20	20	65
2	华南师范大学	89	53	40:31:28	18	16	4	4	42	14	12	21	47
3	华东师范大学	87	68	46:26:28	16	9	3	0	28	24	14	21	59
4	南京师范大学	73	58	44:26:30	19	8	4	0	31	13	11	18	42
5	首都师范大学	70	43	50:36:14	18	15	3	4	40	13	10	7	30
6	西南大学	61	51	44:38:18	14	12	1	3	30	10	11	10	31
7	东北师范大学	61	61	59:21:20	13	5	2	4	24	19	8	10	37
8	上海师范大学	61	51	52:34:13	17	11	0	2	30	13	10	8	31
9	华中师范大学	59	49	51:31:19	17	6	5	2	30	11	12	6	20
10	湖南师范大学	50	48	48:16:36	12	6	5	3	26	9	2	13	24
11	天津师范大学	47	55	51:32:17	10	10	1	0	21	14	5	7	26
12	安徽师范大学	39	51	67:13:21	12	3	1	3	19	11	2	7	20
13	陕西师范表学	36	61	56:8:36	9	2	0	3	14	8	1	13	22
14	河北师范大学	36	39	50:31:19	9	7	1	5	22	4	4	6	14
15	浙江师范大学	34	38	56:24:21	12	5	1	3	21	4	3	6	13
16	广西师范大学	33	30	73:18:9	17	4	0	2	23	5	2	3	10
17	徐州师范大学	31	39	71:10:19	12	2	1	4	19	6	1	5	12
18	山西师范大学	30	23	57:30:13	8	8	1	6	23	3	1	3	7
19	山东师范大学	29	34	62:7:31	13	2	4	0	19	0	0	5	i0
20	四川师范大学	27	41	52:26:22	9	4	0	3	16	2	3	6	11
21	广州大学	26	42	65:23:12	8	5	0	2	15	7	3	1	11
22	哈尔滨师范大学	26	15	81:15:4	14	4	1	3	22	4	0	0	4
23	福建师范大学	24	42	75:13:13	10	2	1	1	14	7	1	2	10
24	河南师范大学	22	36	77:5:18	10	1	2	1	14	4	0	4	8
25	云南师范大学	22	32	64:18:18	11	2	1	1	15	2	2	3	7

续表

序号	学校名称	数据库总量/个	外文数据库所占比例/%	综合:文科:理工科/%	中文数据库/个					外文数据库/个			
					综合	文科	理工科	多媒体	总计	综合	文科	理工科	总计
26	重庆师范大学	21	43	62:29:10	6	3	0	3	12	4	3	2	9
27	贵州师范大学	21	14	71:5:24	12	1	4	1	18	2	0	1	3
28	江西师范大学	21	38	62:24:14	9	1	1	2	13	2	4	2	8
29	辽宁师范大学	21	29	71:19:10	8	3	1	3	15	4	1	1	6
30	青海师范大学	19	53	53:32:16	5	2	0	2	9	3	4	3	10
31	西北师范大学	18	11	78:17:6	11	3	0	2	16	1	0	1	2
32	湖北师范学院	15	33	80:7:13	6	1	1	2	10	4	0	1	5
33	吉林师范大学	15	40	93:0:7	9	0	0	0	9	5	0	1	6
34	新疆师范大学	9	22	67:33:0	3	2	0	2	7	1	1	0	2
35	海南师范大学	8	13	100:0:0	6	0	0	1	7	1	0	0	1
36	内蒙古师范大学	7	29	86:14:0	4	1	0	0	5	2	0	0	2
37	宁夏大学	5	40	80:0:20	3	0	0	0	3	1	0	1	2

注：阴影部分为"211"大学，以下表格类似。

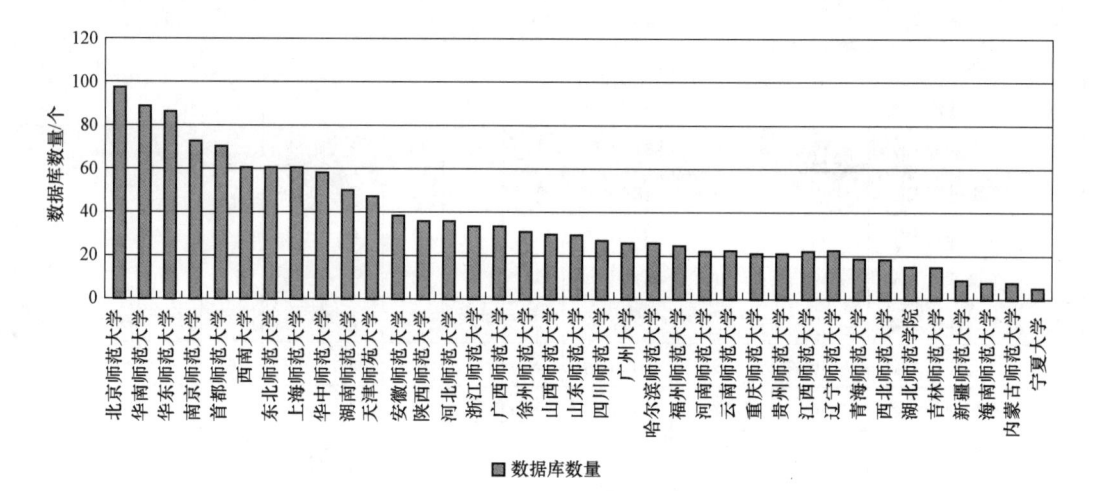

图1 三十七家师范院校图书馆引进数据库总量比较

2.2 引进数据库的结构

从表1和图2可以看出外文数据库所占比例大于60%的有4所高校：北京师范大学、华东师范大学、东北师范大学、陕西师范大学，大部分师范院校图书馆中文数据库占优势。由于引进外文数据库的费用较高，因此引进外文数据库较多的师范院校基本上是"211"大学，且这类高校对外文数据库的需求更大。

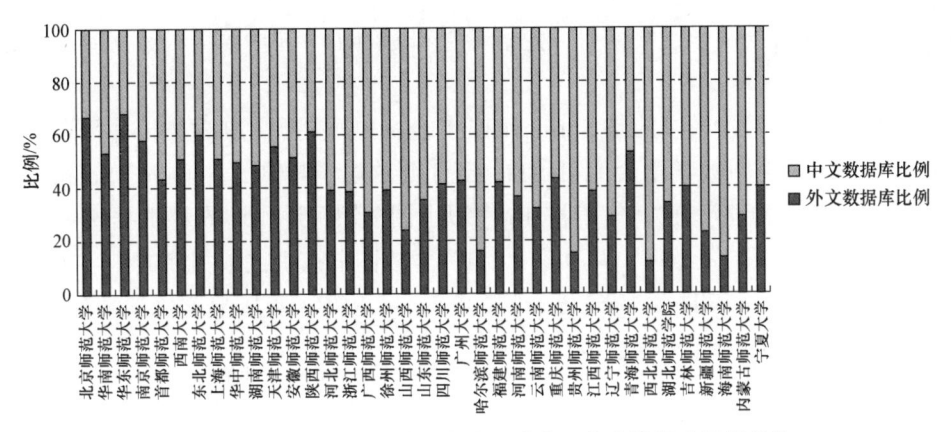

图 2　三十七家师范院校图书馆引进中、外文数据库比例比较

从表1和图3可以看出，绝大部分师范院校图书馆综合性数据库居多，海南师范大学甚至只有综合性数据库，西南大学、北京师范大学、湖南师范大学、华东师范大学、华南师范大学、南京师范大学、河北师范大学、首都师范大学图书馆文、理工科数据库所占比例超过50%，这8所师范院校中有6所是"211"大学。从文科数据库与理工科数据库的比例来看，37家师范院校图书馆中有22家文科数据库多于理工科数据库，理工科数据库比例超过文科数据库的有华东师范大学、南京师范大学、湖南师范大学、安徽师范大学、陕西师范大学等12所师范院校，吉林师范大学和宁夏大学图书馆除了一种理工科数据库外其他都是综合性数据库。

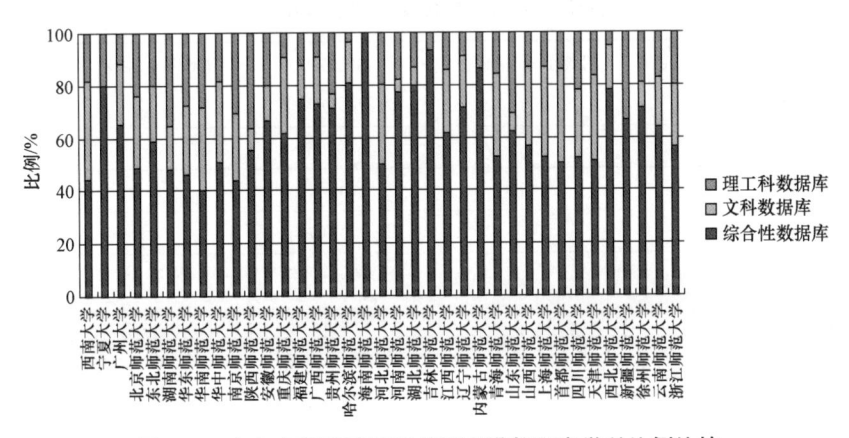

图 3　三十七家师范院校图书馆引进数据库学科比例比较

2.3　引进数据库排名

从相关数据中可以看出，中文数据库被引频次较多的是CNKI中国期刊全文数据库、维普中文科技期刊全文数据库、人大复印报刊资料数据库、超星数字图书馆、万方中国学位论文全文数据库、CNKI中国优秀博硕士学位论文全文数据库、方正数字图书馆、爱迪科森网上报告厅、万方数字化期刊，它们被20家以上图书馆引进。这9种数据库有4种是综合性期刊数据库，涵盖了学位论文、电子图书、多媒体数据库。从9家"211"学校图书馆（宁夏大学图书馆引入数据库太少，没有考虑在内）引进数据库的排名来看，除了以上数据库，引进中国社会科学引文索引、龙语瀚堂和 CNKI 中国重要报纸数据库 3 种数据库的图书馆较多。

外文数据库被引频次较多的是 Springer-Link 全文电子期刊、EBSCOhost 平台系列数据库、Math-SciNet（美国数学学会）、NSTL 已订购的电子期刊、Elsevier Science Direct Online、APS（美国物理学会），它们被 15 家以上图书馆引进。这 6 种数据库中有 3 种综合性数据库、3 种理工科数据库。从 9 家"211"学校图书馆引进数据库的排名来看，除了以上数据库，引进 John Wiley、Net Library 电子图书、RSC（英国皇家化学学会）、Gale 文学资源中心 4 种数据库的图书馆较多。

2.4 自建数据库

从表 2 中可以看出，37 家师范院校图书馆中有 33 家至少有一个自建数据库，只有河南师范大学、内蒙古师范大学、广州大学、湖北师范学院 4 所高校没有自建数据库。东北师范大学图书馆自建数据库数量最多，其次是北京师范大学、华南师范大学和西南大学。在自建特色数字资源中，各师范院校图书馆建设较全的是本校的学位论文数据库，33 家师范院校图书馆中有 22 家建立本校学位论文全文数据库，这部分资源是通过购买数据库不能全面完整查找到的。绝大部分师范院校图书馆都针对本校特色专业、本馆或本地区的特色资源建立了目录或全文数据库，很多图书馆建立了本校教材教参和专家学者著作的论文库，这些自建数据库有利于这些资源的利用和共享。

表 2 三十七家师范院校图书馆自建数据库比较

学校名称	本校学位论文	自建数据库数量/个	学校名称	本校学位论文	自建数据库数量/个
北京师范大学	√	12	海南师范大学		3
华东师范大学	√	5	西南大学	√	10
华南师范大学	√	12	四川师范大学		6
南京师范大学	√	7	贵州师范大学	√	3
浙江师范大学		1	云南师范大学		3
福建师范大学	√	8	西北师范大学		6
东北师范大学	√	13	天津师范大学	√	2
陕西师范大学	√	6	河北师范大学	√	1
湖南师范大学	√	4	山西师范大学		1
广西师范大学	√	8	辽宁师范大学		4
山东师范大学		2	哈尔滨师范大学		6
安徽师范大学		1	江西师范大学	√	6
华中师范大学	√	4	首都师范大学		5
上海师范大学	√	5	吉林师范大学	√	6
新疆师范大学	√	1	徐州师范大学		8
青海师范大学		2	重庆师范大学		1
宁夏大学		6			

注：其中有 4 家图书馆没有自建数据库，所以在表中未被列出。

2.5 数字资源的软硬件建设

随着数字资源建设的深入，对数字资源进行深度挖掘和整合、提供更方便的获取利用方式越来越受到高校的重视。从表 3 中可以看出，37 家师范院校图书馆中，22 家通过挖掘免费资源扩大了用户数字资源的使用范围；24 家提供了学科导航服务；21 家通过学位论文提交系统建立了本馆的学位论文数据库；19 家引进了随书光盘系统，能够更好地管理本馆的光盘资源，实现了这类资源的网上检索；10 家通过跨库检索使本馆的读者能够更方便地使用图书馆的数字资源；19 家提供了校外访问数字资源服务（其中部分师范院校只提供部分资源的校外访问，有的学校只能在校外访问镜像资源，有的学校受网速所限选择了部分资源提供校外访问）。

表 3 三十七家师范院校图书馆数字资源软硬件建设比较

项目	学科导航	免费资源链接	学位论文提交系统	随书光盘系统/非书资料系统	校外访问	跨库检索
北京师范大学	√	√	√		√	√
华东师范大学	√	√	√		√	
华南师范大学	√	√		√		
南京师范大学	√	√	√	√	√	
浙江师范大学	√		√			
福建师范大学	√	√				
东北师范大学	√	√	√	√		√
陕西师范大学	√	√	√	√	√	
湖南师范大学	√	√	√	√	√	
广西师范大学	√	√				
山东师范大学	√	√		√		
安徽师范大学	√					
华中师范大学	√	√	√	√	√	√
上海师范大学	√	√			√	
新疆师范大学			√	√		
青海师范大学	√					
海南师范大学	√		√	√	√	
西南大学		√	√	√	√	
四川师范大学		√	√			√
贵州师范大学		√	√			√
云南师范大学			√			
西北师范大学	√	√			√	
天津师范大学			√		√	
河北师范大学	√	√	√			
山西师范大学				√		
辽宁师范大学	√					√
哈尔滨师范大学					√	

续表

项目	学科导航	免费资源链接	学位论文提交系统	随书光盘系统/非书资料系统	校外访问	跨库检索
江西师范大学	√				√	
首都师范大学	√	√	√		√	√
内蒙古师范大学	√			√		
吉林师范大学			√			√
河南师范大学		√	√	√		
徐州师范大学					√	√
湖北师范学院	√			√	√	
广州大学				√		
重庆师范大学	√				√	
宁夏大学						
合计	24	22	21	19	19	10

3 师范院校图书馆数字资源建设的特点及展望

3.1 师范院校图书馆数字资源建设的特点

（1）数字资源建设形成规模。师范院校图书馆数字资源的建设，已经形成了一定的规模，并且规模在不断扩大。引进数据库数量超过 20 个的有 29 所师范院校，"211" 师范院校图书馆中数据库引进数量最少的是陕西师范大学图书馆，引进数量为 36 个，师范院校中有 14 家图书馆数据库的数量等于或超过 36 个。数字资源建设较为薄弱的基本上是西部地区院校图书馆，地区与地区之间体现出来的数字资源配置的差异比重点高校和非重点高校之间的差异更为明显，如宁夏大学尽管是 "211" 大学，但数据库的数量是 37 所师范院校中最少的，只有 5 个。各师范院校图书馆中文数据库的引进较为齐全，由于高校用户对电子期刊和学位论文的使用率较高，因此同时引进 CNKI 中国期刊全文数据库、维普中文科技期刊全文数据库的有 29 所，同时引进万方中国学位论文全文数据库和 CNKI 中国优秀博硕士学位论文全文数据库的有 19 所，可以看出，即使是内容比较相近的数据库师范院校还是尽可能配置齐全。师范院校图书馆在中文数据库建设的基础上也加强了外文数据库的建设，引进外文数据库超过 10 个的有 22 所，其中比较集中引进的是 Springer-Link 全文电子期刊和 EBSCOhost 平台系列数据库。另外，无论是重点师范院校，还是一般师范院校，图书馆对数字资源的软硬件建设和自建数据库都比较重视。

（2）数字资源学科范围和类型不断拓宽。师范院校一般都是综合性大学，并且以文科见长，各图书馆在优先建设综合性数据库基础上，不断拓宽数字资源的学科范围和类型，并突出优势学科。各师范院校图书馆陆续引进了法律和商业等学科数据库以及古籍数据库，在外文资源方面也加强了理工科数据库的建设。在资源类型上也从期刊、电子图书和学位论文数据库扩展到报纸、会议论文和多媒体数据库。师范院校的特色学科是教育学和心理学，因此图书馆注重引进教育学和心理学数据库，有 14 家师范院校图书馆引进了 1~2 个教育学数据库，包括 EBSCO 公司 Education Research Complete、ProQuest Education Journals、ProQuest CBCA Education（加拿大教育学数据库）以及国道公司的外文国外教育专题数据库，9 家"211"学校图书馆中有 6 家引进了教育学数据库；有 13 家师范院校图书馆引进了心理学数据库，其中 7 家"211"学校图书馆以引进美国心理学会的数据库居多，但各图书馆使用的平台各不相同，有的选择 EBSCOhost 平台，有的选择 ProQuest 和 Ovid 平台。除了购买专门的教育学和心理学数据库外，部分图书馆注重引进含教育学和心理学资源较为丰富的综合数据库（如 SAGE 数据库），或在综合性数据库中购买相应的学科（如 Elsevier Science Direct Online 数据库中的心理学）。

（3）不同学科中外数据库建设侧重点不同。各师范院校图书馆针对不同的学科，在中外文数据库建设的侧重点是不一致的。对于综合性数据库，各师范院校图书馆中文数据库的引进要多于外文数据库；对于文科数据库，除几家"211"大学图书馆外，其他师范院校图书馆都是中文数据库引进多于外文数据库；对于理工科数据库，各师范院校图书馆引进的外文数据库要明显多于中文数据库。由于理工科对外文资源的依赖度更大，因此各高校图书馆倾向于建设外文理工科资源，这也符合学科发展的需要。从引进数据库排名前 15 位的外文数据库来看，除了 NSTL 已订购的电子期刊，有 5 种理工科数据库，这 5 种数据库全部是学/协会的数据库。学/协会数据库期刊品质较高，并且是集成数据库，基本上不需要收藏，因此是各图书馆建设的重点。

3.2 师范院校图书馆数字资源建设的展望

（1）通过资源的统筹规划，协调图书馆各类资源的发展。一般来说，图书馆为尽可能满足用户对资源的需求，在经费有限的情况下统筹规划好各类资源非常重要。随着数字图书馆建设的深入，数字资源在馆藏中的比例越来越高，图书馆应该合理处理好纸质资源和数字资源的关系，使两种资源能相互促进和补充，避免不必要的重复建设。师范院校图书馆需要合理建设购入数据库、自建数据库和免费资源，为用户精心挑选高品质的免费资源，深入挖掘和整合免费资源与开放资源，建立完善、方便的导航和检索服务。另外，要充分发挥文献传递的作用，通过文献传递来满足用户的个别需要。因此，图书馆要统筹规划好纸质资源和数字资源在不同学科的分配，规划哪些学科需要引进数据库，哪些学科的资源可以通过自建数据库和网上免费资源进行补充，哪些资源的需求可以通过文献传递来满足，使各类资源协调发展。

（2）通过数字资源的调研和评估，形成数字资源动态建设机制。高校图书馆数字资源都是面向学校各个院系师生、针对学科需要而建设的。数字资源的引进往往费用较高，在引进之前进行充分的调研和评估非常有必要。首先，要充分了解院系各学科的需求情况；其次，图书馆应该针对学科需要，了解各出版商特色和优势资源（如 John Wiley 数据库是化学、生物等学科的首选），选择符合学科发展需要的数据库进行质量评估以确定购买的数据库。考虑到一个数据库在短时间内很难通过数据库的使用来评估价值，数据库变动过于频繁也不便于用户使用，高校建设数字资源的模式一般是一旦引进了某个数据库，就固定下来不变动了。但高校数字资源的建设达到一定量后，应该通过对数据库进行再评估，形成动态建设的机制，这样才能保证数据库建设的质量。图书馆可以在数据库使用一段时间后通过对不同数据库使用情况的分析，对使用量少的数据库加以淘汰，考虑引进用户更需要的数据库，使数据库的建设能够吐故纳新，形成良性循环，从而把更多高品质的数据库引入以供用户使用，也能使数字资源经过调整真正满足学科的需要。

（3）通过与院系学科共建，延伸数字资源的涵盖面。通过调查我们可以发现，目前师范院校图书馆综合性和比较常见的数据库引进较为齐全，因此下一步要朝着学科化和高品质的方向发展。从数字资源调查的情况来看，费用较高的数据库，如 ISI Web of Science 的三大索引、EI 等数据库除了 3~4 家 "211" 师范院校图书馆引进外，其他图书馆购买较少，而这些数据库对于科研非常重要，并且 Elsevier、John Wiley 等综合性数据库尽管很多学校已经购买，但购买的学科并不多，购买的年限也较短，读者的使用受到限制。因此，师范院校图书馆的数字资源最好能够实现与院系学科的共建，一方面可以缓解图书馆经费的不足，另一方面可以使图书馆数字资源的建设与学科的资源建设结合起来，提高数字资源的使用效益。

（4）通过深化软硬件建设，完善数字资源的使用环境。数字资源的建设达到一定规模后，其相关软硬件建设也是很重要的。随着数字资源的增多，相应的图书馆参考咨询的配套服务也需要加强，如培训、课题查询指导等，这样可以减少数字资源的使用障碍。目前提供学科导航的师范院校较多，由于更新和维护跟不上，高品质的学科导航并不多见，学科导航利用情况不理想。图书馆可以建立用户推荐新资源的机制，鼓励用户提交新的资源链接，通过用户对学科导航建设的参与与互动，在提高学科导航质量的同时也获得用户的认同。多数高校都建立了本校学位论文数据库，而学位论文提交系统能够提高建设效率和节省人力物力，这是各高校可以考虑建设的。各高校使用数字资源较多的人群是科研人员，这类人员更希望不要局限于在校内使用数字资源，因此很多师范院校都为本校教师提供校外访问的途径，这大大提高了数字资源利用率。有些学校的学生无法享受到这一方便，但研究生也是使用数字资源的重要力量。因此高校在有条件的基础上，尽可能把这一服务扩大到研究生范围，这样也能进一步提高数字资源的利用率。另外，部分高校只提供部分资源的校外访问，以后需要拓展到所有数字资源，这样才能真正方便用户利用数字资源。

参考文献

[1] 张世明. 高校图书馆数字资源建设现状及发展策略 [J]. 情报探索，2008（9）.
[2] 徐守杰. 数字环境下图书馆学术期刊的订购 [J]. 大学图书馆学报，2008（6）.
[3] 张盛强，唐李杏. 关于高校学科导航库建设模式的思考 [J]. 四川图书馆学报，2005（4）.

〔作者简介〕雷顺利，女，上海师范大学图书馆副研究馆员，发表文章数十篇。刘晓霞，女，上海师范大学图书馆副研究馆员，发表文章数十篇。马凌云，女，上海师范大学图书馆副研究馆员，发表文章数十篇。

（收稿时间：2009 年 3 月）

二、馆藏资源研究

（十四）中文馆藏文学类图书利用状况与纸电配合形式分析[①]

——以华东师范大学图书馆部分数据为基础

段双喜

（华东师范大学图书馆，上海 200241）

[摘要] 中文馆藏的纸电配合正在成为文献资源建设迫切关注的话题，对文学类这一重要的借阅部分而言，尤其如此。本文旨在探讨文学类图书纸电配合的可能性及其可操作性。研究采取书目比较法，将文学类高借阅纸本书目与各平台相应电子书目进行比较。数据表明，当前研究型文学类电子书比纸质书容易获得，多年前出版的电子书主要通过包库形式供应，近几年的电子书则主要通过单种方式零售。

[关键词] 文献资源建设　文学类馆藏　电子书　纸电配合

以适当的方式采购电子书进行数字资源建设，是当前图书馆业务转型的关键因素之一。纸质书与电子书的配合是近年图书市场的热门话题。I（文学）类图书是出版物的重要类别，据国家广播电视总局数据，2013—2016 年，文学类图书出版种数分别占全国出版总数的 10.55%、10.46%、10.44%、10.90%，仅次于 G（文化、科学、教育、体育）类。在图书馆馆藏中，文学类馆藏比重大、借阅量多，因此，图书馆对文学类电子书的需求逐渐增多，而且对图书馆馆藏资源的纸电配合的探讨也变得非常必要。

1 研究综述

国外电子书发展较快，纸电配合开展得较为普遍，各种理论研究比较深入。Lewellen 在马萨诸塞州立大学阿默斯特分校针对 ProQuest 电子图书馆进行了案例研究，从学科、种族、性别、在校身份等角度了解了多媒介环境下电子书和纸质书的使用特征和属性。Kohn 对坦普尔大学图书馆 2014—2015 年 13 043 种图书进行了分析，探讨了读者可接受的电子书时滞，认为电子书迟于纸质书发售一周是可以接受的。Fry 从学科和购置方式方面评估学术馆同时段采进的非参考书纸质书和电子书的使用率，发现 2008—2009 年购进的书籍

---

* 本文系教育部高校图工委文献资源发展研究课题"研究型图书馆纸质中文图书'单复本'修正模式的意义及其实施"的研究成果之一（项目编号：17TGW01006）。

① 段双喜. 中文馆藏文学类图书利用状况与纸电配合形式分析——以华东师范大学图书馆部分数据为基础 [J]. 图书馆理论与实践，2018（08）：71-78.

中，74%在前6年内使用，2008—2014年购进纸质书馆藏的27%在2013年7月至2014年11月间使用过。在同样的17个月内，只有12%的电子书在2008—2014年被使用。Moulaison等对美国纸质书和电子书供应商两个平台（Coutts' OASIS 和 Smashwords）所提供女同性恋、男同性恋、双性恋、跨性恋主题的小说进行对比，以窥探不同平台图书的供应重点。国内相关研究早先集中于超星、书生之家、方正 Apabi、爱如生等包库电子书。许继新用书目对比法对纸质书与超星、方正 Apabi 进行了测评。2016年后，研究者开始关注单种馆配电子书业务，顾洁和郑琪对畅想之星、芸台购进行了介绍，仲明对"畅想之星"与超星进行了比较研究。肖婷、张军对全国90家核心出版社进行了调研，分析出版方对电子书零售的意向。刘艳武基于电子书和纸质书借阅量的分析，探讨了地方高校电子书与纸质书的协调。综上所述，当前对图书馆馆藏资源的纸电配合的探讨存在以下三方面问题。

（1）概念笼统。业界使用"电子图书（电子书）"和"馆配"这些概念，"电子书"只能表现媒介性质，"馆配"只揭示销售对象，两者都不能显示电子书的计费方式、发售频率与数量特点，无法区别当前电子书市场的不同销售类别，更无法准确对应中文电子书单种馆配发售业务的特征。概念的笼统，反映出电子书馆配业务本身的不成熟和理论界反应的滞后。由此，笔者认为有必要使用"单种馆配"一词来概括当前中文电子书馆配业务的新种类，并对相关概念做出梳理。目前"纸电配合"论题中的"电子书"，应指经正规出版机构编辑加工，获国家出版许可发售的产品。从目标客户与服务对象来看，电子书发售方式可分为馆配与非馆配两种。前者主要是面向机构用户——图书馆、资料室等发售图书，如北京人天、湖北三新、浙江新华等；后者主要面向个人用户，如亚马逊中国、当当、京东等。发售从频率、计费方式看，可分为包库发售与单种发售，前者指以数据库形式一次性打包捆绑、统一计费的方式，如超星、爱如生、书生之家、方正 API 等；后者则可以提供单种发售服务，如北京人天、湖北三新、浙江新华、中图易阅通等。相对而言，单种馆配电子书比较灵活，图书馆享有更多自由，读者需求更能得到满足，是馆藏资源"纸电配合"的理想形式。

（2）研究范围狭小，缺少对电子书全局性的考察。研究者对馆配电子书中的包库、零售，纸质书和非馆配平台都有过类内比照或者两两比较，但没有将这4类数据放在一起深入分析。

（3）研究多为提出方向性建议，缺乏细致的分析，没有可供借鉴的具体案例，如张建民认为大学出版社可以在纸电同步方面做尝试，对不同图书用不同出版策略，但并没有具体说明如何操作。中文图书数量巨大，出版社及产品类别、层次众多，各馆情况不一，若结合具体情况做实证性分析，探讨纸电配合的时机、原则与范围，将有切实可行的示范效果。

本文还涉及文学类馆藏借阅分析。这一论题已有多篇文章论及，其中有少数谈到电子书，如职珂珂等将纸质书馆藏与超星平台 H、I 类同题名图书进行比较，但未涉及单种馆配业务。此外的研究都是从纸质书借阅数据出发，很少涉及纸电配合。

2　研究意义

以用户驱动（Patron Driven Acquisition，PDA）方式实现纸电配合，是当前国内文献资源建设者的理想。当前国内图书馆建设经费紧缺、物理存储空间压力日益增加，迫切需要实现资源转型。电子书购置不仅是资源建设问题，也关乎着图书馆的全局发展。据2017年7月27日，第四届教育部高等学校图书情报工作指导委员会第五次工作会议的研讨结果可知，"数字资源量"被纳入高校评估体系。2017年8月，中华人民共和国教育部发展规划司出台通知，将电子书作为馆藏资源纳入学校办学评估指标。相比包库，单种电子书的购买不需要一次付出大额经费，灵活易行，会有较大业务增长。

近年来，中文电子书单种馆配市场蓬勃发展。2015—2016年，北京人天书店"畅想之星馆配中文电子书平台"发布的《中文电子书目录》上线；浙江省新华书店集团"芸台购"上线，湖北三新公司推出"田田网"，又开发出"云田智慧平台"；2017年9月，"全国馆配数字联盟"成立，《全国馆配数字联盟章程》出台，但实际上电子书单种馆配业务仍处于拓荒阶段。市场规范不足，缺乏权威销售平台，电子书发行滞后，与英、美等国90%的同步率存在很大差距。目前，出版社技术模式、营运平台也没有针对机构用户设计，即使有些馆利用平台采购，但规模有限，没有结构性意义，高校馆中文电子书是"无源之水"。有学者以"云田智慧图书馆""畅想之星""芸台购"为对象，调查用户驱动纸电一体化馆藏建设的现状，发现目前还没有纸电同步采购的成功案例。制约电子书单种馆配的"瓶颈"还没有被打破，但并不意味着纸电配合工作的探索无法进行。单种馆配只是电子书业务的一种，能与纸质书形成补充、配合的电子书有多种，采选人员可以综合现有单种馆配、包库和非馆配电子书的情况，确定纸质书的种类、复本政策，探索电子书采进的时机与节奏，尽量达成经费与空间上的最佳效果。同时，图书馆是电子出版物产业链的重要环节，主动探索，积极引导，促使形势发展有利于馆配，具有积极意义。

3 研究目标、思路和过程

3.1 目标与思路

通过对华东师范大学图书馆文学类纸质书馆藏与当前一些电子平台书目的分析，发现纸质书的使用特征，探讨电子书补充馆藏纸质书的可行性操作步骤。分析过程中考虑了以下几点。

（1）纸电配合的探讨须以纸质书分析为依据。当前，出版社中文书的出版策略是纸质书早于电子书，何种图书需要使用电子书，必须以纸质书使用数据为标准。馆藏书目有使用记录，特别是借阅记载，相比单纯的供应商书目，能更清楚地揭示纸质书的使用情况及其不足，为电子书的选购提供依据。借阅数据注意两组指标：最近时段（2016—2017年）借阅次数、年均借阅次数。"最近时段借阅次数"能衡量入藏已久的图书当前的使用状况，弥补系统无法提供各年度借阅记录的不足。"年均借阅次数"能兼顾图书的借阅次数和入藏时间，比单纯的借阅总数多出一个维度，能较为科学地反映图书的总体使用状况。目前，大多数高校馆普通图书借阅期限为2个月，除去寒暑假时间，每本书年均流通4.5次。年均借阅率如果高于4.5次，则一本复本不够，若能补充上电子书，则是较好选择。因此，后文重点统计年均借阅4.5次以上的图书情况。

（2）文学类图书作为样本数据，有较强的典型性。文学类图书是高校馆和公共馆都需要的类别，其借阅种类多、借阅量大，也是读者使用的主要文献。同时，文学作品社会影响深远、发行量大，是出版商设计发售策略的重点，其使用、供应特征、问题及解决方案，能为解决其他类别电子书问题提供借鉴。

（3）华东师范大学文科具有较强的优势，中国语言文学学科在全国高校具有较大影响，对该馆文学类馆藏的研究，也能兼顾学术型电子书的馆藏建设。由此，下文对图书进行功能类型上的区分。

3.2 比较对象

研究采用书目比较法，进行4类书目的比较：馆配包库电子书目（下文称 A 类）、馆配单种电子书目（下文称 B 类）、非馆配电子书目（下文称 C 类）、华东师范大学图书馆馆藏纸质书。

A 类产品供应商有书生之家、超星、方正、爱如生等公司，本文选择1家作为代表；B 类有浙江新华、湖北三新、北京人天、中国图书进出口公司等，从中选择3家，将其可供电子书目合并成总书目；C 类有京东、亚马逊、当当、淘宝等，从中选择3家进行分析。为省去不必要的麻烦，文中各供应平台名称以字母代替，同时，笔者申明，字母顺序与本段提及公司名称顺序不相对应。

4 相关数据

4.1 总体数据分析

笔者登录华东师范大学图书馆数据库（登录日期：2017-04-10），整理出 A 类公司中文电子书目 1 234 355 条。登录该馆管理系统（数据输出日期：2018-01-01—2018-01-02），获取馆藏 3 001 439 条，去重归并后得到有借阅数据的图书 465 727 种，有借阅记录的 I 类图书 88 760 种。其中，年均借阅次数高于 4.5 次的文学类图书（下文称"高借阅图书"）13 159 种，年均借阅次数高于 27 次的特高借阅图书 398 种。笔者又从 B 类供货商获取数据 349 520 条（数据截止日期：2018-02-02）。其中 B1、B2、B3 分别提供 219 427 条、79 835 条、50 257 条，经过查重后，得到不重复书目 277 097 种。将纸质书的与电子书目进行匹配后得到 I 类图书 20 132 种，年借阅次数高于 4.5 次以上的文学类纸质书匹配 2 753 种。

（1）相关图书分类号所包括的图书种类区分。将图书按照年均借阅 0 次、4.5 次、9 次、18 次、27 次以上分为5个档次，统计各分类号下图书及其占比。22 个分类号中，B 类、G 类、I 类、K 类、O 类、T 类下各档图书种类较多，其中 T 类各档种数占同档借阅总种数的百分比分别为 10.9%、15.4%、14.9%、9.1%、3.9%。但 I 类书在五档种数分别占比 19.1%、21.4%、24.5%、30.2%、35.6%，远远超过 T 类。而且 I 类年均借阅 27 次以上的图书种数占同档总数的 35.6%，超过三分之一。可见文学类图书借阅种数最多，且年均借阅率越高，图书占比就越大，是最应引起注意的馆藏种类。

统计 I 类相关类号所包括图书的种数，得到 20 个小类下图书 72 955 种，占所有被借图书的 82.19%，是有借阅图书的集中区域（表1）。

这 20 个分类号中，中国文学相关的占了 13 个，图书总量达到 55 106 种，不包括"总论"类中的中国文学部分。其中，中国当代小说和中国当代散文种数最多，约占图书总种数（88 760）的四分之一。其后是各国各代各题材的文学批评与研究。

表 1　部分类别图书借阅情况

分类号	内容描述	种数	百分比/%	分类号	内容描述	种数	百分比/%
I247	中国当代小说	18 066	20.4	I242	中国古代至近代小说	1 573	1.8
I267	中国当代散文	10 046	11.3	I253	中国特写通讯报道	1 492	1.7
I207	中国各体文学批评与研究	9 062	10.2	I227	中国当代诗歌韵文	1 471	1.7
I712	美国文学作品与研究	5 128	5.8	I217	当代作品集	1 410	1.6
I206	中国文学评论和研究	4 785	5.4	I209	中国各体文学史	1 410	1.6
I561	英国文学作品与研究	3 535	4.0	I246	中国现代小说	1 193	1.3
I313	日本文学作品与研究	3 061	3.4	I266	中国现代散文	1 151	1.3
I222	中国古代至近代诗歌	2 494	2.8	I106	文学作品评论和研究	978	1.1
I565	法国文学作品与研究	2 416	2.7	I210	鲁迅及其著作研究	953	1.1
I512	俄国文学作品与研究	1 974	2.2	I516	德国文学	757	0.9

（2）不同功能性质图书的占比分析。对有借阅记录图书的功能性质进行统计，得到具有作品性质的图书 64 916 种、研究性质的图书 23 729 种、教材性质的图书 1 672 种、资料性质的图书 479 种、工具性质的图书 422 种（其中，各种性质有重复，因为一种书可能具有多种性质）。I 类被借图书绝大部分是作品性质的，占比 73.14%，但研究性质的图书数量也很可观，占比 26.73%，其他性质的图书类型很少。可见，文学类被借图书主要是用于欣赏性阅读，专业性研究次之。

（3）被借图书的出版社占比分析。对被借图书的出版社进行各项统计，数据见表 2。

表 2　各出版社图书借阅情况

项目	种数	百分比/%	项目	种数	百分比/%	项目	种数	百分比/%
人民文学	5 517	6.2	长江文艺	1 260	1.4	文化艺术	787	0.9
上海译文	2 615	2.9	百花文艺	1 156	1.3	重庆	785	0.9
作家	2 404	2.7	花城	1 139	1.3	浙江文艺	734	0.8
上海文艺	2 373	2.7	上海人民	1 098	1.2	南海	703	0.8
上海古籍	1 997	2.2	新星	960	1.1	北京十月文艺	672	0.8
译林	1 594	1.8	华东师大	952	1.1	湖南文艺	666	0.8
中国社科	1 535	1.7	广西师大	910	1.0	上海三联	653	0.7
江苏文艺	1 494	1.7	三联书店	904	1.0	漓江	653	0.7
中华书局	1 430	1.6	中国青年	822	0.9	春风文艺	645	0.7
北京大学	1 261	1.4	湖南人民	801	0.9	参考总数	88 760	43.2

人民文学出版社被借图书种数高居榜首，其后是上海译文、作家等专业性文艺类出版社，综合性研究类出版社如中国社会科学、北京大学与古籍类出版社如中华书局、上海古

籍种数也比较多。

4.2 纸电配合情况

统计与有借阅记录 I 类 88 760 纸质书相匹配的电子书，得到 A 类图书 12 272 种，B 类 8 647 种，分别占 I 类有借阅总种数的 13.8% 与 9.7%。A、B 两类共同匹配 20 132 种（其中，重复匹配 1 575 种），在有借阅图书中占比 23%。统计与年均借阅 4.5 次以上的高借阅纸质书（13 159 种）相匹配的电子书，得到 A 类图书 1 579 种，B 类 1 272 种，分别占 I 类有借阅总种数的 11.9% 与 9.7%。A、B 两类联合匹配电子书 2 753 种（其中，重复匹配 198 种），在所有文学类高借阅图书中占比 20.9%，匹配比例更低。

（1）馆配包库电子书目（A 类）数据。将高借阅纸质书目与以数据库形式提供的电子书书目（A 类）进行匹配，将排位较为靠前的分类号下图书的情况列于表 3。

表 3　部分分类号高借阅纸质书与包库电子书匹配的情况

分类号	内容描述	纸质书种数	匹配种数	匹配比/%	分类号	内容描述	纸质书种数	匹配种数	匹配比/%
I247	中国当代小说	2 880	340	11.8	I565	法国文学作品与研究	540	56	10.4
I267	中国当代散文	1 383	169	12.2	I206	中国文学评论和研究	470	78	16.6
I313	日本文学作品与研究	999	71	7.1	I246	中国现代小说	322	47	14.6
I207	中国各体文学批评与研究	926	143	15.4	I222	中国古代至近代诗歌	312	39	12.5
I561	英国文学作品与研究	924	90	9.7	I242	中国古代至近代小说	302	24	7.9
I712	美国文学作品与研究	813	65	8.0	I217	中国当代文学作品集	267	30	11.2

由表 3 可知，包库电子书对高借阅纸质书的满足率，只有 I206、I207 类高一点，且都属于研究性图书。统计匹配电子书书目下出版社的情况，将种类较多的出版社列于表 4。

表 4　部分出版社高借阅纸质书、包库电子书匹配的情况

出版社	纸质书种数	匹配种数	匹配比/%	出版社	纸质书种数	匹配种数	匹配比/%
人民文学	1 188	121	10.2	新星	235	6	2.6
上海译文	834	30	3.6	华东师范大学	223	22	9.9
作家	493	28	5.7	广西师范大学	202	29	14.4
上海文艺	313	30	9.6	三联书店	245	21	8.6
上海古籍	332	10	3.0	中国青年	92	6	6.5
译林	506	17	3.4	文化艺术	125	16	12.8
中国社会科学	137	2	1.5	重庆	145	15	10.3
江苏文艺	326	62	19.0	浙江文艺	127	13	10.2
中华书局	302	15	5.0	南海	254	23	9.1
北京大学	282	86	30.5	北京十月文艺	204	29	14.2
长江文艺	353	18	5.1	湖南文艺	129	25	19.4
花城	178	44	24.7	上海三联	140	12	8.6
上海人民	197	26	13.2	漓江	107	17	15.9

高借阅文学类图书里，包库书满足率最高的是北京大学出版社，最低的是中国社会科学出版社和新星出版社。

对所匹配电子书进行功能统计，发现作品性图书10 318种，匹配电子书1 107种，匹配比为10.7%；研究性图书2 841种，匹配电子书473种，匹配比为16.6%。可见包库电子书中，研究性文献的满足比例高于作品性。

（2）馆配单种电子书书目（B类）数据。将单种馆配（B类）方式提供的电子书书目与高借阅纸质书书目进行匹配，将排位较为靠前的分类号下图书匹配的情况列于表5（本表与表7各类"纸质书数量"信息同表3数据，从略）。

表5 部分类别高借阅纸质书与单种馆配电子书匹配的情况

类别号	内容描述	匹配种数	匹配比/%	类别号	内容描述	匹配种数	匹配比/%
I247	中国当代小说	331	11.5	I565	法国文学作品与研究	49	9.1
I267	中国当代散文	158	11.4	I206	中国文学评论和研究	41	8.7
I313	日本文学作品与研究	81	8.1	I246	中国现代小说	20	6.2
I207	中国各体文学批评与研究	90	9.7	I222	中国古代至近代诗歌	41	13.1
I561	英国文学作品与研究	102	11.0	I242	中国古代至近代小说	26	8.6
I712	美国文学作品与研究	66	8.1	I217	中国当代文学作品集	20	7.5

与包库电子书的满足情况相比，单种馆配平台研究性电子书满足比例较低，如I207下B类电子书供给比例（9.7%）低于A类（15.4%），I206下B类电子书供给比例（8.7%）低于A类（16.6%）。两种电子书作品性、纸电满足比例则大致持平。

统计电子书书目下出版社的情况，将书目较多的出版社列于表6（本表与下文表8各社"纸质书数量"信息同表4，从略）。

表6 部分出版社高借阅纸质书与单种馆配电子书匹配的情况

出版社	匹配种数	匹配比/%	出版社	匹配种数	匹配比/%
人民文学	73	6.1	新星	34	14.5
上海译文	50	6.0	华东师范大学	30	13.5
作家	69	14.0	广西师范大学	（不详）	2.0
上海文艺	17	5.4	三联书店	（不详）	3.3
上海古籍	31	9.3	中国青年	11	12.0
译林	59	11.7	文化艺术	13	10.4
中国社会科学	26	19.0	重庆	26	17.9
江苏文艺	32	9.8	浙江文艺	22	17.3
中华书局	46	15.2	南海	12	4.7
北京大学	20	7.1	北京十月文艺	（不详）	2.0
长江文艺	48	13.6	湖南文艺	30	23.3
花城	15	8.4	上海三联	18	12.9
上海人民	19	9.6	漓江	（不详）	0.9

对比表 4 和表 6，发现两种发售方式提供的电子书数量参差不齐。从出版社数量来看，A 类方式供应电子书种数多于 B 类的出版社有 12 个，B 类种数多于 A 类的有 14 个，大致持平。人民文学、上海文艺、江苏文艺、南海、北京十月文艺等文艺类出版社目前都是 A 类图书多于 B 类；上海古籍、中华书局、中国社会科学等其他类型出版社是 B 类多于 A 类。前几类出版社多是中外文文学作品，尤其以现当代文学作品居多。

对匹配图书的功能进行分类统计，发现作品性图书 10 318 种，单种馆配电子书平台匹配 978 种，匹配比为 9.5%；研究性图书 2 841 种，匹配 294 种，匹配比 10.3%。可见单种馆配电子书中，研究性文献满足率仍稍高于作品性，但低于包库电子书研究性图书的满足比例（16.6%）。

（3）馆配包库电子书书目和馆配单种电子书（A、B）两类数据。将两种馆配书目进行去重汇总，得到馆配电子书联合目录，先列出分类号情况，如表 7 所示。

表 7 两种馆配平台电子书联合目录部分类别号

类别号	内容描述	匹配种数	匹配比/%	类别号	内容描述	匹配种数	匹配比/%
I247	中国当代小说	647	22.5	I565	法国文学作品与研究	97	18.0
I267	中国当代散文	314	22.7	I206	中国文学评论和研究	113	24.0
I313	日本文学作品与研究	125	12.5	I246	中国现代小说	66	20.5
I207	中国各体文学批评与研究	237	25.6	I222	中国古代至近代诗歌	72	23.1
I561	英国文学作品与研究	185	20.0	I242	中国古代至近代小说	46	15.2
I712	美国文学作品与研究	125	15.4	I217	中国当代文学作品集	48	18.0

从表 7 所列数据可知，两种方式联合，大致能保证一至三成的高借阅电子书高于任何一种馆配方式单独保障的比例。在经费许可的情况下，可采取两种方式保障馆藏资源。

以下将联合保障情况下出版社的分布情况列于表 8。

表 8 两种馆配平台电子书联合目录部分出版社的分布情况

出版社	匹配种数	匹配比/%	出版社	匹配种数	匹配比/%
人民文学	189	15.9	新星	40	17.0
上海译文	79	9.5	华东师范大学	51	22.9
作家	93	18.9	广西师范大学	33	16.3
上海文艺	46	14.7	三联书店	27	11.0
上海古籍	38	11.4	中国青年	15	16.3
译林	76	15.0	文化艺术	27	21.6
中国社会科学	28	20.4	重庆	38	26.2
江苏文艺	90	27.6	浙江文艺	34	26.8
中华书局	61	20.2	南海	35	13.8
北京大学	97	34.4	北京十月文艺	33	16.2
长江文艺	64	18.1	湖南文艺	54	41.9
花城	58	32.6	上海三联	30	21.4
上海人民	44	22.3	漓江	17	15.9

从表 8 可以看出，人民文学、上海译文两家权威文艺类出版社电子书的总体匹配不高，二线出版社如湖南文艺、江苏文艺比例较高，研究型出版社如北京大学出版社电子书比例也较高。

对联合目录中电子书功能进行统计，发现作品性图书 10 318 种，匹配电子书 2 026 种，匹配比为 19.6%；研究性图书 2 841 种，匹配电子书 709 种，匹配比为 25.7%，研究性电子书匹配率仍然高于作品性图书。

4.3 图书外借时段

通过上文数据可知，有借阅数据的文学类纸质书通过两种馆配渠道，可以得到 10%～30% 的电子书。但这个比例是笼统的，需要加上时间维度，才能了解读者需要图书的时段特征及各类平台可供电子书的供应时效。

（1）最近借阅图书时段分布。整理 2018 年 1 月 1 日输出的 2016—2017 年有借阅记录的文学类书目记录。将图书出版时间分为 1949 年及以前、1950—1979 年、1980—1989 年、1990—1999 年、2000—2009 年、2010—2017 年 6 个时段，发现最近两年被借图书各时段出版种数分别为 1、19、41、33、201、8 158，可见，当前使用的文学类图书大多为 2010—2017 年出版的作品。进一步统计 2010—2017 年各年度出版的有借阅记录文学类图书种数，得到的借阅数量分别为 81 次、100 次、105 次、225 次、1 762 次、2 331 次、2 254 次、1 300 次，可见近 4 年出版图书的借阅种数最多。

对 2010—2017 年年均借阅 4.5 次以上的纸质书种数进行统计，发现其数量分别为 23 种、22 种、17 种、30 种、385 种、522 种、613 种、609 种。用两种馆配方式进行联合匹配，发现各年度电子书的匹配种数分别为 3、1、5、10、100、88、34、21。所匹配的电子书中，A 类平台提供的电子书很少，只有 2013—2015 年的 9 种（1、5、3）。B 类供书种数分别为 3、1、5、10、98、88、34、21，匹配比分别为 13.0%、4.5%、29.4%、33.3%、25.5%、16.9%、5.5%、3.4%。

（2）借阅图书总体时段情况。对 13 159 种高借阅文学类纸质书、电子书的匹配种数进行统计，将 1950 年至今的分布情况列于表 9。从表 9 中可以看出，在高借阅纸质书中，2000 年后出版的比例较大。2010 年以后单种馆配平台匹配比较高，之前的匹配比均低于包库平台。两者各有长处，配合使用，可以保障五分之一左右的高借阅纸质书。

表 9 高借阅纸质书、电子书的保障情况

出版时段	纸质书种数	A、B 类图书种数	A、B 类图书占比/%	包库平台匹配种数	匹配比/%	单种馆配平台匹配种数	匹配比/%
1950—1979 年	258	37	14.3	20	7.8	18	7.0
1980—1989 年	941	136	14.5	107	11.4	31	3.3
1990—1999 年	1 098	236	21.5	203	18.5	37	3.4
2000—2009 年	5 799	1 416	24.4	1 001	17.3	486	8.4
2010—2017 年	5 051	926	18.3	251	5.0	700	13.9

对 2000 年以来文学类高借阅电子书的匹配种数与匹配比进一步做年度统计，数据见表 10。

表 10　近年高借阅文学类电子书配比数据

年份	纸质书数量/种	A、B类图书数量/种	A、B类图书百分比/%	包库平台匹配种数	匹配比/%	单种馆配平台匹配种数	匹配比/%
2000	186	44	23.7	35	18.8		4.8
2001	203	56	27.6	45	22.2	11	5.4
...							
2010	887	126	14.2	46	5.2	84	9.5
2011	805	145	18.0	45	5.6	101	12.5
2012	633	116	18.3	14	2.2	107	16.9
2013	1 020	253	24.8	25	2.5	237	23.2
2014	1 134	260	22.9	26	2.3	252	22.2
2015	767	135	17.6		0.7	133	17.3
2016	742	47	6.3		0	47	6.3
2017	706	21	3.0		0	21	3.0

可以看出，2009年之后，单种馆配平台高借阅电子书匹配种数开始超过包库平台，2012年以后，包库平台高借阅电子书已经很少。但最近两年，即使是单种发售平台，电子书数量也很少，不能满足读者需要。作为最近几年电子书的主要保障手段，单种馆配电子书要到纸质书出版后的第4年才能满足高借阅文学类纸质书的五分之一。

5　存在问题及其解决方向

笔者先后3次登录华东师范大学图书馆管理系统，整理出近6年的I类图书年均借阅4.5次以上的种数与同时段文学类图书种数，数据见表11。

表 11　文学类图书近6年内高借阅图书与入藏数量

登录日期	比较类目	入藏时段					
		1	2	3	4	5	6
2018.2.26	a	9 587	21 590	12 224	12 832	10 977	11 346
	b	784	715	965	1 162	871	477
	c/%	8.2	3.3	7.9	9.1	7.9	4.2
2017.2.8	a	8 900	8 663	12 116	9 980	9 986	10 015
	b	684	1 206	1 584	975	611	526
	c/%	7.7	13.9	13.1	9.8	6.1	5.3
2016.1.18	a	8 663	12 112	9 984	9 673	10 244	7 495
	b	972	579	324	242	336	454
	c/%	11.2	4.8	3.2	2.5	3.3	6.1

注：a代表文学类图书入藏种数；b代表年均借阅4.5次以上的文学类图书种数；c代表b值在a值中的百分比；入藏时段下的数字代表图书入藏年序。

（1）由表11可知，年借阅4.5次以上的文学类图书在所有图书中的比重不会超过15%。笔者曾对国内单种馆配平台可供电子书进行检索发现，一年内基本无法得到纸质书的电子书，部分出版社第2~4年内可能会渐次发售电子书，建议学术馆采取以单纸本为基础的馆藏政策，图书首次出版购买一本纸质书，后续根据馆藏使用情况和电子书供应进展订购电子书或另添复本。采访员需要对高借阅纸质书的出版社、作者特征进行有针对性的采访。对文学类作品而言，15%左右的图书在入藏的第1年可能就会有较高的借阅量，需要较多复本，且还需要对图书的年代特征进行分析。

（2）中国古代文学图书的电子书比较容易解决。

表7数据显示两个古代文学分类号I222（中国古代至近代诗歌）、I242（中国古代至近代小说）各有高借阅图书312种、302种，合起来数量仅占高借阅总数（13 159）的4.66%。古典文学作品整理比较慢，增幅不大。现有较多古籍平台能够提供电子书，支持文献的检索、阅读和编辑。迪志公司的四库全书、书同文的四部丛刊、爱如生的中国基本古籍数据库、时代瀚堂的瀚堂典藏、翰海博雅的鼎秀古籍库等平台收录了较多的古代文学作品资料。中华书局《中华经典古籍库》"古典文学基本丛书"系列也涵盖了很大部分。这些数据库能解决古代文学电子书的很大问题。

（3）中国现代文学作品情况分两类：作者于1967年之前去世的，到现在作品已进入公共版权领域，各种非权威出版社电子书多有问世，各大电子书平台也有公版书供免费阅读；1967年之后去世作家的作品，公版免费电子书不多，但若是经典作品，图书经过多次再版，图书馆采取多复本政策，纸质书有复本在藏，一般性阅读问题也不大。

（4）难以解决的情况出现在外国文学和当代文学。2000年后，特别是2013年后的图书，电子书比纸质书有一定程度的滞后期，通过两种馆配渠道都难以得到小时滞的电子书。若购置较多复本，又会对馆藏空间产生很大压力。这是文学类图书纸电配合问题最主要的部分，也是当前电子书馆配业务的最大症结。表10中2016年、2017年高借阅电子书只能匹配到6.3%和3.0%，需要考察其他渠道。

限于时间与精力，笔者采取抽样方式，选择3家主流非馆配电子书发售平台（当当、京东、亚马逊），对2018年1月1日导出书目中年借阅次数在27次以上的398种特高借阅品种信息进行检索（时间：2018年2月17—20日）。采取两种匹配办法：其一是模糊匹配，主要是题名、主要责任者匹配；其二是精确匹配，要求题名、主要责任者、出版机构都能匹配。以精确匹配计，3家非馆配电子书平台分别能保障100种、73种、128种电子书（品种有重复），归并去重得到157种电子书。将馆配、非馆配平台匹配品种一起归并去重，得到191种，在特高借阅纸质书中占49.1%。以模糊匹配算，非馆配平台匹配数量分别为199种、172种、211种，共匹配246种，其中涵盖了两种馆配平台28种的10种。将馆配、非馆配平台匹配品种合并计算，共得到特高借阅文学类图书256种，占65.8%，效果明显加强。从非馆配电子书商中挑选1家有明确上架日期的平台，针对其中模糊匹配的电子书，将上述日期减去出版日期（出版日期未精确到日的，均以每月1日为准），得出电子书上架时滞。对该平台211种图书按时段排列，结果如表12所示。

表 12　对某平台 211 种图书按时段排列

时段	可供种数	同步种数	同步率/%	滞后种数	滞后电子书平均时滞/天
2009 年前	30	4	13.3	26	3 181
2010—2012 年	44	3	6.8	41	942
2013 年	22	3	13.6	19	467
2014 年	38	11	28.9	27	364
2015 年	35	24	68.6	11	458
2016 年	24	7	29.2	17	256
2017 年	18	14	77.8	(不详)	(不详)

由表 12 可知，2009 年以后，特高借阅品种非馆配可供电子书的种数总体上逐年增长。2012 年前可供总数为 74 种，2013—2015 年上升到 95 种。但近两年内热门电子书种数不足，2016—2017 年仅有 42 种。近 5 年可供电子书的同步率均高于 2012 年前。同时，滞后发售电子书的平均时滞逐步下降，电子书平均时滞不到 40 天。

样本数字显示，非馆配平台文学类电子书的可供比例与时效情况高于馆配平台。在这种情况下，图书馆和馆配供应商都应该考虑如何利用非馆配平台配合纸质书，以避免用户流失，对读者的吸引力进一步减弱。

（5）本文以文学类纸本书借阅数据为重点，通过与电子书目的比对和统计，分析了当前文学类图书馆纸质书的使用趋势，对当前纸电配合形势进行了描述。当前，研究性文学类电子书比作品性的容易获得，出版时间较长的电子书包库平台供应比例较大，近几年出版图书则主要以单种发售方式较多，但纸质书发售的一两年之内，电子书很难获得，尤其是权威文艺出版社的图书更不容易得到。文献资源建设可以利用已有电子资源进行一些纸电配合的工作。图书首次可采取单纸质书政策，后续可先考虑打包购进电子书，以保证拥有电子古籍或 2000 年前的电子书，然后考虑单种馆配电子书平台。对借阅量较大的图书，非馆配电子书平台上时滞较小，如果有适当的合作方式便于管理，则可以作为电子书的有益补充。

文学类图书是高校和公共馆都需要的图书种类，本文数据所反映的情况具有典型性。当然，文学类图书所涉及的问题很多，如经典作品纸质书的再版和重印情况比较突出，时隔 3～5 年会重印或再版，这对纸电配合工作有何影响，限于篇幅，本文无法一一考察，今后有待进一步细致讨论。

参考文献

[1] 国家新闻出版广电总局. 全国新闻出版业基本情况（2013，2014，2015，2016）[EB/OL].［2018－03－08］. http://www.sapprft.gov.cn/sapprft/govpublic/6677/1633.shtml.

[2] Lewellen R，et al. EBL e-book use compared to the use of equivalent print books and other resources: A university of Massachusetts AmherstMINES for libraries case study [J]. Performance Measurement & Metrics，2016，17（2）: 150－164.

［3］Kohn. Worth the wait? Using past patterns to determine wait periods for e-books released after print ［J］. College & Research Libraries，2018，79（1）：35 – 51.

［4］Fry. Factors affecting the use of print and electronic books：a use study and discussion ［J］. College & Research Libraries，2018，79（1）：68 – 85.

［5］Moulaison S H，et al. Intersectionality in LGBT fiction：a comparison of a traditional library vendor and a nontraditional e-book platform ［J］. Journal of Documentation，2017，73（3）：432 – 450.

［6］许继新，吴志荣. 社会科学类中文电子图书数据库馆藏学术性书目对比分析［J］. 图书情报工作，2013（11）：69 – 72.

［7］顾洁. 馆配电子书创新服务体系研究——以畅想之星馆配电子书为例［J］. 山东图书馆学刊，2016（3）：46 – 48，103.

［8］郑琪. 基于读者荐购策略（PDA）的云服务平台架构研究——以"芸台购"云服务平台为例［J］. 图书馆学研究，2016（23）：27 – 37，91.

［9］仲明. 面向图书馆的电子书服务模式与服务平台研究［J］. 新世纪图书馆，2017（7）：43 – 46，85.

［10］肖婷，张军. 中文电子书馆配研究——基于全国 90 家出版社的问卷调查分析［J］. 图书馆学研究，2017（15）：22 – 27.

［11］刘艳武. 地方高校纸质图书与电子图书的协调采访——以湖北工程学院图书馆为例［J］. 内蒙古科技与经济，2017（14）：143 – 144，146.

［12］张建民. 中文电子书馆配市场发展探析［J］. 出版广角，2016（15）：35 – 37.

［13］职珂珂，刘华. 同题名电子书与纸质书借阅比较研究——以上海大学图书馆 H 类、I 类为例［J］. 图书馆建设，2017（6）：46 – 52.

［14］任志茜，解慧. 2018 馆配市场：憧憬与期待［N］. 中国出版传媒商报，2018 – 01 – 02（010）.

［15］教育部发展规划司. 关于做好 2017 年教育事业统计工作的补充通知（教发司〔2017〕261 号）［EB/OL］.［2017 – 10 – 05］. http://share1.chaoxing.com/share/note/77cb5077 – 9b2c – 4edb – 95b2 – e96ad2522bab/note_detail?apptag=1000&sharebacktype=3&appScheme=chaoxingshareback%3A%2F%2Fcid%3D77cb5077 – 9b2c – 4edb – 95b2 – e96ad2522bab%26sharebacktype%3D3&cid=77cb5077 – 9b2c – 4edb – 95b2 – e96ad2522bab.

［16］任志茜，郑杨. 全国馆配数字联盟成立，意在撬动中文电子书馆配［N］. 中国出版传媒商报，2017 – 09 – 29（014）.

［17］王瑞存. 图书馆数字出版转型困境及前景展望［J］. 出版广角，2017（12）：35 – 37.

［18］秦俭. 大学图书馆文献资源建设数字化趋势与出版社的应对［J］. 出版发行研究，2015（9）：92 – 94.

［19］段昌华，张敏. 高校用户驱动纸电一体化馆藏建设探讨［J］. 当代图书馆，2017（4）：70 – 75.

［20］段双喜. 高校中文电子书馆配形势与纸电配合策略［J］. 中国图书馆学报，2018（1）：109 – 122.

[21] 段双喜. 图书"纸电同步发行"趋势下的采购策略研究——基于华东师范大学图书馆利用数据的分析 [J]. 图书馆杂志，2017（11）：56-61.

〔作者简介〕段双喜（1974—），男，博士，华东师范大学图书馆副研究馆员，研究方向为文献资源建设。

（收稿时间：2018 年 3 月；责任编辑：杨蕾）

（十五）同题比较：高校图书馆电子书与纸质书[①]

职珂珂[1]　刘　华[2]

（1. 上海大学图书情报档案系　上海　200444；2. 上海大学图书馆　上海　200444）

[摘要] 本文通过研究上海大学图书馆馆藏与超星电子书在语言、文字类（H类）和文学类（I类）的2 869条同题利用情况，试图确定超星电子书是否符合用户需求、能否代替纸质书，用户是否看重旧"经典"、是否存在阅读偏好。调查数据结果表明，超星电子书是符合上海大学用户群需求的重要资源，用户看重旧经典，当两种格式同时可得时，用户更倾向纸质书，且纸质书和电子书复合型馆藏应共存以满足用户信息需求。

[关键词] 电子书　纸质书　复合型馆藏　文献资源建设

引言

超星电子书是目前最大的中文数字图书库，涵盖了各大学科门类，上海大学图书馆已购买了154万册图书，但缺乏对超星电子书的深入研究以及与纸质书的同题利用研究。为此，特提取上海大学相对有研究价值且具有代表性的语言、文字类（H类）和文学类（I类）纸质书数据及超星电子书数据，进而对图书馆此类藏书利用率、电子书利用率以及两种格式在特定时间段内同题图书的利用率进行研究。这项研究主要确定以下几个问题：超星电子书是否是一种重要资源；超星电子书的《中图法》子类是否支持上海大学用户群体；用户是否看重旧的"经典"标题；上海大学用户群体是否存在阅读格式偏好；超星电子书能否代替上海大学图书馆的纸质书。

1　背景

国内对于电子书与纸质书的对比研究少之又少，针对特定数据库与馆藏图书的同一标题利用情况的研究则微乎其微。缪融曾在2006年发表的《高校图书馆中印刷图书和电子图书的流通分析》一文中，介绍过美国杜克大学相同题名电子书与纸质书的流通数据统计评估的新型研究方式。历经10年左右，国内目前几乎没有学者运用这种研究方法对电子书和纸质书进行量化研究评估，他们大多偏向理论性研究。而国外恰恰相反，对于同题电子书与纸质书的评估研究数不胜数。在医学和科学同题研究方面，Morgan在2010年对加拿大一所健康科学图书馆的3个电子书数据库与其同题馆藏进行了调查研究，每个电子书数据库选取将近40个标题与其同题馆藏利用率作对比；Kimball等人在2010年对得克萨斯A&M

[①] 职珂珂，刘华. 同题名电子书与纸质书借阅比较研究——以上海大学图书馆H类、I类为例 [J]. 图书馆建设，2017（06）：46－52.

大学图书馆十大电子图书馆、网络图书馆、Safari 数据库和其同题馆藏进行了研究；Taylor 在 2013 年选择 McGraw-Hill，MD Consult，和 Stat！Ref 3 个电子书资源平台与其同题纸质书进行了对比，洞察了用户使用趋势，揭示了电子书的扩散与纸质书使用间的对抗对于馆藏发展的潜在影响。在社会学或心理学方面，Fernandez 在 2003 年对北卡罗来纳大学教堂山分校图书馆的纸质书与电子书利用率进行了比较；Carter Williams 等人在 2006 年对蒙哥马利奥本大学图书馆的政治学、公共管理和法律领域进行了电子书与纸质书的对比分析；Slater 在 2009 年对奥克兰大学纸质书和电子书同时可获得的几百本书进行了跟踪研究；2014 年，Goodwin 对 2011—2013 年人文社科领域的纸质书与来自 e-DSC 的同题电子书进行了对比研究。在包括心理学的同题比较研究上，2004 年，Littman 等人对在杜克大学图书馆可以同时获取的 7 880 本纸质书和电子书标题利用情况进行了分析；2005 年，Christianson 和 Aucoin 对路易斯安那州立大学图书馆超过 2 852 本纸质书和电子书的等效标题进行了研究。

国外实证研究是最基本的研究手段，国内则鲜有开展。目前国外对于纸质书与电子书对比评估方式较新颖的做法是对某专业型数据库与馆藏进行同题比较。正如 Diana Ramirez 和 Simona Tabacaru 提到的，很少有学者对某特定领域的专业电子书与馆藏图书进行同题比较研究，例如医学和科学。

2 调查方法

根据上海大学图书馆馆藏及往年图书利用情况确定语言、文字类（H 类）和文学类（I 类）为研究领域。由上海大学图书馆 IT 专业人员和超星集团专业技术人员分别调取系统中该研究领域的纸质书流通数据和电子书下载数据。采集信息内容包括标题、作者、出版年份、出版社、国际标准书号、索书号、流通数或下载数等。为实现同题研究，首先以标题为条件，将上海大学实体馆藏标题与超星电子书标题匹配，获取共同标题 10 980 条。然后，排除 2 条年份不明的数据、256 条无 ISBN 号的标题、7 835 条二者标题相同但年份不同的数据，横向对比二者数据之后筛选出 2 887 条标题。最后纵向删除重复项 18 条，最终同题数据为 2 869 条。重复性指标为 ISBN、题名、作者、年份、出版社，五项一致则认定为重复，对重复标题的相应流通或下载数据进行累计。

通过烦琐的数据处理过程，既避免了可能会误删由于 ISBN 作为唯一筛选标准出现 ISBN 相同而题名不同的数据的情况，又防止了多余无效数据对研究结果产生影响，保证了保留数据的唯一性——标题唯一，同一标题不同作者或不同版次被认为是不同数据；产生精确且完整的纸质书和电子书共同标题 2 869 条，并提取出其相应信息。这项研究从出版年份和主题领域两个维度，对 2 869 条纸质书数据和电子书数据进行统计分析，试图解释用户是否看重"旧"经典及超星电子书是否符合用户需求等问题。纸质书数据为 2014—2015 年的，而超星电子书数据则是 2010—2015 年共 6 年的数据。通过研究在同一时间段内在规定研究领域的纸质书与电子书的同题利用问题，可求证用户是否存在格式偏好及超星电子书能否代替纸质书。时间规定在 2014—2015 年，筛选出电子书最新下载时间为此区间的数据 730 条，由于电子书下载量为 6 年累计数据，因此将下载量的 1/3 作为标准下载数据，同时匹配出与之相对应的等效标题纸质书数据。

3 结果与讨论

3.1 纸质书出版年份利用率

纸质书流通数据覆盖 2014—2015 年，通过分析与超星电子书数据完全匹配的 2 869 条纸质书流通数据可知，1 210 条单一纸质书标题至少流通 1 次，占 42%；629 条纸质书标题流通 3 次及以上，占总调查数据的 22%。超过一半的纸质书标题从未流通，共计 1 659 条，占 58%，其中 I 类未流通量大于 H 类。从表1、表 2 中可看出，其中 H 类 449 条单一纸质书标题至少流通 1 次，占 57%；I 类 761 条单一纸质书标题至少流通 1 次，占 36%。2 869 条经过流通的标题共流通 5 791 次，平均每个标题流通 2 次，H 类超出平均次数，I 类则低于平均水平。出版日期在 2001—2012 年的标题拥有最高流通率，语言、文字类（H 类）在此阶段的流通率为 65%，平均每个标题流通 3.8 次，高于 H 类的总体平均流通量；文学类（I 类）此阶段流通率为 52%，平均每个标题流通 2.2 次，远远高于 I 类总体平均流通量。

表 1 H 类纸质书流通数据分析

	项目	总标题量/条	单一标题流通量/次	单一标题流通率/%	总流通量/次	单一标题平均流通量/次
出版年份	1951—1960	2	0	0	0	0
	1961—1970	2	0	0	0	0
	1971—1980	15	2	13	4	0.3
	1981—1990	57	10	18	27	0.5
	1991—2000	40	8	20	22	0.6
	2001—2012	665	429	65	2 506	3.8
	总计	781	449	57	2 559	3.3

表 2 I 类纸质书流通数据分析

	项目	总标题量/条	单一标题流通量/次	单一标题流通率/%	总流通量/次	单一标题平均流通量/次
出版年份	1931—1940	1	0	0	0	0
	1941—1950	0	0	0	0	0
	1951—1960	25	4	16	7	0.3
	1961—1970	17	4	24	16	0.9
	1971—1980	57	3	5	108	1.9
	1981—1990	452	55	12	172	0.4
	1991—2000	298	47	16	153	0.5
	2001—2012	1 238	648	52	2 776	2.2
	总计	2 088	761	36	3 232	1.5

对于 2000 年及之前出版的图书,语言、文字类(H 类)在此阶段单一标题流通率为 17%,此阶段单一标题流通量仅占单一标题总流通量的 4%;文学类(I 类)在此阶段单一标题流通率为 13%,此阶段单一标题流通量仅占单一标题总流通量的 15%。一方面 2000 年及之前出版的图书单一标题流通量占本阶段总标题量的比例甚低;另一方面该阶段的图书单一标题流通量占单一标题总流通量比例也相当低。另外,语言、文字类(H 类)总标题量不及文学类(I 类)总标题量的一半,单一标题流通率却超出文学类(I 类),平均每个标题的流通量是 I 类的 2 倍有余,说明上海大学用户群体对于文学类(I 类)纸质书利用率不高,然而对于语言、文字类(H 类)图书更倾向于图书品相高的,破旧、折痕、涂画、磨损等状况的 H 类图书很少有利用。据此可以看出,上海大学用户群体对于语言、文字类和文学类年代比较久远的甚至大部分已经绝版的旧"经典"纸质书利用率并不高。而对于使用率较少的纸质书,正如 O'Neill 等人所言,至少应保留至可获得电子书。

3.2 纸质书主题领域利用率

上述 2 869 条图书标题被分为 84 个《中图法》子类,其中 H 类 37 个子类,I 类 47 个子类。通过统计分析各个子类,分别提取 H 类和 I 类总标题量排名前 11 和前 10 的子类,此 21 个子类代表了所有调查对象的 81%,单一标题流通量占单一标题总流通量的 84%,总流通量占所有调查对象总流通量的 83%。数据显示,H 类总标题量排名前 11 位的子类代表了被调查的 H 类标题的 82%,87%的单一标题被使用;I 类总标题量排名前 10 的子类代表了被调查的 I 类标题的 81%,82%的单一标题被使用。此结论同属于纸质书和电子书。H 类总标题量排名前 10 的纸质书总流通量占 H 类纸质书总流通量的 90%,剩下的 27 个子类仅占纸质书10%的流通量;I 类总标题量排名前 10 的纸质书总流通量占 I 类纸质书总流通量的 77%,剩下的 37 个子类仅占纸质书 23%的流通量。

21 个子类分别代表了英语(H31)、语法(H14)、德语(H33)、法语(H32)、日语(H36)、文字学(H12)、语义/词汇/词义(训诂学)(H13)、方言(H17)、写作学与修辞学(H05)、写作/修辞(H15)、汉语教学(H19)、文学评论和研究(I206)、各体文学评论和研究(I207)、小说(I24)、散文(I26)、诗歌/韵文(I22)、作品集(I21)、西欧文学(I56)、报告文学(I25)、北美洲文学(I71)、东欧/中欧文学(I51)。这些子类的相关图书之所以利用率相当高,是由于上海大学有相关的学院设置、开设有相关专业,涉及相关学科领域。值得注意的是,I206、I207 直属 I2 类,因此将其设为两个子类。其中德语类、日语类、写作学与修辞学类纸质书单一标题利用率排名前 3,而纸质书每个标题的平均流通量则是写作学与修辞学类、法语类、英语类、德语类依次较高。文字学类纸质书图书总标题数并不少,单一标题流通率和单一标题平均流通量为数却最少。I 类北美洲文学的单一标题利用率位列第一、西欧文学第二,平均每个标题的流通量排位与之对应。通过深入分析北美洲文学(I71)和西欧文学(I56)可知,北美洲文学中,绝大多数为美国文学类图书;西欧文学中,主要为英国文学类图书,其次为法国文学类。

H 类和 I 类纸质书的主题领域利用率见表 3 和表 4。

表3 H类纸质书的主题领域利用率

项目		总标题数/条	单一标题下载量/次	单一标题下载率/%	总下载量/次	单一标题平均下载数量/次
出版年份	1951—1960	2	2	100	3	1.5
	1961—1970	2	2	100	3	1.5
	1971—1980	15	15	100	46	3.1
	1981—1990	57	57	100	215	3.8
	1991—2000	40	40	100	119	3.0
	2001—2012	665	665	100	2 593	3.9
合计		781	781	100	2 979	3.8

表4 I类纸质书的主题领域利用率

项目		总标题数/条	单一标题下载量/次	单一标题下载率/%	总下载量/次	单一标题平均下载数量/次
出版年份	1931—1940	1	1	100	1	1.0
	1941—1950	0	0	0	0	0
	1951—1960	25	25	100	96	3.8
	1961—1970	17	17	100	70	4.1
	1971—1980	57	57	100	180	3.2
	1981—1990	452	452	100	1 449	3.2
	1991—2000	298	298	100	957	3.2
	2001—2012	1 238	1 238	100	4 088	3.3
合计		2 088	2 088	100	6 838	3.3

3.3 电子书主题领域利用率

从表5和表6中可看出，法语、方言、德语、写作学与修辞学电子书的平均每个标题的流通量相对较高。综合纸质书主题利用情况分析，德语（H33）、法语（H32）、写作学与修辞学（H05）3个H子类和北美洲文学（I71）、西欧文学（I56）两个I子类在两种格式的平均流通量中都有较高利用率，说明相关书籍的两种图书格式都支持上海大学用户群体的信息需求。总标题最多的英语类（H31）电子书，其平均下载率并不是最高。相较于H类电子书，I类排名前10的电子书平均下载量在3次上下有微小波动，相对均匀。由此可看出，国外相关书籍拥有量及使用率相对较高。由于"一带一路"的提出，中外互动合作加强，更凸显国际化。随着国际交流的提升，上海大学国际交流项目增多，且设置有国际交流学院，与国外联系紧密，越来越多的用户群体对国外文化感兴趣。

表5　H类电子书主题领域利用率

项目	总标题数/条	单一标题下载量/次	单一标题下载率/%	总下载量/次	单一标准平均下载数量/次
H31	370	370	100	1 358	3.7
H14	49	49	100	156	3.2
H33	34	34	100	177	5.2
H32	31	31	100	228	7.4
H36	30	30	100	93	3.1
H12	25	25	100	78	3.1
H13	23	23	100	74	3.2
H17	20	20	100	106	5.3
H05	19	19	100	97	5.1
H15	18	18	100	58	3.2
H19	18	18	100	60	3.3

表6　I类电子书主题领域利用率

项目	总标题数/条	单一标题下载量/次	单一标题下载率/%	总下载量/次	单一标准平均下载数量/次
I206	142	142	100	483	3.4
I207	351	351	100	1 130	3.2
I24	412	412	100	1 375	3.3
I26	272	272	100	855	3.1
I22	118	118	100	394	3.3
I21	106	106	100	307	2.9
I56	89	89	100	320	3.6
I25	79	79	100	254	3.2
I71	69	69	100	216	3.1
I51	59	59	100	174	2.9

3.4　特定时间电子书和纸质书同题利用情况

由于电子书下载数据只显示最新下载时间及下载累计量，且纸质书流通数据为2014年和2015年两年的数据，因此可筛选出电子书最新下载时间与纸质书时间段相同的电子书相关数据730条，利用下载量的1/3作为2014年和2015年的电子书下载量，同时在2 869条纸质书标题中匹配出与电子书筛选后的730条标题相对应的数据，对比分析2014—2015年纸质书和电子书两种格式重复利用情况。从表7可知，在2 869条标题中，有730条标题在2014—2015年两个格式都有利用，纸质书流通量是电子书下载量的5倍有余。其中H类315条，I类415条。在电子书格式中，315条H类标题下载了438次，平均每个标题下载1.4次，415条I类标题下载了423次，平均每个标题下载1.0次；纸质书格式中，315条H类标题流通了2 299次，平均每个标题流通7.3次，415条I类标题流通了2 392次，平均每个标题流通5.8次。由此可以看出，在特定时间段内，对于H类、I类的纸质书和电子书两种格式同时存在的同一标题，无论哪种格式都有特定的利用率，且纸质书平均每个标题利用率远远高于电子书的利用率，说明此二类相关的电子书对纸质书是一个冲击，但这对于上海大学用户群体来说，无疑是增添了一种阅读渠道，电子书取代纸质书的说法尚站不住脚。

表7 等效标题使用情况

项目	总标题量/条	电子书 总下载量/次	电子书 单一标题平均下载量/次	纸质书 总流通量/次	纸质书 单一标题平均流通量/次
H 类	315	438	1.4	2 299	7.3
I 类	415	423	1.0	2 392	5.8
总计	730	861	1.2	4 691	6.4

4 结论

由于超星电子书所代表的《中图法》子类单一标题下载率为百分之百，每个标题的下载量为 2.9~7.4，可支持上海大学的用户，因此可认为超星电子书是该用户群体的重要资源。另外，以特定时间段同等标题为标准，当纸质书和电子书同时可获得时，上海大学用户群体更倾向于纸质书，H 类、I 类两类的纸质书流通率远胜于电子书。再者，旧的"经典"图书被用户群体所重视，正如数据表明，超星电子书所有年代书籍一贯被使用，馆藏图书也有不同程度的被使用情况。结果表明，超星电子书拥有可观的阅读量，但其不能取代等效纸质书，两种格式同题利用结果明确印证了此结论。纸质书和电子书有其特定的用户，而且复合馆藏应共存以满足不同用户的信息需求。

5 问题与发展

限制之一为由于首次导出数据，纸质书流通数据和电子书下载数据无法导出每年的数据，只能导出总流通量及下载量，因而无法分析出近几年的使用趋势；限制之二为导出数据中无法具体体现用户群情况。正如 Kimball 所描述的，并没有理想的办法可用来比较纸质书与电子书的使用情况。未来研究一方面可对每年使用数据和用户群体使用数据进行进一步分析；另一方面可对国内专业型数据库与馆藏数据作同题计量分析。

参考文献

[1] 缪融. 高校图书馆中印刷图书和电子图书的流通分析[J]. 图书馆杂志，2006(03)：48-50，56.

[2] Morgan，Pamela S. The impact of the acquisition of electronic medical texts on the usage of equivalent print books in an academic medical library [J]. Evidence Based Library and

Information Practice, 2010, 5 (3): 5 – 19.

[3] Kimball, Rusty, Gary Ives, and Kathy Jackson. Comparative usage of science e – book and print collections at Texas A & M University Library [J]. Collection Management, 2010, 35 (1): 15 – 28.

[4] Taylor, Deborah M. Comparison of selected e – books and equivalent print books: have handheld portable devices increased use in three aggregated resources? [J]. Journal of Electronic Resources in Medical Libraries, 2013, 10 (1): 11 – 24.

[5] Fernandez, Michael. A usage comparison for print and electronic books at the University of North Carolina Chapel Hill [D]. University of North Carolina, 2003.

[6] Carter Williams, Karen, and Ricky Best. E – book usage and the choice outstanding academic book list: is there a correlation? [J]. Journal of Academic Librarianship, 2006, 32 (5): 474 – 478. (DOI: 10.1016/j.acalib.2006.05.007)

[7] Slater, Robert. E – books or print books, "big deals" or local selections—what gets more use? [J]. Library Collections, Acquisitions, & Technical Services, 2009, 33 (1): 31 – 41. (DOI: 10.1016/j.lcats. 2009.03.002)

[8] Goodwin, Cathy. The e – duke scholarly collection: e – book v. print [J]. Collection Building, 2014, 33 (4): 101 – 105. (DOI: 10.1108/CB – 05 – 2014 – 0024)

[9] Justin Littman, and Lynn Silipigni Connaway. A circulation analysis of print books and e – books in an academic research library [J]. Library Resources and Technical Services, 2004, 48 (4): 256 – 262.

[10] Christianson, Marilyn, and Marsha Aucoin. Electronic or print books: which are used? [J]. Library Collections, Acquisitions, & Technical Services, 2005, 29 (1): 71 – 81.

[11] Diana Ramirez & Simona Tabacaru. Evidence – based collection management: a discipline – specific usage analysis of psycbooks [J]. Collection Management, 2015, 40 (3): 163 – 184. (DOI: 10.1080/01462679.2015.1043420)

[12] O'Neill, Edward T., and Julia A. Gammon. Consortial book circulation patterns: the Oclc – OhioLINK study [J]. College & Research Libraries, 2014, 75 (6): 791 – 807. (DOI: 10.5860/crl.75.6.791)

[13] Kimball, Rusty, Gary Ives, and Kathy Jackson. Comparative usage of science e – book and print collections at Texas A & M University Library [J]. Collection Management, 2010, 35 (1): 15 – 28. (DOI: 10.1080/01462670903386182)

〔作者简介〕职珂珂，女，上海大学研究生，专业为图书馆学。刘华，女，硕士，上海大学图书馆研究馆员、副馆长，研究方向为资源建设。

（收稿时间：2017 年 1 月）

三、采购策略分析

（十六）学科细分视角下的图书馆精准采购分析研究[①]

宋旅黄

（武汉大学信息管理学院　武汉　430072）

[摘要] 学科图书核心出版社是高校图书馆在采选图书过程中的重要参考指标，对各学科图书核心出版社的确定有助于提高文献采访效率并实现精准采购。本文以 2011—2015 年 608 家高校馆入藏中文纸质书数据为基础，以单本馆藏量、含复本馆藏量等指标为测定依据，来界定以《中图法》分类为基础的各学科图书的核心出版社，并以此为依据探索国家一级重点建设学科所匹配的核心出版社，为各高校馆优化馆藏结构提供可操作的便捷方法。

[关键词] 核心出版社　学科细分　精准采购

1 研究内容、思路及方法

学科图书核心出版社是高校图书馆在采选图书过程中的重要参考指标，对各学科图书核心出版社的确定有助于提高文献采访效率并实现精准采购。如何确定核心出版社，以此指导图书馆文献采访工作并提升效率是本文的研究重点。该核心出版社中的"核心"是指普遍适用于一般高校学科资源基础建设中可供选择的出版社，即同其他各高校形成了学科资源匹配（可通过列示的核心出版社名单知悉 608 所高校学科建设中各学科一般选择的出版社），有助于高校馆具体的学科资源建设。

本文以全国 608 家高校馆数据为基础，对按《中国图书馆分类法》（以下简称《中图法》）分类的图书进行出版社的核心度排序。另外，利用《中图法》分类将高校学科所需图书同核心出版社对应，有利于各高校直接对各学科与其他高校进行对比，从而补充本校所漏藏图书，优化图书馆馆藏结构，进一步推进高校学科资源建设。

---

① 宋旅黄. 学科细分视角下的图书馆精准采购分析研究［J］. 图书馆, 2017（11）：45-50，81.

2 2011—2015 年采样高校图书馆馆藏出版情况统计

从图 1 中近 5 年馆藏总的统计情况来看：

（1）近 5 年，馆藏品种数（按"书号个数"统计）基本维持在 16 万左右，每年差别不大；图书馆馆藏册数，5 年连续呈"下降的变化趋势"。

（2）2015 年，由于存在至少 2 年的销售周期，所以数值上显示不完整，在视图上存在明显"拐折断层"现象；2012 年馆藏册数也存在明显的下降现象，说明可能由于其他原因这一年出版的图书馆藏册数下降，而非销售周期造成。

（3）图书馆馆藏册数 5 年的变化趋势比较接近，品种数的变化趋势不受册数影响。

（4）总体上看，近 5 年来单本覆盖率降低（可选书目品种多样化），复本量逐年减少（图书馆物理空间较小，电子书收藏比例增加）。

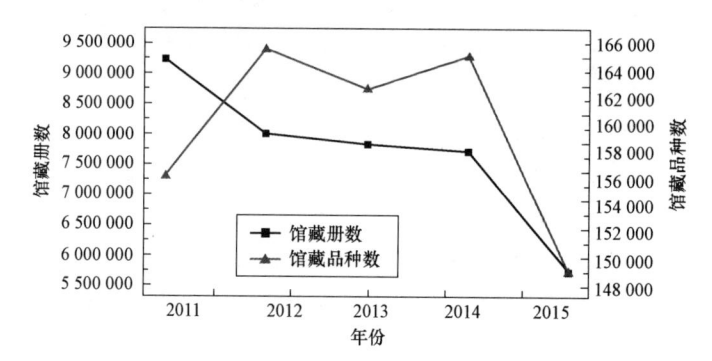

图 1 2011—2015 年采样图书馆馆藏出版数据

以馆藏数量较大的机械工业出版社为例，机械工业出版社每年入馆的 T 类书占到该社当年馆藏出版品种总量的 50% 以上，F 类书的比例则接近 20%，所以机械工业出版社的馆藏品种以 T 类书为主，F 类书位居其次（表 1）。

表 1 按照馆藏品种数排名进行的统计

序号	核心出版社	核心大类
1	机械工业出版社	T、F
2	清华大学出版社	T、F
3	科学出版社	T、R、O
4	化学工业出版社	T
5	人民邮电出版社	T、F
6	电子工业出版社	T、F
7	高等教育出版社	T、G、F、H
8	中国社会科学出版社	D、F、I
9	中国人民大学出版社	F、D、H
10	人民卫生出版社	R

续表

序号	核心出版社	核心大类
11	法律出版社	D
12	北京大学出版社	F、D、H
13	中国铁道出版社	T、U、F
14	北京理工大学出版社	T、G、F
15	社会科学文献出版社	F、D
16	中国电力出版社	T、F
17	中国建筑工业出版社	T
18	人民出版社	D、F

2011—2015年机械工业出版社、清华大学出版社、科学出版社、电子工业出版社、化学工业出版社、人民邮电出版社、人民卫生出版社、法律出版社、中国社会科学出版社、中国人民大学出版社、高等教育出版社、北京大学出版社、北京理工大学出版社、中国铁道出版社等14大出版社，5年来都居于前20大出版社之列。

2013—2015年中国电力出版社、社会科学文献出版社、中国建筑工业出版社、人民出版社等4大出版社跻身于前20之列。

不过，按照品种分类统计只能粗略反映各出版社的排名情况，并不能反映真实的馆藏覆盖情况，所以在后面的细致分类统计中，我们主要对馆藏册数或品种数进行统计分析。

从以上分析可以看出，每年出版的图书数量十分庞大，按《中图法》分类来统计出版社会使具体高校馆的采书过程存在不精准的问题，即图书馆在选书过程中很难根据本校学科专业建设来有针对性地选书，因此，需要对现有的图书馆选书流程进一步优化，从学科分类的视角来实现图书馆的精准采购。

如何实现高校馆的精准采购、怎样根据高校的学科建设特点来精准地采购各学科所需图书，是目前高校图书馆所面临的重点问题，也是难点问题。本文提供的方法是，首先，按《中图法》22大类分别进行统计分析，基于全国608所高校2011—2015年馆藏数据对22大类的图书以品种数、册数为指标进行核心出版社的界定；其次，根据各高校的学科建设来匹配各学科所对应的《中图法》分类，将学科建设与核心出版社相对应，从而推选出适合各高校学科建设的核心出版社，进而实现各高校学科的精准采购（图2）。

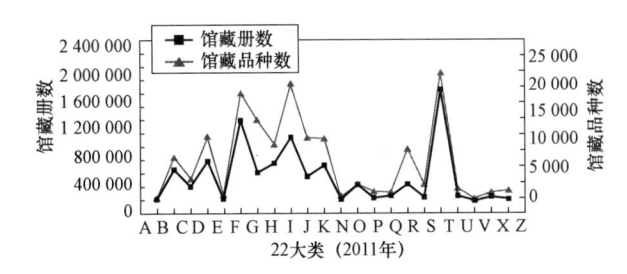

图2　2011—2015年按照《中图法》22大类划分的馆藏情况对比

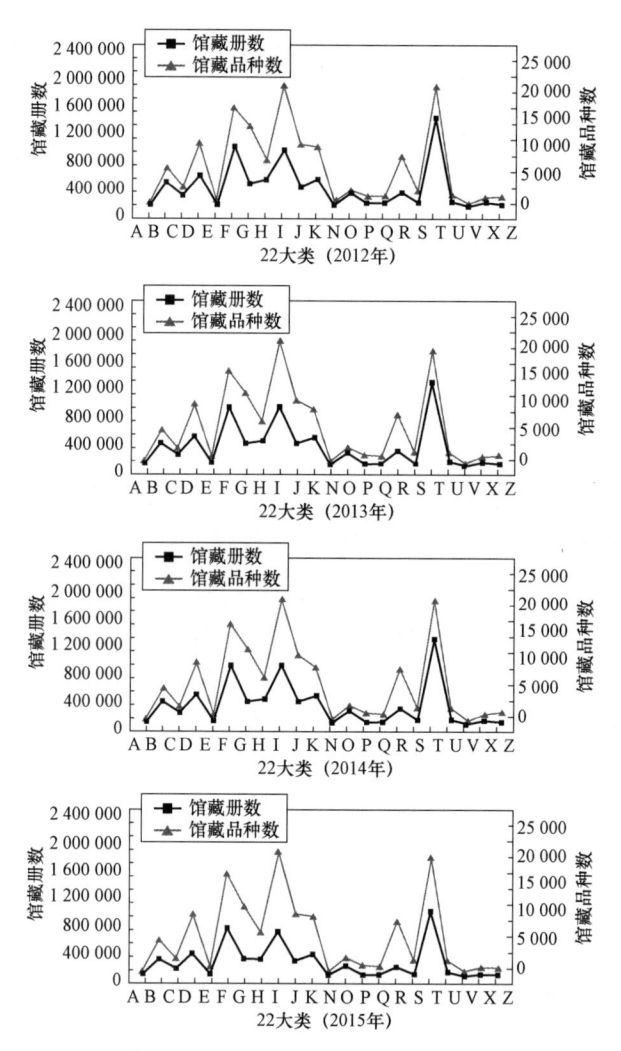

图2 2011—2015年按照《中图法》22大类划分的馆藏情况对比（续）

3 馆藏《中图法》22大类图书核心出版社出版统计分析

3.1 近5年馆藏情况分析

将近5年来高校图书馆馆藏情况进行分类分析，可以得知，每年各类别图书馆藏册数以及品种数集中情况都比较相似。其中，T、I以及F类图书的馆藏册数和品种数较高；Z、X以及P类的馆藏册数最少。上文提到，图书馆藏册数与品种数的变化趋势不互相影响，但是在一般情况下，馆藏册数越高的图书类别，其品种数也较高。

3.2 类别分析举例

由于馆藏品种数只能反映图书的种类，并不能反映馆藏图书的复本覆盖以及范围量等信息，所以通过分析图书馆藏品种数和册数，在一定程度上能够较为真实地了解馆藏情况。

具体衡量方法如下。

对单一类别图书的馆藏品种数、册数（5 年统计求和）进行统计，然后按照数值"由大到小"进行出版社排名（取前 20 名）（表 2）。

表 2　A、B、X、Z 类图书出版社排名举例
（近 5 年馆藏情况求和排名）

排名号	A 类对应出版社	B 类对应出版社	X 类对应出版社	Z 类对应出版社
1	人民出版社	中国华侨出版社	科学出版社	上海科学技术文献出版社
2	中国社会科学出版社	中国人民大学出版社	化学工业出版社	北京大学出版社
3	中央编译出版社	商务印书馆	中国环境科学出版社	中国华侨出版社
4	中国人民大学出版社	北京大学出版社	中国环境出版社	北京联合出版公司
5	社会科学文献出版社	中国社会科学出版社	中国建筑工业出版社	敦煌文艺出版社
6	中央文献出版社	人民出版社	社会科学文献出版社	人民邮电出版社
7	中国文史出版社	中信出版社	机械工业出版社	中华书局
8	中共党史出版社	中华书局	冶金工业出版社	中国人民大学出版社
9	江苏人民出版社	机械工业出版社	清华大学出版社	国家图书馆出版社
10	高等教育出版社	新世界出版社	中国水利水电出版社	上海古籍出版社
11	北京师范大学出版社	华夏出版社	中国石化出版社	辽宁美术出版社
12	中国青年出版社	电子工业出版社	高等教育出版社	北京工业大学出版社
13	红旗出版社	北京工业大学出版社	电子工业出版社	上海辞书出版社
14	北京大学出版社	人民邮电出版社	经济科学出版社	电子工业出版社
15	新华出版社	社会科学文献出版社	海洋出版社	湘潭大学出版社
16	台海出版社	中央编译出版社	北京大学出版社	金城出版社
17	上海人民出版社	中国商业出版社	人民出版社	上海大学出版社
18	国际文化出版公司	北京联合出版公司	中国社会科学出版社	江西教育出版社
19	光明日报出版社	北京理工大学出版社	气象出版社	商务印书馆
20	四川人民出版社	中国纺织出版社	人民邮电出版社	北京理工大学出版社

根据不完全统计，排名前 20 的出版社所覆盖的馆藏量，基本可以占到该类图书总馆藏量的 40%～60%。具体 22 大类的图书排名情况如表 3～表 6 所示。

表 3　A～F 类图书出版社排名（近 5 年馆藏量求和）

排名	A	B	C	D	E	F
1	人民出版社	中国华侨出版社	中国人民大学出版社	法律出版社	人民邮电出版社	机械工业出版社
2	中国社会科学出版社	中国人民大学出版社	清华大学出版社	中国法制出版社	中国市场出版社	清华大学出版社
3	中央编译出版社	商务印书馆	机械工业出版社	社会科学文献出版社	国防工业出版社	中国人民大学出版社

续表

排名	A	B	C	D	E	F
4	中国人民大学出版社	北京大学出版社	北京大学出版社	北京大学出版社	化学工业出版社	经济科学出版社
5	社会科学文献出版社	中国社会科学出版社	电子工业出版社	中国人民大学出版社	武汉大学出版社	电子工业出版社
6	中央文献出版社	人民出版社	社会科学文献出版社	中国政法大学出版社	解放军出版社	人民邮电出版社
7	中国文史出版社	中信出版社	人民邮电出版社	人民出版社	航空工业出版社	科学出版社
8	中共党史出版社	中华书局	科学出版社	中国社会科学出版社	机械工业出版社	中国经济出版社
9	江苏人民出版社	机械工业出版社	中国社会科学出版社	知识产权出版社	哈尔滨出版社	北京大学出版社
10	高等教育出版社	新世界出版社	北京理工大学出版社	上海人民出版社	中国长安出版社	经济管理出版社
11	北京师范大学出版社	华夏出版社	北京工业大学出版社	清华大学出版社	社会科学文献出版社	社会科学文献出版社
12	中国青年出版社	电子工业出版社	复旦大学出版社	商务印书馆	中信出版社	中信出版社
13	红旗出版社	北京工业大学出版社	经济管理出版社	人民日报出版社	安徽文艺出版社	东北财经大学出版社
14	北京大学出版社	人民邮电出版社	中国华侨出版社	中央编译出版社	外文出版社	化学工业出版社
15	新华出版社	社会科学文献出版社	人民出版社	科学出版社	凤凰出版社	中国金融出版社
16	台海出版社	中央编译出版社	中国纺织出版社	中国人民公安大学出版社	新华出版社	中国社会科学出版社
17	上海人民出版社	中国商业出版社	高等教育出版社	武汉大学出版社	海洋出版社	上海财经大学出版社
18	国际文化出版公司	北京联合出版公司	中信出版社	高等教育出版社	清华大学出版社	中国财政经济出版社
19	光明日报出版社	北京理工大学出版社	格致出版社	人民法院出版社	电子工业出版社	立信会计出版社
20	四川人民出版社	中国纺织出版社	中国经济出版社	厦门大学出版社	江苏人民出版社	高等教育出版社

表4 G～K类图书出版社排名（近5年馆藏量求和）

排名	G	H	I	J	K
1	清华大学出版社	外语教学与研究出版社	人民文学出版社	人民邮电出版社	社会科学文献出版社
2	北京大学出版社	机械工业出版社	江苏文艺出版社	中国青年出版社	北京大学出版社
3	科学出版社	大连理工大学出版社	作家出版社	清华大学出版社	商务印书馆
4	高等教育出版社	中国人民大学出版社	长江文艺出版社	电子工业出版社	人民邮电出版社
5	北京师范大学出版社	北京大学出版社	上海译文出版社	上海人民美术出版社	广西师范大学出版社
6	中国人民大学出版社	上海外语教育出版社	译林出版社	辽宁美术出版社	中华书局
7	社会科学文献出版社	清华大学出版社	上海文艺出版社	化学工业出版社	中信出版社
8	华东师范大学出版社	中国石化出版社	重庆出版社	北京大学出版社	中国文史出版社

续表

排名	G	H	I	J	K
9	中国传媒大学出版社	高等教育出版社	新星出版社	中国水利水电出版社	人民出版社
10	中国社会科学出版社	中国水利水电出版社	北京大学出版社	上海音乐出版社	中国社会科学出版社
11	浙江大学出版社	中国宇航出版社	湖南文艺出版社	机械工业出版社	科学出版社
12	教育科学出版社	上海交通大学出版社	中国社会科学出版社	天津杨柳青画社	上海人民出版社
13	化学工业出版社	华东理工大学出版社	新世界出版社	人民美术出版社	中国铁道出版社
14	人民出版社	商务印书馆	北京联合出版公司	广西师范大学出版社	中国旅游出版社
15	北京体育大学出版社	科学出版社	中国华侨出版社	浙江摄影出版社	北京联合出版公司
16	机械工业出版社	外文出版社	中信出版社	科学出版社	译林出版社
17	人民邮电出版社	化学工业出版社	百花洲文艺出版社	北京师范大学出版社	吉林文史出版社
18	上海交通大学出版社	北京语言大学出版社	南海出版公司	湖北美术出版社	中央编译出版社
19	电子工业出版社	北京理工大学出版社	吉林出版集团有限责任公司	东南大学出版社	华中科技大学出版社
20	武汉大学出版社	西安交通大学出版社	江苏凤凰文艺出版社	江西美术出版社	中国华侨出版社

表5 N～S类图书出版社排名（近5年馆藏量求和）

排名	N	O	P	Q	R	S
1	科学出版社	科学出版社	科学出版社	科学出版社	人民卫生出版社	化学工业出版社
2	人民邮电出版社	高等教育出版社	海洋出版社	化学工业出版社	人民军医出版社	中国农业出版社
3	清华大学出版社	清华大学出版社	清华大学出版社	高等教育出版社	科学出版社	科学出版社
4	国防工业出版社	化学工业出版社	人民邮电出版社	北京大学出版社	中国医药科技出版社	中国农业科学技术出版社
5	上海科学技术文献出版社	机械工业出版社	气象出版社	中国农业大学出版社	化学工业出版社	中国林业出版社
6	商务印书馆	哈尔滨工业大学出版社	武汉大学出版社	华中科技大学出版社	中国中医药出版社	中国农业大学出版社
7	上海科技教育出版社	国防工业出版社	石油工业出版社	中国林业出版社	北京大学医学出版社	金盾出版社
8	北京大学出版社	北京大学出版社	电子工业出版社	海洋出版社	上海科学技术出版社	中国水利水电出版社
9	中国社会科学出版社	北京理工大学出版社	测绘出版社	清华大学出版社	军事医学科学出版社	电子工业出版社
10	中信出版社	中国人民大学出版社	中国水利水电出版社	上海科学技术文献出版社	中国协和医科大学出版社	福建科学技术出版社
11	湖南科学技术出版社	中国水利水电出版社	上海科学技术文献出版社	人民邮电出版社	江苏科学技术出版社	机械工业出版社
12	吉林文史出版社	人民邮电出版社	化学工业出版社	浙江大学出版社	辽宁科学技术出版社	河南科学技术出版社
13	北京工业大学出版社	电子工业出版社	社会科学文献出版社	人民卫生出版社	中国轻工业出版社	湖北科学技术出版社
14	高等教育出版社	中国科学技术大学出版社	北京大学出版社	中国农业出版社	高等教育出版社	科学技术文献出版社

续表

排名	N	O	P	Q	R	S
15	人民出版社	华中科技大学出版社	地质出版社	中国水利水电出版社	第四军医大学出版社	海洋出版社
16	社会科学文献出版社	同济大学出版社	国防工业出版社	中国农业科学技术出版社	科学技术文献出版社	上海科学技术出版社
17	机械工业出版社	东南大学出版社	高等教育出版社	中国轻工业出版社	电子工业出版社	高等教育出版社
18	电子工业出版社	上海交通大学出版社	地震出版社	重庆大学出版社	金盾出版社	华中科技大学出版社
19	上海交通大学出版社	西安交通大学出版社	中国地质大学出版社	中国环境科学出版社	西安交通大学出版社	中国环境科学出版社
20	浙江大学出版社	西安电子科技大学出版社	中国社会出版社	上海科学技术出版社	湖南科学技术出版社	商务印书馆

表6 T~Z类图书出版社排名（近5年馆藏量求和）

排名	T	U	V	X	Z
1	机械工业出版社	机械工业出版社	国防工业出版社	科学出版社	上海科学技术文献出版社
2	清华大学出版社	人民交通出版社	航空工业出版社	化学工业出版社	北京大学出版社
3	电子工业出版社	化学工业出版社	科学出版社	中国环境科学出版社	中国华侨出版社
4	人民邮电出版社	中国铁道出版社	中国宇航出版社	中国环境出版社	北京联合出版公司
5	化学工业出版社	北京理工大学出版社	上海交通大学出版社	中国建筑工业出版社	敦煌文艺出版社
6	科学出版社	科学出版社	清华大学出版社	社会科学文献出版社	人民邮电出版社
7	中国建筑工业出版社	中国建筑工业出版社	西北工业大学出版社	机械工业出版社	中华书局
8	中国电力出版社	国防工业出版社	北京航空航天大学出版社	冶金工业出版社	中国人民大学出版社
9	国防工业出版社	电子工业出版社	人民邮电出版社	清华大学出版社	国家图书馆出版社
10	中国水利水电出版社	清华大学出版社	电子工业出版社	中国水利水电出版社	上海古籍出版社
11	华中科技大学出版社	人民交通出版社股份有限公司	化学工业出版社	中国石化出版社	辽宁美术出版社
12	中国铁道出版社	北京大学出版社	哈尔滨工业大学出版社	高等教育出版社	北京工业大学出版社
13	高等教育出版社	西南交通大学出版社	机械工业出版社	电子工业出版社	上海辞书出版社
14	北京理工大学出版社	大连海事大学出版社	上海科学技术文献出版社	经济科学出版社	电子工业出版社
15	北京航空航天大学出版社	人民邮电出版社	中国市场出版社	海洋出版社	湘潭大学出版社
16	北京大学出版社	中国水利水电出版社	中国科学技术出版社	北京大学出版社	金城出版社
17	东南大学出版社	同济大学出版社	北京理工大学出版社	人民出版社	上海大学出版社
18	西安电子科技大学出版社	上海交通大学出版社	中国民航出版社	中国社会科学出版社	江西教育出版社
19	江苏人民出版社	中国电力出版社	西南交通大学出版社	气象出版社	商务印书馆
20	北京邮电大学出版社	北京交通大学出版社	言实出版社	人民邮电出版社	北京理工大学出版社

从总体上看，传统的核心出版社在 22 大类图书出版社的排名基本上比较稳定靠前，特别是对于馆藏量较大的图书类别，其排名也相应地比较靠前。而对于一些馆藏量比较小的图书类别，如 Z、X、P 类等，除了一些核心出版社外，还有一些非核心出版社进入了排名名单。

不过，由于以上排名是按照 5 年求和计算的排名，所以不能反映每年排名的变化情况。其实，列举部分类别图书每年的馆藏率（馆藏率=一年的馆藏量/该类图书总馆藏量×100%）情况排名可以初步发现：对于馆藏量大的图书类别，核心出版社的排名相对比较稳定，每年的波动情况不大，但是对于馆藏量比较小的图书类别（特别是 Z 类和 X 类），由于每年的社会需求不尽相同，出版社馆藏率变化很大，每年均有和往年不同的出版社"崭露头角"。

22 大类图书出版社核心度的排序在一定程度上能够对各高校采书起到一定的指导作用，但是在高校具体学科资源建设过程中，还需要对各学科所对应的《中图法》类别以及出版社进行匹配，这样才能实现学科资源建设的精准采购。

为实现各高校学科资源建设精准采购，本文的主要思路是：将设有国家一级重点建设学科的高校作为基础，分析这些高校该学科图书资源建设中所选择的出版社，以此为参考对象，为其他高校建设同类学科资源提供相应的学科图书出版社以借鉴，从而有助于各高校实现学科图书精准采购。

4 案例：国家一级重点建设学科与《中图法》大类、核心出版社匹配分析

教育部提出了"双一流大学"理念，目标是若干所大学和学科达到世界一流水平，最终目标是在 21 世纪中叶将我国建设成高等教育强国。世界一流大学和一流学科建设，将创新重点建设机制，以中国特色、世界一流为核心，以一流为目标、以学科为基础、以绩效为杠杆、以改革为动力，推动一批高水平大学和学科进入世界一流行列或前列。按照"一流大学，一流学科"这一目标，中国各高校图书馆建设也会相应地有所侧重。各高校学科方向不同，学科建设重点自然存在较大的差异，但对各高校重点学科所对应核心出版社的研究将使高校在建设学科资源的过程中有所借鉴。

表 7 和表 8 中，列举了 3 类大学图书馆馆藏出版社排名以及这 3 类大学中某一学科所对应的出版社排名情况。对于不同的大学，核心出版社都有很大的馆藏量，馆藏排名靠前的出版社主要是清华大学出版社、电子工业出版社、机械工业出版社等。不过不同的大学，虽然排名靠前的主要是这些核心出版社，但排名顺序不完全相同，而且排名越靠后，出版社的差异也会越大，当然馆藏量也会更小。即便是不同大学的同一学科，也会存在这一类似的现象。当然，由于列举的数量有限，并不能反映所有的问题，而且大学的类型、师生数量以及研究方向不同，也会对图书馆馆藏造成一定的影响。

表7 不同区域大学的计算机科学与技术馆藏出版社排名举例

区域大学举例	饼形分布图（2011—2015年馆藏出版数据出版社排名TOP10）
上海某大学	清华大学出版社 29%；北京大学出版社 20%；北京航空航天大学出版社 16%；高等教育出版社 16%；中国电力出版社 9%；其他 3%（含电子工业出版社、人民邮电出版社、机械工业出版社、科学出版社、国防工业出版社）
哈尔滨某大学	电子工业出版社 22.55；清华大学出版社 22.21；机械工业出版社 21.16；人民邮电出版社 16.43；科学出版社 8.15；北京航空航天大学出版社 2.79；国防工业出版社 2.45；高等教育出版社 1.92；化学工业出版社 1.47；中国水利水电出版社 0.87
北京某大学	清华大学出版社 32%；人民邮电出版社 17%；电子工业出版社 11%；机械工业出版社 11%；科学出版社 10%；中国铁道出版社 5%；化学工业出版社 3%；北京航空航天大学出版社 3%；国防工业出版社 2%；高等教育出版社 3%；中国水利水电出版社 2%；中国电力出版社 2%

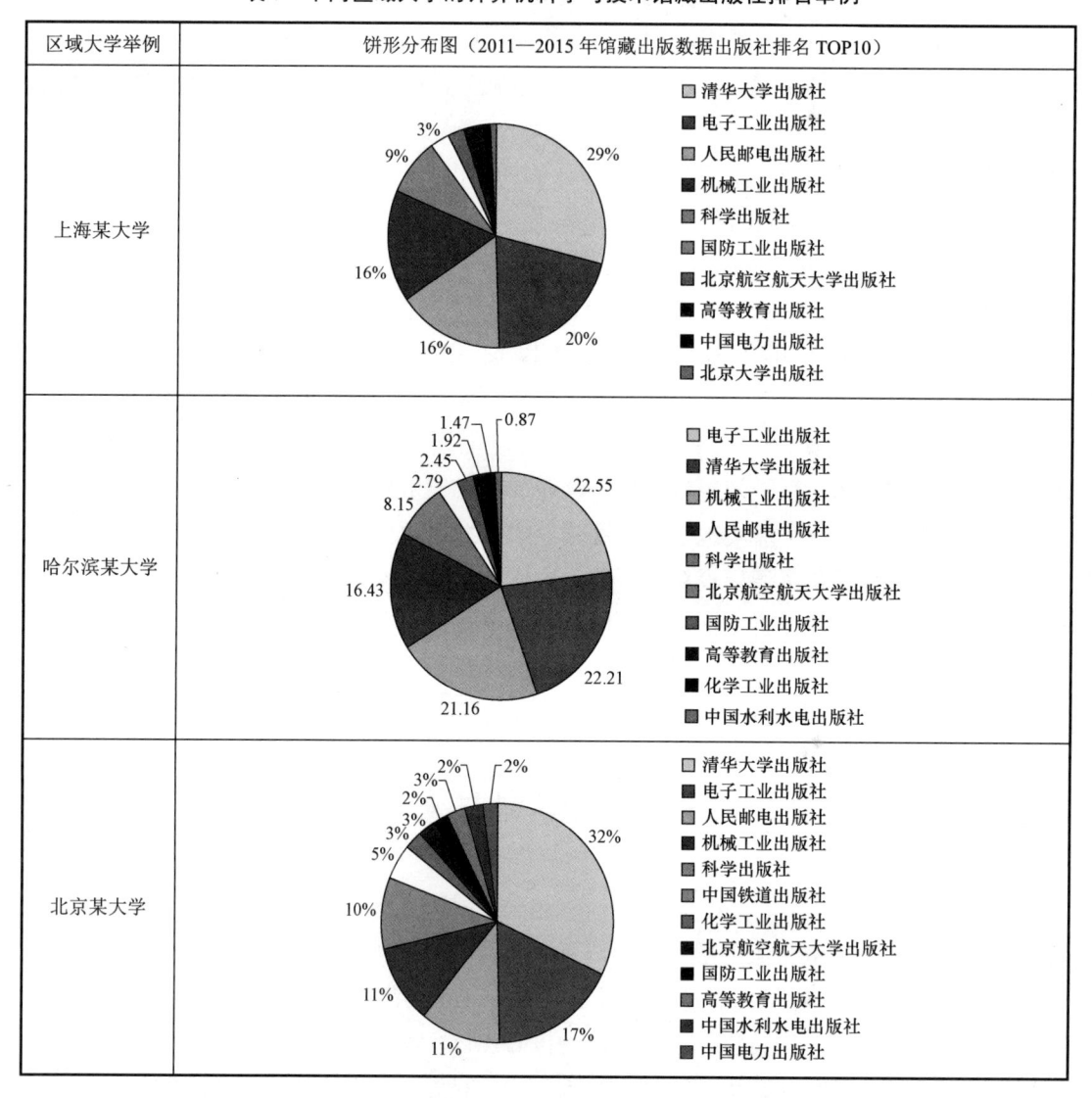

表8 计算机科学与技术学科在3所大学5年馆藏出版数据中出版社排名的情况

上海某大学	哈尔滨某大学	北京某大学
清华大学出版社	电子工业出版社	清华大学出版社
电子工业出版社	清华大学出版社	人民邮电出版社
人民邮电出版社	机械工业出版社	电子工业出版社
机械工业出版社	人民邮电出版社	机械工业出版社
科学出版社	科学出版社	科学出版社
国防工业出版社	北京航空航天大学出版社	中国铁道出版社
北京航空航天大学出版社	国防工业出版社	国防工业出版社
高等教育出版社	高等教育出版社	高等教育出版社
中国电力出版社	化学工业出版社	北京航空航天大学出版社
北京大学出版社	中国水利水电出版社	化学工业出版社

由以上数据可以看出，上述 3 所大学的计算机科学与技术学科所需图书对应的出版社存在着交叉项与差异项。存在这种情况是必然的，这一方面是由于各高校学科建设重点不同，所选择的专业类图书必然存在差异；另一方面是由于部分高校在针对具体学科选书过程中还存在一定的误区，即没有具体的学科图书出版社作为参照，各高校在对具体学科采书过程中难免还存在较大的阻力。

5 结论

在进行上述分析后，本文得出以下结论：

（1）近 5 年，馆藏品种数基本维持在 16 万左右，每年差别不大；图书馆藏品种数、册数，5 年连续出现下降现象。从总体上看，这 5 年来单本覆盖率降低，可选书目品种多样化；复本量逐年减小，图书馆物理空间较小（可增加电子书收藏比例）。

（2）2015 年，由于存在一定的销售周期，该年的数据存在一定的不完整性。

（3）2011—2015 年，机械工业出版社、清华大学出版社、科学出版社、电子工业出版社、化学工业出版社、人民邮电出版社、人民卫生出版社、法律出版社、中国社会科学出版社、中国人民大学出版社、高等教育出版社、北京大学出版社、北京理工大学出版社、中国铁道出版社等都居于前 20 出版社之列。2013—2015 年，中国电力出版社、社会科学文献出版社、中国建筑工业出版社、人民出版社等跻身于前 20。

（4）根据不完全统计，排名前 20 的出版社所覆盖的馆藏量，基本可以占到该类图书总馆藏量的 40%～60%，而且传统的核心出版社在 22 大类图书里面基本上排名比较稳定靠前。

（5）对于馆藏量大的图书类别，核心出版社的排名相对比较稳定，每年馆藏率的波动情况不大，但是对于馆藏量比较小的图书类别（特别是 Z 类和 X 类），由于每年社会需求不尽相同，出版社馆藏率的变化也很大，每年均有和往年不同的出版社"崭露头角"。

（6）对于不同的大学，核心出版社都有很大的馆藏量，但排名顺序不完全相同；而且排名越靠后，出版社的差异也会越大，当然馆藏量也会更小。

（7）本文所做的分析数据主要来源于馆藏数据，由于来源单一、覆盖面有限以及具有时间滞后性等负面因素的影响，分析得到的结果存在一定偏差或者不严密。本文得到的结论也主要是对现象进行描述，结果仅供参考，不作为行业预测使用。

6 研究局限及展望

6.1 本研究的局限

（1）样本量覆盖面不够广，分析结果存在一定的偏差。

（2）仅对馆藏出版数据作分析，缺乏出版社销量数据，也会存在一定的偏差。

（3）数据的来源是馆藏出版数据，在分析时间上具有一定的滞后性。

（4）基于以销定产的思路，研究参考的因素集中在馆藏品种数和册数上，所涉图书馆馆数比较少，有可能导致研究推论过程不够缜密。分类仅初步做了一级分类分析研究，数据统计过于笼统。

6.2 未来研究的思路

（1）以《中图法》分类研究为切入点，继续研究二级分类、三级分类图书对应的核心出版社。

（2）以学科研究为切入点，继续研究国家重点一级学科、二级学科、三级学科对应的核心出版社。

（3）以出版社重点出版方向为切入点，分析研究出版社核心类别书目。

〔作者简介〕宋旅黄（1963—），男，图书馆学博士，湖北三新文化传媒有限公司董事长，研究方向为企业管理、图书馆学。

（收稿时间：2017年7月）

（十七）高校图书馆荐购系统建设研究[*][①]

刘 华[1] 许新巧[2]

（1. 上海大学图书馆 上海 200444；
2. 上海大学图书情报档案学系 上海 200444）

[摘要] 高校图书馆荐购系统发展迅速，但普遍存在以下问题：荐购原则的限制阻碍读者积极参与；荐购系统使用率低，互动模式不健全；书目信息库不全，读者参与积极性降低。借鉴南京大学、武汉大学等高校的图书馆荐购系统设计的经验和模式，上海大学图书馆构建了改进荐购工作的新系统框架，并从4个方面优化了荐购系统的功能：OPAC无缝链接、荐购结果查询、征订书目库和读者决策采购。

[关键词] 高校图书馆 读者推荐 荐购系统

1 发展现状

高校图书馆文献资源建设主要采访模式是以采访人员独立选书为主，以学科馆员选书、学科专家与教师参与荐书为辅，筛选出认为适合读者阅读的、有价值的图书。然而这个模式缺少了图书使用的主体——读者的参与。那么，专家们认为有价值的图书就是读者真正需求的图书吗？如果读者不需要，那再有价值的图书恐怕也只能"躺在书架上睡大觉"。随着这种争论的持续和深入，高校图书馆的选书理念也慢慢开始由"价值论"向"需求论"转变。读者需求第一，一切为了读者，是现阶段采访工作中一个很大的转变点，而图书馆荐购系统的产生使这一理念付诸实践，它让读者参与图书采访环节，读者可以根据其获得的目录信息向图书馆推荐自己所需文献，提出采访意见，采访人员根据反馈的荐购信息和其他影响因素做出采选决策。读者通过这个平台向图书馆传达了自己的实际信息需求，充分发挥了自己在图书馆服务中的主人翁地位，同时也减少了馆员选书的盲目性，节约了经费，改善了馆藏资源低利用率的情况，提高了图书馆为用户服务的质量和水平。

随着网络技术的发展、数字图书馆的建设及读者信息获取即时性需求的提高，高校图书馆荐购系统也从传统的现场推荐、纸质推荐等方式开始向网络荐购模式转变。目前，网上荐购系统开发已经成为高校图书馆荐购系统建设中的主要趋势。史丽香在《高校图书馆读者网上荐购的现状与思考——基于对50所高校的调查》中指出，在被调查的50所高校中，45所高校提供读者网上荐购服务，占被调查高校的90%，在提供服务的45所高校的图书馆中，33所高校把这项服务放在了图书馆网站的首页，占所有提供这项服务高校的

---

[*] 本文系2013年度教育部人文社会科学基金项目"云环境下图书馆文献资源建设策略与机制研究"的成果之一（项目编号：13YJA870014）。

[①] 刘华，许新巧. 高校图书馆荐购系统建设研究 [J]. 图书馆建设，2015（04）：5–9.

73.33%。罗毅在《高校图书馆荐购系统现状与问题研究》中也提到,通过对"985"工程中的 30 所高校图书馆的网页调查,发现有 97%的高校图书馆提供网上图书荐购服务,有 84%的高校图书馆将荐购服务放在主页。通过网络荐购系统,读者可以轻松实现向图书馆荐购图书的意愿,这种方式简单、快捷,提高了读者参与馆藏建设的热情,推动了图书馆文献资源建设工作的发展。

随着 Web 2.0 时代的到来,图书馆管理者和学者们也积极地推动 Web 2.0 社交网络在图书馆服务中的应用。对于 Web 2.0 技术在高校图书馆荐购系统中的应用理论研究,范凯在《基于 Web 2.0 图书馆荐购系统的功能设计》一文中曾提出过基于 Web 2.0 图书馆荐购系统,通过分析 Web 2.0 技术在高校数字图书馆应用的可行性,设计开发出一款基于 Web 2.0 技术的、面向全校师生的图书馆荐购系统。而对于 Web 2.0 技术在高校图书馆荐购系统中的实际应用,高校图书馆荐购系统的设计都已或多或少地融合了 Web 2.0 技术,如厦门大学图书馆、武汉大学图书馆、南京大学图书馆、同济大学图书馆等。刘丽静通过对 20 家图书馆的调研和分析指出,大部分图书馆荐书模式基本上符合当前 Web 2.0 的理念,顺应了基于网络平台拓展图书馆新型业务的发展趋势,开辟了读者服务工作的多种渠道。

最近随着图书馆云计算应用研究的深入,一些学者也在关注基于云计算的高校图书馆荐购系统的建设研究,但此研究目前还处于理论研究初步阶段。例如,史艳芬和徐咏华在《基于云服务的图书馆读者荐购系统模式研究》中提出了一个基于云服务的图书馆读者荐购系统模型,它以云计算为核心,使读者可以通过任何终端接入,结合云计算、SaaS(Software-as-a-Service,软件运营)、SOA(Service-Oriented Architecture,面向服务的体系结构)等技术实现云服务端的系统总体模式,主要功能模块包括云书目检索模块、Web 图书检索模块、图书荐购模块及信息反馈模块等,可以实现地区图书馆馆藏资源的关联查询,接收云端反馈的荐购图书信息,最终达到提高图书荐购工作效率和满足读者需求的目标。

2　面临的问题

笔者在参与上海大学图书馆荐购系统的重新规划、开发设计过程中,针对目前高校图书馆荐购系统存在的问题进行了全面、深入的调研,发现当前高校图书馆荐购系统存在的最主要问题为:用户并没有像工作人员预想的那样积极地参与此活动,很多高校图书馆荐购工作都收效甚微。分析其原因如下。

2.1　荐购原则限制,阻碍读者积极参与

很多高校图书馆鉴于自身经费和荐购图书质量上的考虑,在设置读者能够参与的荐购原则时,往往会对读者的身份有很严格的限制。第一,读者的类型限制。荐购图书划分为本科生、研究生和教师可以荐购的类型,本科生一般只能推荐相关教材类的图书,研究生可以推荐更高层次学科的图书。第二,读者的专业限制。一般读者只能在自己所属专业的大学科前提下推荐相关图书,不能跨学科推荐图书,如管理学院的学生只能推荐管理学相关学科,理科生不能推荐文科书目,艺术生更不能推荐工科类的图书等。第三,读者推荐书目的数量限制。根据读者的不同类型,荐购系统设置了相应的最高推荐书目数量,如本

科生只能推荐 3 本图书，研究生推荐 6 本图书，教师可以推荐 10 本图书。第四，读者推荐书目的语言限制。一般情况下，本科生在推荐外文图书时有更严格的限制，研究生和教师相对宽松一些，但都有一个推荐最高数量的限制。这些原则的设置在一定程度上阻碍了读者参与图书荐购的积极性，使图书馆提供的荐购服务质量和成果都在很大程度上打了折扣。

2.2 图书馆荐购系统使用率较低，互动模式不健全

图书馆荐购系统使用率低，一方面，是由于很多高校图书馆的宣传力度不大，并未引起读者的注意。其实绝大多数的高校图书馆都提供了网上荐购服务，一般高校图书馆将其设置在图书馆的首页，如清华大学、北京大学、厦门大学、南京大学等高校的图书馆；有些将图书馆的荐购服务设置在主页的导航栏中，如华东师范大学、浙江大学、北京师范大学等高校的图书馆。但是这些并没有引起读者的注意，很多读者没有使用过，甚至没有听说过图书馆有这项服务。罗毅在《高校图书馆荐购系统现状与问题研究》中对各高校图书馆荐购服务利用效率进行统计分析时讲道，高校图书馆的荐购服务没有得到用户广泛的利用，所以应加强图书馆荐购服务的宣传。而另一方面，是由于图书馆对读者的荐购反馈不及时，或者不够重视，降低了读者的荐购热情。刘晓雁在《高校图书馆图书荐购系统调查分析》中曾指出，在被调查的 30 所高校的图书馆中，馆员与读者之间尚未形成互动式交流关系，从而影响用户对图书馆荐购服务的热情，导致图书馆荐购系统的使用率较低。

2.3 书目信息库不健全，读者参与积极性降低

读者在荐购书目时，必须对此书有所了解，因此读者从哪里不定时地获取书目信息是一个问题。虽然很多高校会推荐一些书目信息库，让读者去阅读，然后进行好书推荐，如清华大学图书馆建议读者浏览万圣书园、北京图书大厦、北京北发图书网等网站的图书信息，从中为图书馆推荐好书和查找书目信息；中山大学图书馆与北京人天公司合作，让读者在这个公司的网站上为图书馆推荐自己喜欢的图书，图书馆定期汇总推荐数据并进行购买。但是这些单一的书目信息库毕竟都是不全面的，或侧重于某一领域，读者在使用时，必然会漏掉很大一部分好书。而且，目前高校图书馆的荐购系统都需要读者填写荐购书目或者资源的有关信息，如书名、作者、出版社、ISBN、价格和荐购理由等。那么，这就需要读者耐心地去查找这些信息，借助豆瓣、Google、亚马逊、百度或者别的搜索引擎浏览查找所需的书目信息，然后在网上进行提交。其实这个过程是很烦琐的，没有耐心和毅力的读者估计一看到这里，就不愿意再继续推荐图书了。这些因素都在一定程度上影响了读者参与图书馆荐购服务系统的积极性。

3 典型案例

在调研过程中，笔者发现一些知名高校图书馆荐购系统建设水平很高，功能也很完善，而且还很具有特色，在一定程度上克服了上文所提到的高校图书馆荐购系统中普遍存在的问题，特别是南京大学图书馆和武汉大学图书馆的荐购系统，对我们重新设计、开发新的荐购系统具有很大的启发作用。

3.1 南京大学图书馆

南京大学图书馆开发了一个性质类似于"我的图书馆"的"BOOK PLUS",图书馆把馆藏书目信息与互联网信息技术紧密结合,在传统热门借阅的基础上,加入"图书封面""豆瓣评论""分享到微博"等 Web 2.0 技术,建立了一个更加完善、贴近用户使用习惯的荐购系统。"BOOK PLUS"具有很强的独特性,提供鲜明的个性化服务。具体情况如下:

(1) 与 Web 2.0 完美融合。首先体现为个性化的借阅排行和新书推荐。图书馆根据用户信息和类型、学科背景等进行个性化推送服务,如展示与用户专业相关的热门图书和新书。其次表现为与书评网、网上书店互联互通。例如,"BOOK PLUS"为用户提供豆瓣网的互通服务,用户可以看到豆瓣网上读者对这本图书的评价,如果该书没有馆藏或者不可借,还可以直接链接网上书店进行多家比价,提供快速的购书通道或者向图书馆推荐购买。

(2) 最新图书目录信息集中浏览。南京大学图书馆把多家书商的最新图书目录信息导入荐购系统,建立了"征订目录浏览"和"征订分类浏览"功能选项,用户可以根据专业分类浏览目录中各家书商提供的最新书目信息,了解本专业或者感兴趣知识的最新信息,关注图书动态变化,从而向图书馆推荐有价值的图书。

(3) 荐购信息反馈。图书馆工作人员把用户推荐购买的图书信息集中并全部存入"荐购历史"中,用户可以及时查看其他用户推荐过的图书信息及图书馆对荐购的处理情况,如用户荐购的图书目录信息、荐购时间、荐购状态、是否采纳荐购;如果订购,是否已购买,以及不采纳荐购的原因等。

3.2 武汉大学图书馆

武汉大学图书馆荐购系统可以说是目前高校图书馆荐购系统中一流水平的代表,功能很完善,如查重功能、征订书目浏览、荐购结果查询等。

(1) 查重功能。图书馆把 OPAC 查询系统与荐购系统无缝链接,用户在向图书馆推荐购买图书时,需要先在本地馆藏中查询一下此书是否已收藏,如果馆藏中没有此书,则可以继续填写荐购申请表。这个查重功能的设置有效地避免了用户无效的荐购举措,也减轻了工作人员的反复工作。

(2) 征订书目浏览。武汉大学图书馆荐购系统把全国数百家出版社每月向图书馆提供的数千种更新的(如题名、ISBN、出版社等)传统书目信息进行集中分类、揭示出来,用户可以通过树形分类查看最新书目信息;而且图书馆还在书目详细信息中把与此书相关的豆瓣网书评、超星数字图书馆、百度图书搜索、WorldCat 和 Google 图书搜索集中链接在一起,用户可以直接点击任一选项进行其他相关查看或检索,从而决定是否向图书馆荐购此书。

(3) 荐购结果查询。武汉大学图书馆荐购系统中的荐购结果查询展示了所有用户的荐购信息,而且一条记录中除了常规的书目信息外,系统还及时、精确地累加了同一本图书被荐购的总次数,这是很多图书馆的荐购结果反馈中所不具有的特征,而且这个总次数信息也可以作为图书馆工作人员决定是否采购的参考因素,毕竟荐购的次数反映了此书的需求性。

在详细信息中，用户不仅可以看到此书的荐购人、荐购时间及荐购原因，还可以看到处理荐购书目的工作人员信息、处理结果和处理意见。荐购结果反馈机制的设置有效地促进了荐购者和工作人员之间及时、积极的相互交流和监管，提高了荐购服务的质量，推动了荐购系统的健康发展。

4 上海大学图书馆荐购系统建设

4.1 系统框架

针对上文提到的目前高校图书馆荐购系统建设中存在的主要问题，参考一些高校图书馆荐购系统的先进经验和模式，根据目前图书馆界出现的信息技术和服务理念，上海大学图书馆构建了一个符合上海大学实际情况的荐购系统新框架，并在此基础上，指导荐购系统建设的实践工作。荐购系统框架如图1所示。

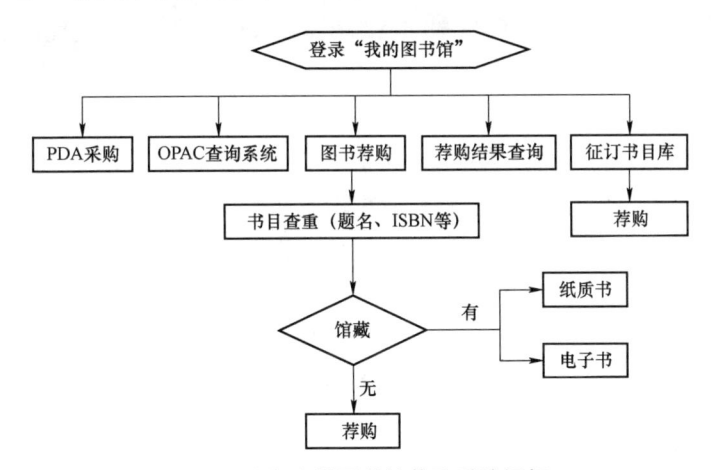

图1　上海大学图书馆荐购系统框架

4.2 优化方案

（1）基于与OPAC检索系统无缝链接的荐购系统。当用户登录荐购平台进行推荐书目时，先通过OPAC检索系统检索一下本地书目库，检测本地馆藏是否已经收藏了此书，如果馆藏显示无此书，那么读者可以继续推荐此书。因此，健全的荐购系统的查重功能可以提高用户荐购的有效性，降低馆员的重复工作强度。而笔者在对39所"985"高校图书馆的荐购系统统计分析中发现，有11所（30%）高校图书馆的荐购系统直接跟OPAC检索系统实现无缝链接，如南京大学、同济大学、厦门大学、东南大学、中国海洋大学、北京理工大学、大连理工大学、哈尔滨工业大学、北京航空航天大学、中国农业大学、西北农林科技大学的图书馆。鉴于此，上海大学图书馆荐购系统也设置了基于OPAC链接的查重功能。第一阶段建设已经完成了此功能设计。

（2）荐购结果查询。针对互动反馈机制不健全的问题，高校图书馆荐购系统的先进模式是增加荐购结果查询功能,读者向图书馆荐购书目后,荐购结果查询系统中就会形成一张荐购书目信息表。读者可以登录系统随时查看图书馆员对荐购结果的处理情况,如荐购书目是否已受理、是否已采纳荐购、是否已购买等。图书馆员进行后台操作,根据本馆的采购原则和计划,决定是否采购,并将处理结果反馈在平台上或电话沟通,包括"采购""已购""已购,正在编目中""金额较大,交由学术委员会讨论"等。馆员和读者进行深入交流和实时互动,既提高了读者参与图书馆荐购活动的热情,又督促了馆员工作。目前,上海大学图书馆荐购系统已经具有这种功能。

(3)征订书目库。上海大学图书馆荐购系统中提供的用户查阅的最新书目信息库,也同其他一些高校图书馆的做法一样,只是揭示了一些与本馆有合作项目的某些书商提供的每月更新的书目信息。其实,站在全国每月新出版的总书目量的角度来看,这些高校提供的新书目库都是不完整的。如果由CALIS或者国家图书馆搭建一个中心书目库,全国所有图书馆、出版社和数据库商等机构都可以自由、开放地存储最新的书目信息,然后由CALIS或者国家图书馆进行资源整合,形成书目池,最后提供一个统一的检索平台,任何高校、出版社或者书商都可以自由访问书目信息,那么就可以完全克服单个图书馆提供书目信息不全面导致的读者荐购书目时还要从别的网络平台查找信息的不方便性,以及填写荐购书目信息的复杂性等局限。这样读者推荐书目时会变得非常便利,既能提高用户体验满意度,又有助于提高采纳率。

(4)基于读者决策采购的荐购系统。上海大学图书馆正在规划实施构建基于读者决策采购模式的荐购系统,然而由于操作的复杂性和高难度,在第一期建设中还没有完全实施。读者决策采购(Patron-Driven Acquisition,PDA)指图书馆根据本馆的馆藏政策,参照传统的纲目购书或阅选计划,设定购书范围及每本图书的预设文档,将与书商协定好的图书目录导入图书馆的馆藏检索系统(OPAC),这时图书馆只是将这些书目展示给读者,但尚未向书商支付费用,只有当读者真正开始通过点击链接直接阅读该书的电子版,并达到图书馆预设的次数、时间、人数等指标门槛时,才会自动触发图书馆向书商租用或购买的指令。读者决策采购实现了由读者的阅读行为驱动购买决策,也就是使读者成了图书馆整个图书采购活动中的主体,读者阅读的实际行为决定了图书馆是否购买图书的结果,这样完全消除了图书馆针对读者荐购时设置门槛的必要性,如读者的专业限制、类型(本科生、研究生或者教师)限制等。一方面,读者可以真正地参与到图书馆的图书采购活动中,图书利用率也很高,更不会有零借阅率;另一方面,图书馆可将有限的经费花在读者真正需要的图书上,这在一定程度上缓解了图书馆经费紧张的压力,提高了图书馆的服务水平。

5 结论

图书馆读者荐购系统对图书采访工作起到了一个重要的补充作用,因而一直受到许多高校图书馆管理者的重视。虽然在新的时期下仍存在着一些问题和不足之处,但是随着网络技术、信息技术在图书馆的应用、新的管理服务想法和理念的融合,图书馆读者荐购系统也一直在不断地发展和完善。在新的时期下,高校图书馆荐购系统将更加重视读者角色，或者实现真正意义上的读者公平参与图书馆管理和服务的目标。如果这些功能和想法得到应用和实践，图书馆的服务水平将进一步提高。

参考文献

[1] 罗华. 高校图书馆荐购决策支持系统研究[D]. 重庆：西南大学情报学系，2008：10-11.

[2] 史丽香. 高校图书馆读者网上荐购的现状与思考：基于对50所高校的调查[J]. 图书馆论坛，2013（5）：117-122.

[3] 罗毅. 高校图书馆荐购系统现状与问题研究[J]. 图书馆学研究，2010（24）：46-49.

[4] 范凯. 基于Web 2.0图书馆荐购系统的功能设计[J]. 科技与管理，2013（4）：56-59.

[5] 刘丽静. 高校图书馆读者网上荐书的调研与思考[J]. 图书馆杂志，2012（6）：53-55.

[6] 史艳芬，徐咏华. 基于云服务的图书馆读者荐购系统模式研究[J]. 图书馆，2013（3）：111-113.

[7] 刘晓雁. 高校图书馆图书荐购系统调查分析[J]. 现代情报，2008（4）：161-163.

[8] 南京大学图书馆图书荐购系统[EB/OL].[2014-03-02]. http://book.njulib.cn/hotbook_list.php.

[9] 武汉大学图书馆资源荐购[EB/OL].[2014-02-10]. http://www.lib.whu.edu.cn/web/index.asp?obj_id=488&menu=h.

[10] 刘华."读者决策采购"在美国大学图书馆的实践及其对我国的启示[J]. 大学图书馆学报，2012（1）：45-50.

〔作者简介〕刘华，女，硕士，上海大学图书馆研究馆员、副馆长，研究方向为资源建设。许新巧（1987—），女，现就职于浙江经贸职业技术学院图书信息中心，曾为上海大学图书情报档案学系2012级研究生，研究方向为资源建设、信息素养、读者服务。

（收稿时间：2015年2月）

（十八）基于"哲学核心书目"的馆藏漏采分析研究[①]

穆卫国

（上海师范大学图书馆　上海　200234）

[摘要] 为优化馆藏结构，本文选择覆盖率高且有国家性质的《全国总书目》为数据来源，对 2003—2005 年的哲学类图书出版状况进行了调查分析，同时基于 Google Scholar 的引文统计，形成了"哲学核心书目"；然后将"哲学核心书目"分别与 5 家大学图书馆哲学类馆藏进行了比对，分析了馆藏漏采的原因，包括专业设置、出版、发行等方面的原因，以期调整采购策略，降低漏采率，改进馆藏资源建设。

[关键词] 哲学　全国总书目　采全率　采准率　漏采率

1 引言

《全国总书目》由新闻出版署信息中心与中国版本图书馆合编、中华书局出版，它是图书年鉴性质的综合性、累积性的图书目录，自 1949 年 10 月以来，逐年编纂。它依据全国各正式出版单位每年向中国版本图书馆缴送的样书信息编纂而成。自 2001 年起，《全国总书目》每年出版一套数据检索光盘，该光盘共收录当年图书书目数据 12 万余条。该书目检索光盘可为用户查找已出版图书提供服务，为图书馆、出版社及文献收藏单位的图书分类、编目、建立书目数据库提供服务，为各级领导机关决策和出版单位选题策划提供服务。《全国总书目》不是采访人员订购图书的主要工具，但是它可以作为检验馆藏文献的完整情况、补充漏订漏购文献和进行馆藏文献评价的工具。因此，本文选择《全国总书目》为书目数据来源，对 2003—2005 年出版的 B 类图书进行调查分析，基于 Google Scholar 的引文统计，形成"哲学核心书目"，然后将"哲学核心书目"分别与湖南师范大学、华东师范大学、南京师范大学、上海大学和上海师范大学 5 家大学图书馆的哲学类馆藏进行比对，分析馆藏漏采的原因，期望调整采购策略，降低漏采率，优化馆藏资源建设。

2 哲学类图书的基本出版状况

2003—2005 年，《全国总书目》记录哲学类图书的种数分别为 2 381 种、3 234 种和 3 177 种。在实际调查过程中发现，2003 年《全国总书目》中含有 2002 年出版的 B 类图书 45 种；2004 年《全国总书目》中含有 2003 年出版的 B 类图书 244 种；2005 年《全国总书目》中含有 2004 年出版的 B 类图书 287 种，含有 2003 年出版的 B 类图书 51 种，含有 2002 年出

[①] 穆卫国. 基于"哲学核心书目"的馆藏漏采分析研究 [J]. 图书馆建设, 2010（03）：52–55.

版的 B 类图书 86 种，因此 2003—2005 年 B 类图书出版种数实际分别为 2 631 种、3 277 种和 2 753 种。

3 "哲学核心书目"的形成

哲学类图书包罗万象，既有系统论述的专著，也有通俗和普及性读物。为能形成哲学类核心书目，本文重点分析有价值的哲学学术专著。

学术专著指专门而系统地论述某一学科最新学术成果的专著。根据这一定义，哲学学术专著应该不包括各类通俗读物、普及读物、青少年读物、教材教辅、语录、工具书、经典文献或对经典文献的注释、文集、选集、再版（非修订版、影印版）、非汉语出版物（包括英汉对照出版物、中文学术专著的其他语种或少数民族语言的翻译出版物），这些出版物只起到推广、宣传和引起兴趣的作用，因其不具备创新性和研究性而不能被认定为学术专著。

根据以上界定，《全国总书目》于 2003—2005 年分别记录哲学类学术专著 779 种、821 种、793 种，占哲学图书出版总数的比例近 30%。对筛选出来的学术专著利用 Google Scholar 进行引文统计，发现 2003—2005 年分别有 476 种、494 种、473 种学术专著至少被引用过 1 次，这些被引用过的学术专著是有价值的，它们形成了"哲学核心书目"。

《中国图书馆分类法》（第 4 版）将 B 哲学、宗教类图书分成 14 个二级类目。由表 1 可知，"哲学核心书目"中 B2 中国哲学、B9 宗教、B5 欧洲哲学、B-B0 哲学理论、B84 心理学、B82 伦理学 6 个二级类目图书品种较多；从平均引用次数来看，B7 美洲哲学、B82 伦理学、B1 世界哲学、B-B0 哲学理论、B2 中国哲学和 B5 欧洲哲学 6 个二级类目图书的平均被引用次数较高。

表 1 "哲学核心书目"图书出版及被引用情况

项目	类名	核心书目	被引用次数	平均被引用次数
B-B0	哲学理论	171	1 570	9.18
B1	世界哲学	23	234	10.17
B2	中国哲学	309	2 503	8.10
B3	亚洲哲学	9	30	3.33
B4	非洲哲学	0	0	
B5	欧洲哲学	177	1 383	7.81
B6	大洋洲哲学	0	0	
B7	美洲哲学	19	341	17.95
B80	思维科学	33	138	4.18
B81	逻辑学	23	161	7.00
B82	伦理学	144	1 675	11.63
B83	美学	74	429	5.80
B84	心理学	155	1 159	7.48
B9	宗教	306	1 460	4.77
总计		1 443	11 083	7.68

（类号列）

4 馆藏对比及问题分析

本文之所以选择湖南师范大学（A）、华东师范大学（B）、南京师范大学（C）、上海大学（D）和上海师范大学（E）5 所大学的图书馆馆藏加以研究，是因为这 5 所大学哲学专业设置相对较全且中文图书采购经费接近。本文利用主要字段 ISBN、题名、责任者、出版社、出版地、出版年和分类号等，从 5 所大学图书馆系统中导出 2003—2005 年哲学类馆藏书目数据（包括各个图书馆分到其他大类但属于《全国总书目》哲学类的图书），然后分别与《全国总书目》和"哲学核心书目"比较，发现各图书馆哲学类图书采购存在一定差异。

4.1 馆藏书目与《全国总书目》的比较

馆藏书目与《全国总书目》的比较以图书采全率为指标。图书采全率指某图书馆某学科图书采购量占该学科全年出版图书总量的比例。若《全国总书目》收录的哲学图书总量为 z，图书馆入藏的哲学类图书数量为 r，则图书采全率 Q 就是 r 与 z 之比：

$$Q = \frac{r}{z} \times 100\%$$

2003—2005 年《全国总书目》分别收录哲学类图书 2 631 种、3 277 种和 2 753 种，总计 8 661 种。5 家图书馆 3 年采购种数均呈增长趋势，但又有差异。2003—2005 年：A 馆采购 4 233 种，B 馆采购 4 053 种，C 馆采购 3 438 种，D 馆采购 2 811 种，E 馆采购 5 216 种。从采全率看：E 馆最高，为 60%，D 馆最低，仅有 32%。可见，没有一家图书馆能够采购并收藏全部的哲学类图书，它们只能达到某个百分比（表 2）。

表 2 哲学类图书采购情况

	项目	A 馆	B 馆	C 馆	D 馆	E 馆
2003—2005 年	出版总量/种	8 661				
	采购种数	4 233	4 053	3 438	2 811	5 216
	采全率 Q/%	49	47	40	32	60
	核心书总数/种	1 443				
	采购核心书种数	965	1 249	1 103	893	1 059
	采准率 P/%	67	87	76	62	73
	漏采率 L/%	33	13	24	38	27

4.2 馆藏书目与"哲学核心书目"的比较

馆藏书目与"哲学核心书目"的比较以图书采准率和漏采率为指标。图书采准率指某图书馆采购的有价值图书的比例。若核心书目收录的有价值的哲学图书量为 h，图书馆采购的有价值的哲学图书量为 y，则图书采准率 P 就是 y 与 h 之比：

$$P = \frac{y}{h} \times 100\%$$

图书漏采率是指某图书馆未采购的有价值图书的比例。若图书漏采率用 L 表示，则：

$$L = \frac{h-y}{h} \times 100\%$$

2003—2005 年有价值的哲学图书分别有 476 种、494 种和 473 种，总计 1 443 种。5 所图书馆 3 年采购有价值的哲学图书分别为：A 馆采购 965 种，B 馆采购 1 249 种，C 馆采购 1 103 种，D 馆采购 893 种，E 馆采购 1 059 种。从采准率看：B 馆最高，为 87%；D 馆最低，仅有 62%。可见，没有一家图书馆能够采购到全部有价值的哲学图书，只能达到某个百分比。从图书漏采率看，D 馆最高，为 38%；B 馆最低，为 13%（表 2）。

5 图书漏采分析

由图书漏采率可知，任何一家图书馆都不可能采购到全部有价值的哲学图书，并且任何一家图书馆采购的有价值的哲学图书都无法囊括其他图书馆有价值的哲学图书。通过对比馆藏发现，有 70 种有价值的核心图书 5 家大学图书馆均没有购买。作者通过国家图书馆 OPAC 检索系统检索这 70 种有价值的核心图书，发现国家图书馆收藏 69 种，未收藏图书 1 种，ISBN 为 7-216-03775-8，但是出版该书的省图书馆收藏了此书。就国家图书馆而言，"呈缴本"制度在中国没有完全执行或者有漏洞，从而使国家图书馆也不能完全收藏国内的学术出版物；就各大学图书馆而言，漏采原因较多。

5.1 专业设置与图书漏采

参照《普通高等学校本专科专业目录（1998 年颁布）》，哲学涉及哲学和理学两大学科门类。本科阶段的主要专业有哲学、逻辑学、宗教学、心理学和应用心理学；硕、博士阶段的主要专业有马克思主义哲学、中国哲学、外国哲学、逻辑学、伦理学、美学、宗教学、科学技术哲学、基础心理学、发展与教育心理学和应用心理学（表 3）。

表 3　各高校哲学相关专业设置一览

类别	一级学科	二级学科	图书馆 A	B	C	D	E
本科阶段	哲学	哲学	√	√	√	√	√
		逻辑学					
		宗教学					
	心理学	心理学	√	√			
		应用心理学		√	√		√
硕、博士阶段	哲学	马克思主义哲学	√	√		√	√
		中国哲学	√	√			√
		外国哲学	√	√	√		√
		伦理学	√	√	√		√
		逻辑学		√			
		宗教学	√	√			√

续表

类别	一级学科	二级学科	图书馆 A	图书馆 B	图书馆 C	图书馆 D	图书馆 E
硕、博士阶段	哲学	美学	√	√			√
		科学技术哲学	√	√	√	√	√
	心理学	基础心理学	√				√
		发展与教育心理学	√	√	√		√
		应用心理学	√	√	√		√

从学院名称设置看，哲学相关专业一般被设置在大学的社会科学学院（或政法学院）和教育学院等二级学院下，如 B 大学哲学相关专业直接以哲学系和心理与认知科学学院命名。清晰明确的学院名称有助于加强采购人员对学校学科建设的记忆及有针对性地采购图书。

从专业设置来看，本科阶段，除 D 大学没有心理学相关专业外，其他各大学专业相差不明显；硕、博士阶段，D 大学不仅没有心理学相关专业，而且哲学类相关专业数量与其他大学相比差距明显。其他几所大学哲学和心理学专业不仅设置相对齐全，而且有的还是教育部或者省重点学科或特色专业。因此与其他图书馆相比，D 馆哲学图书的采全率和采准率较低，漏采率较高。

学科专业设置是图书馆建设与教学和科研相得益彰的文献保障体系的前提，是图书馆采购人员有层次、系统地采选教学科研专业文献的依据，是图书馆有针对性地为师生科研、教学参考和学习辅导提供信息资源的保障。学院名称的清晰度和专业设置的差异必定造成各图书馆采购和馆藏的差异。

5.2　出版与图书漏采

市场经济激活了图书出版，同时也带来了一些问题，如图书漏采。一号多书和异号同书现象屡见不鲜。一号多书主要出现于丛书或多卷书中，但也有两个二级类目的图书非同一年出版却同号的情况。同书异号主要是一些图书在同一家出版社不同年出版或者同一年在不同出版社出版。这些使得利用机器批量查重时将本应该收藏的书目信息删掉，以致图书漏采。

本文根据每种图书漏采的图书馆数把图书采购难度分为 3 级，即"极难采购""难采购""较难采购"。极难采购指 5 家大学图书馆均未采购；难采购指 2～4 家大学图书馆未采购；较难采购指 1 家大学图书馆未采购。调查显示，2003—2005 年采购难度达到 3 级的有价值哲学图书共计 70 种；采购难度 2 级的有价值哲学图书共计 441 种；采购难度达到 1 级的有价值哲学图书共计 402 种。本文分析不同采购难度级别的图书，发现图书漏采有以下原因。

1）出版地分析

"极难采购"的 70 种有价值图书中，容易漏采的哲学出版社有 48 家，其中北京地区的出版社 15 家 28 种，上海地区的出版社 1 家 1 种，其他地方的出版社 32 家 41 种；"难采购"的 441 种图书中，容易漏采的哲学出版社有 186 家，其中北京地区的出版社 66 家 211 种，上海地区的出版社 19 家 46 种，其他地方的出版社 101 家 184 种；"较难采购"的 402 种图书中，容易漏采的哲学出版社有117家，其中北京地区的出版社47家189种，上海地区的出版社12家68种，其他地方的出版社58家145种。

"极难采购"的有价值学术图书中，京、沪以外地方的出版社出版的有价值学术图书很难通过一般的采购方式获得，漏采率接近60%；"难采购"和"较难采购"的有价值学术图书中，京、沪地区由于出版社及出版物数量多，出版信息若未及时获取和处理，则更容易漏采，漏采率在60%左右。

2）出版社分析

本文参考《中文图书采访工作手册》中对出版社的分类，将出版社分为中央及各地人民出版社、科技出版社、社科出版社、教育出版社、民族出版社、文艺出版社、美术出版社、少年儿童出版社、古籍出版社和综合出版社等。

2003—2005年，大学出版社、中央和各地人民出版社、综合出版社和社科出版社出版有价值的哲学图书均超过100种，这4种类型的出版社总计出版的有价值哲学学术图书占哲学有价值图书总数的3/4。虽然这4种类型的出版社是出版哲学图书的主力军，但这些出版社的图书也会被漏采。

"极难采购"的有价值图书中，容易漏采的大学出版社有7家7种、中央和各地人民出版社有14家23种、综合出版社有7家11种、社科出版社有5家13种；"难采购"的有价值图书中，容易漏采的大学出版社有35家65种、中央和各地人民出版社有26家82种、综合出版社有43家94种、社科出版社有21家79种；"较难采购"的有价值图书中，容易漏采的大学出版社有36家125种、中央和各地人民出版社有18家85种、综合出版社有18家72种、社科出版社有11家44种。

"极难采购"的有价值图书中，地方人民出版社图书采购难度大。甘肃人民出版社、湖北人民出版社、湖南人民出版社、吉林人民出版社、内蒙古人民出版社、陕西人民出版社、四川人民出版社、新疆人民出版社8家出版社有2种以上图书漏采，而甘肃人民出版社、内蒙古人民出版社和新疆人民出版社于2003—2005年出版的有价值的哲学图书均不超过4种，这些地方人民出版社，由于偏远或者分散，出版信息不畅，图书漏采比例高。

采购人员应与出版社，特别是偏远地区的出版社，保持密切联系，从出版社直接获取可供图书的书目信息，同时了解本馆漏采图书的信息，并尽可能获得作者包销、内部发行等图书的书目信息，委托书商或出版社购买这些图书。

3）学科内容

《中国图书馆分类法》哲学类的14个二级类目中，B9宗教学、B2中国哲学、B84心理学、B82伦理学、B-B0哲学理论和B5欧洲哲学6个二级类目的图书漏采777种，超过漏采图书量的85%。

"极难采购"的70种有价值图书中，B9宗教学、B84心理学、B2中国哲学、B-B0哲学理论、B82伦理学和B80思维科学6个二级类目的图书漏采62种，漏采率高达89%。采购人员应注意补配漏采率高的二级类目中有价值的哲学图书。

5.3 发行与图书漏采

随着出版发行市场化，目前发行渠道除新华书店外，民营书商、出版社自办发行和网络书店都已形成规模，多种发行渠道和激烈的市场竞争使图书采购更具灵活性，但在一定程度上也造成了图书发行市场的混乱和无序。一些折扣高、无利润的图书（尤其是学术专著）出版困难和发行不畅的局面并无太大改观。

各类型征订书目是图书采访人员订购图书的主要工具，预告性强、报道量大、准确度高的书目往往更受采访人员的欢迎。由于目前大多数图书馆中文图书采购已招标或者邀标，书商都会定期将书目信息发送给采访人员。据统计，书商书目的报道量远远超过了"三目"等传统征订书目，本文选择书目信息报道量大的人天书目，把"极难采购"的70种图书与其2003—2005年的哲学类书目数据进行比较，发现有37种图书存在于该书商书目中，也就是说有超过50%的核心图书由于学科面窄、出版社出版数量少，书商（也包括其他发行渠道）拿不到图书，或折扣高而赚不到利润，书商不愿意卖这些图书，或采访人员本身知识积累不够，使有价值的图书无法进入图书馆馆藏。

出版社并非将所有图书都交给发行部门，一部分作者包销和内部发行的图书发行部门只有书目信息，有的甚至连书目信息都没有，这也是图书漏采的重要原因。

完备的可供书目（包含预订书目、现货书目和出版社库存可提供的书目）是图书馆文献资源建设与服务的前提和基础，全面掌握和利用书目信息能提高采访人员的工作能力，所以业界必须达成共识，并在政策保障和监督下共同制定和组建完备的可供书目。在完备的可供书目制定出之前，采购人员应利用多种渠道获取书目信息。

5.4 采购与图书漏采

从采购渠道看，2003—2005年，国内书商已经崛起，各图书馆陆续与书商签订合作协议。本文选择的5家大学图书馆中有4家图书馆的中文图书采购已在这段时间招标或邀标，一旦招标或者邀标，书商即开始为其提供书目，这4家图书馆基本上采用圈选书商提供的征订书目和参加各种类型的现采相结合的采购模式。另1家图书馆中文图书采购未招标，但自2005年起也有书商为其提供征订书目，并且该馆还与一些出版社和书店建立合作关系，出版社直接为其提供可供书目，书店为其提供适合馆藏的样书，这弥补了书商书目的不全或滞后等因素，有助于提高该馆有价值哲学图书的采全率和采准率。

图书采购人员应有良好的采访意识和为解决图书采购问题而自觉地查询和利用信息的行为，要有认真、负责、耐心、细致的工作态度，要有对书目信息的敏感性，要有辨别图书的真伪与优劣的能力。采访人员的采访意识和行为也影响图书的采全率和采准率。

《全国总书目》虽不能作为图书馆采购的工具，但它可以作为检验图书馆入藏文献的完整情况、补充漏订漏购文献和进行馆藏文献评价的工具，利用它定期与图书馆馆藏进行对比、分析，及时弥补缺藏，可以提高藏书建设质量。

参考文献

[1] 穆卫国. 基于Google Scholar引文统计的我国哲学学术专著出版状况分析 [J]. 图书馆论坛，2009（2）：168－171.

[2] 教育部关于印发《普通高等学校本科专业目录（1998年颁布）》《普通高等学校

本科专业设置规定》等文件的通知［EB/OL］.［2009-09-03］. http://rs.cumtb.edu.cn/20060314.htm.

［3］李德跃. 中文图书采访工作手册［M］. 北京：北京图书馆出版社，2004.

［4］钟建法，苏素尽. 中文图书缺藏成因和补缺对策［J］. 大学图书馆学报，2005（5）：30-33.

〔作者简介〕穆卫国（1981—），男，上海师范大学图书馆助理馆员，已发表论文3篇。

（收稿时间：2009年11月）

（十九）图书"纸电同步发行"趋势下的采购策略研究[*][①]

——基于华东师范大学图书馆利用数据的分析

段双喜

（华东师范大学图书馆 上海 200241）

[摘要] 电子书供应平台目前可供适配电子书很少，中文图书"纸电同步"刚刚起步，但它为图书馆提供了多种选择的可能。学术馆应及早采取以单复本为基础的馆藏政策，根据馆藏使用情况和电子书供应进展订购电子书或另添复本。预添复本时可根据历年借阅数据，归纳图书的功能属性和分类号特征，建立馆藏调配机制，满足当前现实需要。

[关键词] 纸电同步 复本政策 纸质书

0 前言

中文图书的纸质书、电子书配合问题近年为业界热议，纸电并存或融合正逐渐成为文献建设者的共识。中文图书馆配商在电子书的供应方面也不断开发新项目。2015年4月，北京人天书店"畅想之星"馆配中文电子书平台正式发布，第1期《中文电子书目录》上线。2016年3月中旬，湖北三新公司举办"纸电同步"高峰论坛；4月，在上海举办中文馆配图书"纸电同步"融合及PDA采购模式探索专题研讨会；同月，该公司正式推出"田田网"订购平台，为高校图书馆提供中文电子书的单本订购服务。2016年4月21日，浙江省新华书店集团的开放式纸电相融馆配服务云平台"芸台购"上线。一时间，山雨欲来风满楼，"纸电同步"成为中文馆配业务员言必称之的话题。狼真的来了吗？高校图书馆该如何应对这种形势？笔者不吝鄙陋，就此发一浅论，抛砖引玉，以期引起同行的讨论。

1 对"纸电同步"的考察

超星图书以数据库形式供应电子书，"畅想之星"以单本形式供应电子书，田田网等供应商则志在"纸电同步"或"相融"。国外"纸电同步"开展得比较成熟，也是目前文献资源建设的理想模式。比起包库捆绑、滞后销售，"纸电同步"或"相融"对图书馆更有吸引

---

[*] 此借鉴香港大学图书馆做法，承香港大学冯平山图书馆高玉华女士见告，特此致谢。本文系教育部高校图工委文献资源发展研究课题"研究型图书馆纸质中文图书'单复本'修正模式的意义及其实施"（批准号：17TGW01006）的研究成果之一。

[①] 段双喜. 图书"纸电同步发行"趋势下的采购策略研究——基于华东师范大学图书馆利用数据的分析 [J]. 图书馆杂志，2017，36（11）：56–61.

力。笔者选择某纸电供应平台（隐去供应商网站名称，下文一律简称"该平台"或"平台"），对其可供电子书数据进行考察，以了解目前中文图书纸电供应的实际状况。

B、C、D、G、I、K类图书是大部分学术图书馆特别是文科图书馆藏的重要对象，I类（文学）尤其是重中之重。笔者于2016年6月30日—2016年7月1日登录该平台"征订管理"模块，进入"选书"栏，对平台这6类电子书情况进行分析，并与华东师范大学图书馆（下文称"本馆"）同时段购进的纸质书进行了对比。统计发现，2016年1—6月，本馆6类纸质书订购种数分别为1 284、452、2 144、1 716、4 181、3 000，该平台可供电子书种数分别为21、16、33、22、51、26，经过筛选的适配种数为6、3、12、7、25、16，适配电子书与本馆纸质书种数比率分别为0.47%、0.66%、0.56%、0.41%、0.60%、0.53%。在2015年6—12月，6个分类号下纸质书订购种数分别为1 219、475、2 145、1 845、4 201、3 140，适配电子书种数分别为54、12、81、56、111、72，适配电子书与纸质书种数比率分别为4.43%、2.53%、3.78%、3.04%、2.64%、2.29%。可见，该平台半年内电子书的适配率不到1%，一年内不到5%。从总量上看，若只通过该网站，图书馆无法购置1年内的绝大多数电子书。

笔者曾对2010—2014年本馆纸质书订单情况进行了统计，得出为本馆提供图书的部分核心出版社。现抽取其中36家，统计该平台可供电子书的情况，然后与2010—2014年年均购书种数作比较。

数据显示，2000年7月—2016年6月，19家出版社（科学、社会科学文献、人民、经济科学、上海人民、人民文学、知识产权、高等教育、上海古籍、作家、北京师范大学、世界图书出版公司、三联书店、中国经济、译林、经济管理、上海三联、上海译文、上海文艺）订购平台可供的2000年以来电子书的可采量始终为0。半年内电子书超过20条的只有上海社科院（23条）、中央编译出版社（32条）两家。一年内有60条以上的有南京大学（62条）、中国社会科学（82条）、上海社科院（104条）、中央编译（132条）4家出版社。一年后，电子书可供量达到纸质书年采量1/4～1/2的有武汉大学（56条）、中华书局（84条）、中国政法大学（106条）、上海社科院（157条）、中国人民大学（165条）、南京大学（170条）、中央编译（215条）、清华大学（615条）、中国社会科学（631条）9家出版社。以上出版社电子书数量是没有加"选中率"指标的，即便如此，与纸质书年采集数相比，平台可供数也几乎是可以忽略的。看来，目前绝大多数出版社并未通过该网"同步"发售纸质书的电子书。尽管平台宣称"出版社可以电子书双重版权控制，传播全流程密钥控制"，在技术层面承诺图书版权不受侵犯，但从数据上还是可以看出出版商对电子书同步发售的消极观望态度。目前电子书与纸质书还是未能"同步"，中文馆藏建设仍处于前"纸电同步"时期。

对"纸电同步"进展的预测不是本文重点，或许今后图书馆所能购置的电子书，不会低于目前比率。但值得注意的是，上文数据也透露了出版方另一种态度：部分出版商愿意单本发售有一定时滞的电子书。学术图书馆能以PDA形式自主选购一定比例的电子书，即使比纸质书有某些时滞，但比之被迫打包购买数据库，已是很大的解放。学术图书馆的馆藏建设者可以利用这种趋势，与单纸质书政策相结合，促进馆藏建设的发展。

2 对单纸质书政策的重省

复本政策是图书馆文献资源建设的基石之一，单纸质书馆藏建设的相关论述以吴志荣先生的论文为代表。大陆版图书价格相对便宜，图书馆可购买较多复本。国外图书价格较高，为节省经费而采取单复本；此外，需要采取一系列的配套措施。后来文章的论述基本不超出这个范围。道理是无可争辩的，重要的是如何执行。复旦大学图书馆近年对中文纸质书采取了单复本政策，但大部分高校图书馆还是坚持多复本。本馆近几年也在试行单复本政策。在执行过程中，笔者意识到，在各种纸电融合平台纷纷上线形势的映照下，中文图书单纸质书政策有更深层的意义可以发掘，需要引起馆藏建设者的高度重视。

2.1 纸质书：不可轻弃的资源种类

"藏""用"是图书馆收藏文献的两大目标和任务。电子书使用方便，数字阅读在当前也已成为时尚。但相关研究认为，数字阅读量的增加不一定意味着纸质文献利用率的下降，电子书并没有撼动纸质书阅读的地位。研究者在浙江大学的调研中发现，当前国内大学生对纸质书的依赖性依然很强。当问及电子书是否会取代纸质书时，绝大多数被调查者表示纸质书肯定不会被取代。纸质书和电子书各有千秋，应互补共存。近90%的被调查者希望能同时购买纸质书和电子书。若图书馆只能选择一种图书载体，与仅购买纸质书相比，被调查者在仅购买电子书方面表现出更强烈的反对态度。

目前没有人或机构能证明电子书比纸质书更可靠。娱乐消遣休闲型阅读可通过碎片化时间浏览电子书实现，学者也可用电子书检索以节省时间和精力，但真正专深精博、融涵通透的学者绝不会只满足于检索，他肯定要精读文献，反复揣摩、翻阅纸质书。资料性、研究性纸质书一旦缺乏，若电子书获取不够稳定，就只能借助馆际互借之类的合作方式，这会给读者造成很大不便。在这种情况下，高校图书馆尤其是较大学术图书馆"藏"书的责任不可轻弃。所以，目前本馆宁可采取比较保守的态度，对研究性馆藏特别是资料数据性文献，仍保证一本纸质书，以确保研究者能得到可靠的研究资料。

2.2 单复本：主动赢得余地的策略

2010—2015年，高校图书馆馆均纸质书文献资源建设年度经费依次为259万元、252.5万元、250万元、243.1万元、263.8万元、252万元，维持在比较稳定的水平。根据国家新闻出版总署的数据可知，2010—2015年，全国图书定额总价的年度增长幅度依次为9.8%、13.6%、11.3%、8.9%、5.8%、8.26%，年均涨幅9.61%。在这种形势下，图书馆只好降低复本来缓解经费压力。电子书将来还要挤占部分经费，"纸电同步"越快，纸质书复本率就下降得越快，最终会达到单一复本这一极值。

但这样降低复本是被动的。与其被迫推动，不如及早主动调整。单复本可节省经费，更重要的是可以为未来留存较大的调整空间：或适当增加纸质书品种，或购置高价大套图书，或购置其他类型资源，如外文图书和数据库。网络环境下特藏图书将成为高校图书馆的生命线。要将某专业领域所有文献收齐，需要很大的经费和存储空间。电子书便于使用和管理，使用量大但非重点保障方向的实用性图书可逐渐采取这种资源形式。图书馆可将精力与空间转向特色纸质书的全面收藏，以达到"藏""用"平衡的状态。

目前对单复本政策最大的质疑和担忧是馆藏能否满足读者实际借阅需要。这个问题可以分两方面看：一是从借阅总量上看单本馆藏的流通频率能否跟上；二是从空间分布上看如何应对多校区的使用。

本馆目前普通图书借阅期限为 2 个月，除去寒暑假时间，每本可借馆藏图书平均可流通 4.5 次。笔者分别于 2016 年 1 月 1 日、7 月 1 日两次导出本馆 2010 年 7 月—2016 年的馆藏数据，以入藏年数为时间段标准统计年均流通 4.5 次以上图书情况。第一次统计发现，在 2016 年前的第 1、2、3、4、5、6 年，本馆分别入藏图书种数为 80 382、109 673、94 293、79 952、77 068、90 261，年借阅 4.5 次以上馆藏图书种数分别为 3 330、10 547、13 541、14 555、19 626、23 731 种，占总馆藏量的 4.14%、9.62%、14.36%、18.20%、25.47%、26.29%。第二次统计的数据显示，在 2016 年 7 月 1 日前 6 年的各个时段，本馆分别入藏图书种数为 75 850、132 848、110 071、102 550、106 688、101 215，年借阅 4.5 次以上馆藏图书种数分别为 1 954、12 889、13 021、13 675、19 758、19 608，占总馆藏种数的 2.58%、9.70%、11.83%、13.33%、18.52%、19.37%。

随着入藏时间增加，馆藏借阅率也在上升，但这个上升不是均衡的。两次统计数据表明，入藏首年借阅次数达 4.5 次的馆藏比例不超过 5%；而超过首年，这个比率会有较大提升。也就是说，若借阅期限为 2 个月，一年内，单复本政策能保证 95%图书品种的使用需要。这是馆藏借阅次数方面存在的"一年现象"。

笔者在对本馆 36 家核心出版社电子书情况进行统计时还发现，时效因素是制约电子书发售的主要问题。17 家出版社（武汉大学、法律、长江文艺、商务印书馆、南京大学、中国人民大学、华东师范大学、中华书局、广西师范大学、上海社科院、中国社会科学、中国政法大学、复旦大学、北京大学、中央编译、浙江大学、清华大学）第一年只发售单本电子书 432 种，第二年增加到 2 306 种，增加了 4 倍多。再按照它们在订购平台上可供电子书总数，排出 10 家电子书发售的"先进"核心社（清华大学、浙江大学、中央编译、北京大学、复旦大学、中国政法大学、中国社会科学、上海社科院、广西师范大学、中华书局），统计本馆纸质书的年均采进量与电子书种数。统计发现，在第 1 年、第 2 年、第 3 年 3 个时段内，它们可提供的电子书种数依次为 422、2 202、2 681，分别占年均纸质书采进总量（4 341.99 种）的 9.72%、50.71%、61.75%。一年内可供电子书与纸质书的比率为 9.72%，第 2 年内就达到 50%以上，增加了 4.2 倍。这个供应比例的跳跃是很明显的。看来目前部分出版社在电子书的供应节奏上也存在"一年现象"。

将两个"一年现象"联系起来，有利于提高单复本政策制定者的自信。即使按每个借阅期 2 个月的时长计算（实际上很多图书馆新书借阅期短于 2 个月），一年内，绝大多数图书的借阅率不超过 4.5 次，95%的馆藏图书采取单复本是可行的。一年后，电子书可供种类增加。当前该平台一种电子书可提供并发用户数为 5 个，一般情况下无须再添纸质书。若无电子书，则根据需要再添置纸质书复本。未来纸电是"并存"还是"融合"，单纸质书提供了一个坚实基础，可使今后的购买更有弹性，切合未来形势。

有多个校区的图书馆可采取图书馆藏地与所属学科院系所在地一致的原则，纸质书放在学科对应院系所在馆区。另外校区读者若要借阅，可通过异地调配。若后续工作可以补充电子书，就不存在校区问题；若无电子书且纸质书借阅率较高，则考虑给非院系所在馆区追加复本。若发现馆藏实际为另一校区使用较多，则可以改变原馆藏地。所以，单纸质书政策对多校区的情况也是适用的。关键问题是建立紧密的协作和高效的物流通道，并尽量节约运送成本。若能保证在读者可以忍受的时段内送到图书，运送费用少于图书购进和保存成本，从长远来看，对文献建设还是有利的。

所以，在单纸质书政策框架内，采访者进可根据电子书供给形势删减纸质书种类，退可根据馆藏使用情况添加纸质书复本。船大掉头难，而减小纸质书体量，就可以有更多余地。各种纸电平台的上线，毋宁说是挑战，不如说是机会，因为它提供了更多选择的可能。无论如何选择，每种书藏有一本纸质书做支撑，图书馆就有底气，无须担心某种资源的纸电类型问题。所以，对无法轻弃纸质研究性文献的学术图书馆而言，中文纸质书单复本模式至少应该成为在前"纸电同步"时期馆藏政策的基础。

3 对少数图书的多复本处理

在当前的中国高校，研究性、学术性图书馆往往也要满足教学和一般阅读需求。高校图书馆所服务对象的层次是不同的，从专科生到博士研究生、教授，他们对图书馆的依赖程度、对文献类型、复本量的需要是有差别的。有时即使是研究性著作也会有较大的借阅量。只有处理好少数种类的复本问题，满足现实高借阅需要，不招来较多的反对和投诉，才能使馆藏转型在不受干扰的情况下顺利进行。

3.1 多复本的预订

需要预订多复本的图书情况有时容易判断。如果某些图书获得了或入围了某些奖项，如国家"文津奖""茅盾文学奖"，或位列各读书频道及网站排行榜前几位，如凤凰、豆瓣，那么其借阅率往往会比较高，可适当增加复本。但大部分图书的复本预测要借助对馆藏借阅情况的统计分析。

国内研究者将布拉德福定律应用于核心出版社的测定，根据适藏出版品种数将出版社分成核心、相关、非相关三个区。据此原理，笔者于2016年2月18日登录本馆系统，导出本馆 2000—2015 年有借阅数据的馆藏信息，根据年借阅次数将其划分为三个区：大于27次（1 405种）、介于4.5~27次（71 538 种）、小于4.5次（248 070 种）。第一区为高借阅区，馆藏年借阅数超过 27 次。若入藏一年的新书借阅期缩短到 10 天，除去寒暑假 3 个月，每本可出借新馆藏一年即大致可流通 27 次。没有电子书供应时，第一区图书需要预订 2 个以上复本。通过对本区图书的分析，笔者以为可从以下两种情况考虑是否要预订多复本。

3.1.1 功能属性

图书的功能不同，使用对象的身份和数量不一样，复本数量也就不一样。笔者将第一区图书功能类型分为教学、娱乐教育、实践操作、研究 4 种类型，分别统计各类功能图书在高借阅区中的数量和比率。教学性图书包括各科教材、教学辅导、考试、竞赛及各科经典及其普及性阅读性图书。娱乐教育性图书指欣赏性（特别是文艺欣赏）阅读图书，能够进行心理调节，特别是具有励志功能的图书。实践操作性图书包括计算机应用指导和教学教育方法。研究性图书包括理论探索图书。统计发现，高借阅图书区"研究性"和"实践操作性"两类图书分别有 24 种和 58 种，分别占总数（1 405 种）的 1.17%和 5.70%。借阅率高的概率很小，一般无须加复本，事后追加即可。教学、娱乐教育性图书高借阅比率分别为 40.71%、33.67%，其以各科欣赏性阅读、教参教辅为最，分别占 28.61%、15.94%，特别要注意添加复本。教参教辅书以 O 大类（292 种）最为突出，其中教辅材料有 224 种，又以数学类最多（193 条），这与数学学科的高抽象度有关。数学类教辅图书借阅最多的如 Б. П. 吉米多维奇的《数学分析习题集题解》、华东师范大学数学系的《高等数学习题与解答》、廖良文的《Б. П. 吉米多维奇数学分析习题全解》、吴良森等的《数学分析学习指导书》、彭舟等的《数学分析同步辅导》，年借阅次数分别为 159.04、145.45、128.48、103.20、101.25。这类文献需要量特别大，借阅期即使缩短到 10 天，也需要 4 个以上的复本。

同时，一种图书可能会被不同层次、学科的读者借阅，具有多种功能，也需要考虑添加复本。如黄仁宇的《万历十五年》，年借阅 99.67 次。它可作为历史专业本科教材或者参考资料。同时，它属于历史名著，大家小书，受众较广，也可作为普及性的阅读材料。再如《朱光潜谈美》年借阅 28 次，可作为哲学、心理学、文学教材；同时它文辞兼胜，可陶冶心灵、提高精神境界，满足欣赏性阅读需要，所以也可适当增加复本。

3.1.2 分类号

对第一区 1 405 种图书按《中图法》分类，排名前列的是文学类（I）、数理科学和化学（O）、工业（T）、哲学（B）、历史（K）、社会文化教育（G），占总量的百分比分别为 29.99%、20.80%、9.54%、9.47%、6.91%、6.70%，总计占比为 83.41%，是本馆高借阅图书的集中区。归纳这 6 类图书的特征并运用到实际工作中，能起到事半功倍的作用。限于篇幅，下文仅以 I 类为例。

I 大类 421 种图书中文学作品 402 种，其中小说 327 种。这类图书主要满足欣赏性阅读需要。其中古代文学作品 26 条，《诗经》《世说新语》《文选》《杜诗详注》《王维集校注》和四大古典小说，都是精注精校本。民国作品有 13 个题名的各种版本，最受欢迎的依次为《京华烟云》（版本 5 种）、《呼兰河传》（4）、《生死场》（2）。最受欢迎的作者依次为林语堂（图书 7 种）、萧红（5）、鲁迅（4）、沈从文（4），其次为张爱玲、张恨水、沈从文，均有 3 种。1949 年后作品题名 128 个，全部出版于 1980 年以后，除热门小说如《盗墓笔记》外，多为文学精品，如《平凡的世界》《白鹿原》《活着》。其中作品较多者依次为余华（图书 6 种）、王小波（6）、辛夷坞（6）、路遥（4）、杨绛（4）、莫言（4）、张小娴（4）、严歌苓（4）。150 个外国文学译本题名中，受欢迎的有《基督山伯爵》（版本 4 种）、《瓦尔登湖》（4）、《呼啸山庄》（3）、《动物农场》（3）、《傲慢与偏见》（3），其次为《卡夫卡文集》《福尔摩斯探案全集》《不能承受的生命之轻》《悲惨世界》《冰与火之歌》《深夜食堂》《红字》《国境以南，太阳以西》《茶花女》《爱弥儿》《1973 年的弹子球》，都是 2 种。作品较多者为村上春树（图书 23 种）、东野圭吾（21）、奥威尔（5）、昆德拉（5）、川端康成（4）、加缪（4）、大仲马（4）、克里斯蒂（4）。从作品数统计，村上春树是最受欢迎的作家，高借阅图书 23 种，金庸与东野圭吾次之，有 21 种。所有馆藏中，《红楼梦》出现 9 个版本，排名榜首。以上情况说明，I 大类复本需要量大的主要是名家名作，从体裁上看是长篇小说，且时间离现在越近，借阅越多。

从出版情况看，这些图书大多出自权威社。例如，中国古代文学作品出版较多的为上海古籍出版社（图书9种）、中华书局（7）。现当代文学为人民文学、长江文艺、作家、三联书店、北京十月文艺、湖南文艺、漓江、上海文艺等出版社，出版品种数依次为16、11、9、9、7、7、5、4。出版翻译文学种数多的出版社为上海译文、南海出版公司、人民文学、译林等，品种数分别为57、19、19、18。这些权威社出版的名家作品，可考虑预订多个复本，尤其初版图书。

3.2 复本的补充

以上办法只能大致帮助预测要多订复本图书的特征，但预测往往与实际情况有差别，所以采访人员还要持续关注读者需要和馆藏借阅动态，对临时产生的高借阅需要即时采取措施。例如观察预约图书情况，若预约数与复本数之比高于 5:1，就添加一个复本。本馆2015年共增加了11种高预约图书的复本量，其中包括南派三叔的《盗墓笔记》、东野圭吾的《解忧杂货店》、村上春树的《袭击面包店》等热门图书。添加复本业务与常规购书不一样，我们要求当日反馈，从下订单到图书上架控制在一周左右，最迟不能超过两周，这使读者可以很快用到新馆藏。一年中高借阅图书种类不多，观察、购置、上架工作量不大，若能快速及时，可有效辅助单复本政策。

4 结语

当前很多供货商启动"纸电同步"计划，但大部分核心出版社并未响应，绝大多数适配图书无法同步采到电子书，部分出版社一年后才会逐渐抛出部分电子书。前"纸电同步"时期，学术图书馆的核心馆藏仍然要实现纸质书保障，但应采取单复本政策，给未来馆藏建设留存余地，但对单复本政策要做一些补充和修正。通过馆藏分析，对借阅量较大的馆藏，可从学科、功能类型等方面预先分析出相关特点，在图书订购时事先添加；同时应建立快速追加复本和调整馆藏布局的措施，以弥补复本不足的缺陷。

参考文献

[1] 北京人天书店有限公司．人天畅想之星《中文电子书目录》第 1 期正式上线 [EB/OL]．[2015－04－29]．http://www.rtbook.com/news/newsdetail.aspx?id=MjY2Mzk=．

[2] 中国图书出版网．纸电发展之路：从"融合"到"同步"[EB/OL]．[2016－03－30]．http://www.bkpcn.com/Web/ArticleShow.as px?artid=124264&cateid=A0501．

[3] 北京汉图恒业图书公司．纸电相融开启馆藏业务新时代 [EB/OL]．[2016－04－24]．http://www.bjhtcm.com/cbzy/zhzx/201604/245189.html．

[4] 段双喜．供应商书目评价一隅——基于华东师范大学图书馆 2010—2015 年的部分数据 [J]．晋图学刊，2016（6）：60-68．

[5] 吴志荣．感悟"一个复本"——探究西方大学图书馆的办馆理念 [J]．图书馆杂

志，2004（12）：42-44.

[6] 余海宪. 变革，数字环境下的纸质馆藏的发展与利用——以华东师范大学为例[J]. 图书馆杂志，2013（10）：39-42.

[7] 王素芳，白雪，崔灿. 高校学生对电子书的认知、使用和态度研究：以浙江大学为例[J]. 大学图书馆学报，2014（5）：61-72.

[8] 教育部高等学校图书情报工作指导委员会. 2010—2014年高校图书馆发展概况[EB/OL]. [2016-12-30]. http://www.scal.edu.cn/tjpg/tjbg.

[9] 中华人民共和国新闻出版广电总局. 新闻出版产业分析报告（2010、2011、2012、2013、2014年度）[EB/OL]. [2016-12-30]. http://www.sapprft.gov.cn/sapprft/govpublic/6676.shtml.

[10] 段双喜. 数字化环境中高校图书馆特藏建设探赜[J]. 晋图学刊，2010（3）：25-30.

[11] 蔡迎春. 基于综合分析法的核心书目及核心出版社的测定[J]. 图书馆杂志，2009（1）：4-9.

〔作者简介〕段双喜（1974—），男，江西都昌人，2007年毕业于复旦大学中文系，获文学博士学位。现为华东师范大学图书馆文献资源建设部主任，副研究馆员。2012年以来主要进行书目比对与整合工作，曾主持教育部人文社科研究项目、教育部高校图工委研究项目等多项，在《中国图书馆学报》《文学遗产》等刊物发表论文多篇，出版专著2部。

（收稿时间：2016年10月；修回日期：2017年3月）

（二十）书商征订目录对专业性高校图书采访的影响及对策[①]

——以上海戏剧学院图书馆为例

张凌南

（上海戏剧学院图书馆　上海　200040）

[摘要] 专业性高校为形成具本校特色、专业性强的文献藏书体系，对某些专业图书的出版情况和书商供书情况的关注度相对较高。将《全国总书目》与多家书商的目录比对后发现书商征订目录中多个类别的覆盖率较低，单纯依赖书商征订目录使得图书采到率很不理想。本文就此现象做了简单分析与探讨。

[关键词] 低覆盖　征订目录　调整供应商　多渠道

专业性高校即指教学科研均主要围绕某个专业进行的高校，如音乐专业高校、医学专业高校、旅游专业高校、海关专业高校等。这类高校图书馆对相关专业图书的采购要求往往高于一般的综合性高校图书馆。例如，作为艺术专业的高校，在满足一般高校的基本需求外，还要开展大量的演出实践任务等包含大量专业性质的活动，这些内容就要求图书采访除了必须保证教学和科研用书的系统入藏以及课外阅读用书的选择入藏等基本原则以外，还必须配合学校的艺术实践活动补充相应文献资源，以逐渐形成具有本校特色、专业性突出的文献藏书体系。

由于对相关专业图书的采购要求较高，这类学校对某专业图书的出版情况和书商供书情况的关注度也相对较高。近年来，我国每年出版的图书数量迅猛增长，然而很多专业性高校图书馆发现，通过书商可采到的图书数量越来越少，这无疑对此类高校图书馆的图书采购工作产生很大影响。

本文从上海戏剧学院图书馆的角度，应用书目核对法，把2008—2010年《全国总书目》、人天书店征订目录、浙江新华传媒图书征订目录以及上海戏剧学院的馆藏书目进行比对，试图就文化艺术类图书的出版情况和书商的供书情况进行实证分析，寻找文化艺术类图书采访存在的问题，并提出对策。

---

① 张凌南. 书商征订目录对专业性高校图书采访的影响及对策——以上海戏剧学院图书馆为例 [J]. 图书馆杂志，2014，33（02）：56-59.

1 选取核对样本的说明

本文选取《中国图书馆分类法》中的 J8（戏剧艺术，不含杂技魔术类）、I23（戏剧文学）、G127（地方文化与文化事业）以及 K825.78（中国戏剧、电影、电视人物传记）这 4 个类别为例，以国家图书馆编印的《全国总书目》（按现行出版社所出版的书必须向国家图书馆提交样本的规定，在很难收全出版商出版目录的情况下，《全国总书目》有一定的比对价值，尽管实际上还不完整）、北京人天书店有限公司（简称人天书店，国内规模较大的民营图书馆配商代表）征订目录、浙江新华书店有限公司（简称浙江新华，国内规模较大的国营图书馆配商代表）征订目录、孔夫子旧书网等网上信息为参考样本，与上海戏剧学院图书馆馆藏目录做比较，分析与探讨新网络环境下专业图书馆中文图书采全的可能性。

之所以选择以这 4 个类别作为主要参考与比对的依据是基于以下两点原因：① 这 4 类图书都是我院专业学习和科研必备的，因此积累了丰富的数据，馆藏量较大，从这方面来说，它们在具有一定特性的同时也为数据比对提供了丰富的依据。② 像 I23、G127 这样的文学文化类图书，在社科类及综合性大学中是普遍需要的，而 J8、K825.78 类对于丰富学生的文化素质也是必不可少的，因此在各高校中也普遍需要，它们也因此具有了相当的共性。综合以上两点理由，相信这 4 个类别有一定的借鉴和可讨论意义。

2 数据比对和比对结论

从表 1~表 4 中我们不难看出，通过供应商提供的目录，我们看到的只是出版社出版的部分目录，其较低的覆盖率一目了然，有些类别甚至只有 30%左右的覆盖率。人天书店也曾试图从更多的范围收集目录以提供给客户，数量虽多，2009 年提供的 J8 类书目数据量甚至超过了《全国总书目》，但实际采到率并不高。以我馆向人天书店报订 J8 类图书为例，2008 年报订 102 种，实到 41 种；2009 年报订 173 种，实到 89 种；2010 年报订 137 种，实到 66 种，均不超过 50%。其中通过比对，人天书店提供而浙江新华没有提供的书目采到率更是不超过 10%。

表 1　G127 书目数据比对（表中的"覆盖率"是指书商目录对于《全国总书目》的覆盖率，下同）

项目	2008 年/种	2009 年/种	2010 年/种	平均覆盖率/%
《全国总书目》	114	107	114	
人天书店书目	35	30	56	36
浙江新华书目	11	30	37	23

表 2　I23 书目数据比对

项目	2008 年/种	2009 年/种	2010 年/种	平均覆盖率/%
《全国总书目》	139	119	167	
人天书店书目	60	92	97	58
浙江新华书目	20	67	75	38

表 3 J8 书目数据比对

项目	2008 年/种	2009 年/种	2010 年/种	平均覆盖率/%
《全国总书目》	198	227	240	
人天书店书目	141	247	229	92
浙江新华书目	59	151	149	54

表 4 K 类书目数据比对

项目	2008 年/种	2009 年/种	2010 年/种	平均覆盖率/%
《全国总书目》	8 134	8 059	9 422	
人天书店书目	5 424	6 805	7 927	78
浙江新华书目	1 726	4 945	6 201	50

从上述的数据比对中得出的结论是：出版社→供应商→图书馆这一图书传播生态链断裂，责任主要方是出版社到位的缺失。以效益为第一的供应商，在折扣大战的今天，不愿花更大的精力和成本去备货、去想办法向出版社收集图书也是原因之一。

由此可见，单依赖书商征订目录想采全需要的学术图书是不可能的。

3 我们的对策

从上一节的数据来看，每年学术图书的出版还是在增量的，书既然出版了，总得有去处，只要想方法总能收集到，上海戏剧学院图书馆这些年来在中文纸质书的采访上下了一些功夫，并取得了一些成效，其主要方式有以下几种。

3.1 关注权威书目信息

重视《全国总书目》《全国新书目》等国家新闻出版总署发布的出版信息，尤其注意其中各书商没有选入的专业书目。

以国家图书馆的《全国总书目》为比对源，拿 G127 为例纵向比：如表 1 所示，2008 年《全国总书目》发布的此类图书种数比人天书店多 79，2009 年多 77，2010 年多 58，这些数据信息分别是人天书店提供目录的 325%、356%、203%。再如表 5 所示，选 4 个不同类目进行横向比对。

表 5 2010 年书目数据比对

项目	G127	I23	J8	K825.78
《全国总书目》	114	167	240	64
人天书店目	56	97	229	39
浙江新华书目	37	75	149	49

表 5 的信息显示，2010 年，G127、I23、J8、K825.78 这 4 类《全国总书目》数据分别是人天书店提供目录的 204%、172%、105%、164%。

通过比对，得到的书目信息，也就为做好图书采购渠道的选择打下了基础。

3.2 挑选有实力的图书供应商作为文献采集的主体

在图书供应商的选择上，注重供应商的自身特点，除考虑供应商本身的规模外，书目覆盖率和图书到书率同样都是必选的指标。书目覆盖率之所以重要，是它提供的信息可以帮助你尽可能全面地了解学术图书出版的近况，从而方便从各个渠道收集所需图书。

3.3 及时提交和调整发送给供应商订单

当下部分出版社对学术图书的出版并不热衷，印刷量往往不高，并且在出版后第一时间发给供应商，如果错过供应商的第一轮报订，缺到情况会很严重。以上海戏剧学院专业图书为例，我们发现，从接收目录到报订不超过3周的订单一般到书情况较好，到书率可达85%左右，而超过一个月发送的订单到书率会跌至60%，甚至更低。因此我们要及时关注图书的缺到情况，及时调整采购对象。通常的做法是订单有效期为3个月，未到的图书及时调整采购渠道（包括网购）。因为不同的供应商在备货和信息上还存在一定的不对等。根据我们的统计，人天书店3个月内未到书提交给浙江新华，有效率可达80%以上，而超过一年的补到率不足20%。而将浙江新华3个月内未到书提交给亚马逊，有效率也可达50%以上。

3.4 加强与出版社总编室的联系

图书发行与出版不匹配是出版社由来已久的问题，同一本书问编辑，编辑知道，问发行，发行常常会不知情，这就使一些专业必备的好书就此与馆藏失之交臂。随着科研项目成果结项，学术会议论文汇编，为职称评定等合作、自费出版的书越来越多，加之出版业市场化行为不断发展，这种现象也在逐年增加，尤其是中、小出版社和地方出版社更为突出。这种情况使得我们必须加强与出版社之间的沟通，每年的北京国际图书博览会就是一次极好的机会，来参会的基本都是出版社总编室而非发行部的人员。实践也证明每次我们参加都必有所获。

3.5 重视民间渠道的收藏征集

这里的民间是指除正规图书馆配商以外的渠道，包括孔夫子旧书网、中国收藏网等一些民间个体经营的网络或实体书店。前面说过，不通过供应商出版的书也总有一个去处，大多是通过赠送传播，而受众者不一定是需求者，多数书经过一段时间就会流入民间市场。利用好这些渠道，对丰富专业馆藏的配备量，有着很重要的意义。下面就以孔夫子旧书网为例，简单介绍我馆专业书补配的情况（表6）。

表6　2008年上海戏剧学院图书馆（上戏）图书数据比对

项目	K825.78	I23	J8
《全国总书目》	64	139	206
上海戏剧学院入藏图书	78	144	275
其中：供应商购入	38	51	76

续表

项目	K825.78	I23	J8
其中：出版社购入	10	25	66
其中：孔夫子网购入	23	63	110
其中：其他渠道取得	7	5	23

从表6的对比可以发现，2008年上海戏剧学院的入藏图书数量超过《全国总书目》，其中从孔夫子网购入的图书品种占了近39%，这是很可观的。

孔夫子旧书网创建于2002年，是全球最大的中文旧书网上交易平台，是传统的旧书行业结合互联网而搭建的C2C平台。当然，它卖的也不只是旧书，大量的新书也通过这个平台出现在我们的视野里，包括许多供应商不能提供的专业图书，都会出现在这个平台上。从2010年起，我们就从这个平台上获得了大量的专业图书，特别是地方特色浓郁的、发行面较窄的专业图书，如《中国话剧史》《山东地方戏剧传统剧目汇编》等，同时，在此渠道上的经费投入也逐年增加，2012年投入近10万元，占当年中文图书的1/5，换来的是，近30年戏剧、影视、舞蹈类纸质书的收藏品种最全。

上海戏剧学院图书馆的图书采购方式，虽然取得了一些成果，但只是费时费力的个体化行为，不一定具有普遍意义。如果能在高校图书馆之间建立完善信息汇总共享制度，通过建立学科书目数据联盟，就可及时发布、采到信息；利用馆配商和出版社的特殊关系，有意识扶植馆配商创造新的服务产品，或培育专门的供应商，如像以前我们共同培育非邮发期刊供应商一样，形成出版社、供应商、图书馆之间的互动和共赢的良性局面，也许更具有意义。

上海戏剧学院图书馆作为一个专业艺术院校的图书馆，是高校图书馆中较为特殊的个体，有其特殊性，但其对某一学科的图书信息采集及图书采购方式和其他院校具有共通性。据我们所知，华东师范大学、复旦大学、上海海关学院这3所院校的图书馆在各自重点的图书收藏上，也采用了类似的做法，同样也取得了较好的效果。

参考文献

[1] 周红. 图书发行市场化条件下高校图书馆采访书目分析 [J]. 图书馆建设，2008 (11): 51-52.

[2] 张忠凤. 新形势下高校图书馆文献采访对策研究 [C]. 昆明：第一届全国图书采访工作研讨会，2005 (11): 3-4.

[3] 袁明华. 中文图书采访书目比较分析 [J]. 图书馆杂志，2007 (5): 14.

[4] 唐晓艳. 当前我国书商征订书目的现状及发展瓶颈 [J]. 图书情报知识，2009 (3): 124-125.

[5] 李燕. 图书出版发行现状与图书采访工作的思考 [J]. 四川图书馆学报，2009 (2): 29-31.

〔作者简介〕张凌南，上海戏剧学院图书馆，馆员。

（收稿时间：2013年12月）

（二十一）当前我国书商征订书目的现状及发展瓶颈[①]

唐晓艳

（上海师范大学图书馆　上海　200234）

[摘要] 20 世纪末期，伴随着民营图书销售商大规模进入图书供货市场，书商征订书目应运而生。经过近 10 年的发展，如今它已基本取代《新华书目报》而成为图书馆收集图书出版信息的主要征订目录。本文从图书馆馆藏建设的角度出发，通过对书商征订书目的优劣分析，指出制约其发展的"瓶颈"所在，并提出相应的改进建议。

[关键词] 书商征订书目　《新华书目报》　出版社　图书馆

多年来，《新华书目报》（主要分为"社科新书目"和"科技新书目"两类）及《上海新书目》（即所谓的"三目"）一直承担着书目信息"生命线"的职责，而其中的《新华书目报》作为中央级专业图书出版信息类报纸，则成为我国图书馆图书采购所依靠的最主要的征订目录。

自 20 世纪 90 年代末以来，随着市场经济的发展，民营图书销售商（本文特指专为图书馆供货的图书销售商，以下简称"书商"）开始大规模进入图书供货市场，在图书馆客户需求的推动下，书商征订书目应运而生，并迅速发展。在近几年里，书商征订书目已经基本取代《新华书目报》而成为图书馆收集新书出版信息的主要图书征订目录。因此，全面研究书商征订书目，分析它们的优劣，展望它们的发展前景，从而推进书商征订书目的进一步发展，将对图书馆的馆藏建设具有十分重要的意义。

1　书商征订书目的优势

书商征订书目之所以能在近 10 年内迅速崛起，主要原因在于它们与《新华书目报》相比存在明显的优势。

（1）现货书目的优势。《新华书目报》刊登的是出版社即将或计划出版发行的图书书目，是期货书目；而书商征订书目则不同，它的来源主要有两种形式：其一，通常出版社每出版一种新书都会发一本样书给与自己有联系的书商，书商再根据这些样书定期制作自己的征订目录，这种形式形成的书目是现货书目；其二，书商为充实其征订书目内容，也会有选择性地吸收部分《新华书目报》的书目，这部分便是期货书目。据书商内部统计，其书目中约 95% 的书目是根据新书的样书建立起来的，因此它主要还是一种现货书目。由于期货书目产生于图书出版之前，揭示的某些内容项目，如定价、页数与出版年月等，在

[①] 唐晓艳. 当前我国书商征订书目的现状及发展瓶颈 [J]. 图书情报知识, 2009 (02): 122-125.

图书正式出版后可能会有变动,有的甚至连书名也会更改。而现货书目产生于图书正式出版之后,图书的各项信息都是"既成事实",因此书商征订书目相对于《新华书目报》的书目信息更为准确。另外,现货书目的准确性与确定性,使通过书商征订书目订购图书的订到率也会较高。

(2)品种的优势。由于现在出版社出版的许多新书都在自行发行,因此《新华书目报》上征订的品种越来越少。据国家新闻出版总署统计,2007年全国共出版图书248 283种,其中新版图书136 226种。而该年的《新华书目报》报道总书目数量为31 039种,只占全年全国出版新书总数的1/4左右,况且这里边还有一部分是重复征订的。而全国几个较大的书商提供的征订书目所覆盖的品种远大于此。笔者选取了北京人天书店有限公司、中国教育图书进出口公司、北京百万庄图书大厦有限公司以及武汉三新书业有限公司(以下分别简称人天、教图、百万庄、三新)作为研究对象,对它们2007年的自编新书书目数量进行了统计,结果如图1所示。

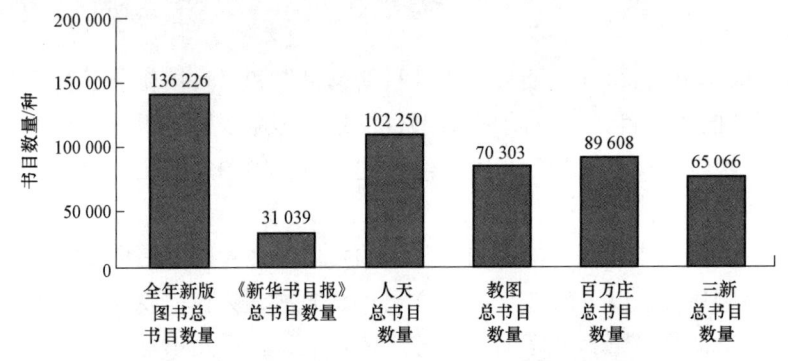

图1 2007年各大书商自编新书书目数量示意

在暂时缺少全国性的可供书目的情况下,书商提供的书目无疑是品种最齐全的,尤其是北京人天书店,其年自编书目品种数已达到了全国年出版新书总量的75%,远远超过《新华书目报》的书目数量,这也是目前图书馆普遍采用书商征订书目的主要原因。当然,不同的书商由于实力的差别提供的书目数量也是有差别的,这成为它们得到订单多少的依据之一。

(3)书目记录来源的优势。《新华书目报》与书商征订书目都是根据出版社提供的图书出版信息编制的,但两类书目所涉及的出版社范围、数量相去甚远。2007年,全国共有出版社578家,据笔者粗略统计,《新华书目报》所涉及的出版社是120～140家,而且以北京的出版社为主,地方出版社仅占其中的3%,而书商征订书目囊括了京版与地方版中的绝大多数,如人天书店,目前已与全国31个省市的570多家出版社、200多家文化公司建立了购销关系,基本实现了出版社的全覆盖;与三新书业有合作关系的出版社也达到了500多家。广泛的采购渠道为书商提供较全的书目品种提供了保证,这对于图书馆的馆藏建设而言,无疑是极其有利的。

(4)价格的优势。《新华书目报》是一种营利性的正式公开发行物,其纸质版是要图书馆花钱订购的,而书商征订书目是书商免费提供的,只用于向各目标图书馆征订图书。而且书商还会定期将自己的书目以电子邮件的形式发送给各合作馆,或者发布在自己公司的网站上,由各图书馆自己上网去登录下载所需的书目。因此,这种方式在节约图书馆经费的同时也节省了书目递送环节的时间,缩短了整个征订过程,从而保证了书目的时效性。

(5) 发行周期的优势。《新华书目报》为旬刊,即十天发行一期,而书商征订书目一般发布时间间隔较短,《人天书目报》为周刊,教图、百万庄和三新一般也不超过10天,较短的发行周期更利于保证书目信息的有效性与及时性,这也使图书馆能更好地规划自己每个时期的采购计划,保证整个采购工作持续、有序。反过来,这种规律、高频率的书目建设也利于书商自身工作的计划与开展。

(6) 专业化的优势。《新华书目报》是由新华书店总店主办的,主要负责中央级图书出版信息的加工与传播,兼具征订功能,图书馆并不是新华书店的主流客户,因此,《新华书目报》的书目对于图书馆来讲并不具有针对性与专业化。而作为馆配市场的主力军,书商将自己定位于"为公共和高校图书馆提供专业化服务"的企业,他们集订购、配送、售后于一身,采用由他们自己编制的征订书目订购,无论在征订书目的适用性、图书的订到率还是后续服务上都较采用《新华书目报》订购具有较大的优越性。

2 书商征订书目的不足

当然,目前来说,书商征订书目还存在很多不足之处,如不加以改进或完善,将影响到图书馆馆藏建设的质量,也会禁锢书商自身的发展。

(1) 传统阅读习惯形成的障碍。由于人的传统阅读习惯的存在,《新华书目报》的传统纸质载体形式更易于被人接受。图书馆的采访岗位一般是由学识渊博、经验丰富的人担任,他们一般年龄较大,相对于电子书目,他们更愿意使用看起来简单、直观的纸质书目。另外,现在各图书馆普遍开展的教师圈选工作,需要定期将征订书目送到各圈选教师手中。实践证明,纸质书目也更容易被广大教师接受,从而更便于图书馆工作的开展。

(2) 商业利益的双刃剑。一方面,市场经济下,为了在竞争中获胜、追求尽可能多的利益,书商必须使出浑身解数,充分满足客户图书馆的需求,编制尽可能完善的征订书目。另一方面,书商始终是以营利为目的的企业,它编制征订书目的初衷只是为了满足自身销售图书的需要,正是这种唯利性导致了书商征订书目的"故意"不完整性。

现在各图书馆普遍开始实行图书采购招标,书商为了能够中标,往往打折扣战,学术类、科技类图书折扣都很低,为了保证生存,书商就自动把这部分图书的信息剔除,而这些恰恰是许多图书馆特别急需的文献资源。有时为了确保到书率,书商也会有意屏蔽一些发行量小、采购困难的图书信息,像一些专业性很强的书或发行量不大的地方版的书,如《蓝田古文化》这本书,由福州地图出版社2005年出版,但发行量较小,因此在几个书商的征订书目中都没有被列出,当然图书馆也很难通过书商获取征订信息并订购该书。书商征订书目的这种"故意"缺失影响了图书馆馆藏建设的质量。

(3) 缺乏荐书功能,功能单一。《新华书目报》刊登的都是相对精华的书目,而且按学科类别划分,相对于大而全的书商征订书目,《新华书目报》的这一"筛选"功能有利于图书馆采访人员从大量繁杂的书目信息中有针对性地选择自己需要的图书,节约工作时间。另外,《新华书目报》上有丰富的业界报道、新书评论以及全国各大书城的图书销售排行等,在扩大采访人员知识领域的同时，也减少了漏选好书、畅销书的可能性，而书商征订书目现阶段还仅以呈现征订目录为主，鲜见推荐、排行、评论等信息。《新华书目报》的这些优点都是功能单一的书商征订书目所不具备的。

（4）与上、下游间缺乏有效沟通，信息不畅。馆配市场中主要有三个利益主体：图书馆、书商和出版社，它们的关系如图2所示。

图 2　出版社、书商和图书馆之间的关系

书商作为"中介"组织，在其中扮演着重要的角色，他们与其上、下游间的信息沟通就显得尤为关键。但在实际中，书商并不能很好地处理三者的关系，不能发挥其应有的作用。

首先，尽管书商已争取到了尽可能多的出版社与其建立合作关系，但这种合作关系仅是简单的浅层次的购销关系，出版社并不了解作为专为图书馆配送图书的书商的真正需求，也不能保证将自己所有的出版信息都告知书商。书商与出版社之间缺乏有效的信息沟通，这会直接导致书商的现货书目品种的不完全性。图书馆馆藏图书的特点，与大卖场图书区别很大，对它们而言，大量卖场中流通的文艺社科、教辅等快餐式的图书都不适合，图书馆需要的更多的是学术性较强的图书。但出版社并不了解，它们往往把一些补助出版、小印量的学术专著在给书商发货时自动剔除，如此一来，这种书就进不了书商做的现货书目，当然，也就进不了书商对接的图书馆客户的视线内。另外，出版社中还有些像评职称之类的书，作者自购自销，根本不会进入流通领域，这些信息书商一般都不会获得。

其次，书商与图书馆之间也存在着沟通不足的问题。每家图书馆都不尽相同，它们有什么特点、最需要什么样的图书，书商其实并不是很清楚。各出版社的最新出版、发行状况，图书馆也不能从书商处及时、完全地获得。

（5）对出版社的影响力不够、征订书目的无效性问题。书商能提供的书目数量在很大程度上决定着其实际得到订单的量，从某种意义上讲书目就是书商的"生命线"。一些书商因自身实力有限，在销量、付款等方面往往不尽如人意，因此对出版社不能造成足够大的影响力，获取新书的出版信息自然就比较困难。为了捍卫其"生命线"，保证征订书目的数量，这些书商必然会挖空心思、胡乱整合其他实力较强书商的书目信息，这势必导致图书馆拿到大量重复、无效的信息，浪费了采访人员的时间。更为严重的是，如果图书馆先处理了这种征订书目，并进行了订购，那么有些书就成了永远也到不了货的"死书"，而且也影响它的再次购买，因为采访系统一直显示的是"已订"状态。举一个最常见的例子，《个人策略与社会结构》这本书，我馆2006年6月已经在某书商处订购过，但至今书一直未到。若不将此订购信息及时删除，错过最佳订购时机，今后通过其他书商也很难再订到。

3　书商征订书目的发展"瓶颈"

通过对书商征订书目的优劣分析，可以看出，在信息时代管理体制灵活的书商更能顺应时代的潮流，满足图书馆客户的需求，领衔征订书目这一大舞台的主角。在欧美发达国家一般都有本国的可供书目作为西方图书贸易的信息中介，它们的可供书目都是由书商来提供的，如美国鲍克公司（R. R. Bowker）的《在版书目》（*Books in Print*）。在中国，受书商自身条件、外界环境及一些历史因素的限制，书商征订书目目前仍不能扛起"中国可供书目"这面大旗。相对于西方发达国家，我国书商征订书目尚属于起步阶段，它的发展任重而道远。高水平人才的缺乏是现阶段制约我国书商征订书目发展的根本"瓶颈"。

（1）加强沟通，畅通信息，提高书目的针对性需要人才。首先，要为图书馆提供有效信息，就必须着眼于为馆藏资源建设服务。书商要在与图书馆的合作中加强沟通，了解图书馆的即时需求，有针对性地推送书目。书商提供的书目数量固然是越多越好，但这是有前提的，即书目要属于"适订书目"。什么是"适订书目"？举例说明，对一个高校图书馆而言，要从出版社出版的图书中过滤掉大学水平以下的和该学校没有设置的专业的图书，其他的图书都是适合于这个高校图书馆收藏的，由这些图书信息编制而成的书目就成为这个图书馆的"适订书目"。"适订书目"可以缩小征订书目的范围，从而减小采访人员的工作量，节约工作时间。书商需要建立完善的客户关系管理系统，针对各图书馆以往的订单进行分类研究，看看该图书馆主要订购的是哪类图书或哪些出版社的书，通过信息化手段对图书馆进行长期跟踪比对，同时也可与各图书馆的馆藏测评工作结合起来，看看哪类书是借阅量比较大的、读者利用率高的，从而形成针对不同图书馆的针对性书目，真正实现个性化服务。

其次，加强与出版社之间的信息沟通，做出版社与图书馆之间的纽带。出版社是整个图书市场的信息源头，从出版社获取信息的多少与准确性，直接决定着书商整合书目信息的能力。书商只有与出版社之间保持通畅的信息交流，充分了解出版社的出版信息，才能编制较全面的可供书目。受人力、精力等的限制，图书馆单靠自己不可能全面了解各出版社的所有出版信息，这时就需要发挥书商的"中介"作用，实时跟踪、整合出版信息，并将其及时传递给图书馆客户，成为连接书业上、下游的纽带。要实现这一目标，书商需要投入相应的信息、市场方面的专门人才，打通出版社、书商、图书馆之间的"阻塞路段"，使得信息在三者间能快速、有效地传递。

（2）形成特色需要人才。各书商应着眼于现有资源，形成自己的特色书目。如有的书商擅长做渠道，跟地方出版社的关系比较好，那么他们可以主攻地方版图书的销售，编制自己的地方版书目。有的书商若有某类专业的背景，如计算机类，对该专业比较精通，而且又能及时从各相关出版社配到书，那么他们可以着重发展计算机类图书的书目建设。专业的、有特色的征订书目，既有利于书商在自己的专业领域形成权威，占领市场，又能使图书馆根据需要选择合适书商，提高订到率，这实际上是一个实现双赢的过程。要形成这样的特色需要掌握相关领域专门知识的人员参与，而现阶段的书商在人员配备上还处于简单的销售为主的阶段，加大这些方面人才的投入是形成自身特色、提高竞争能力的必由之路。

（3）增强荐书功能需要人才。在出版社的帮助下做好优秀书籍的推介、宣传工作。在这一点上，书商不妨学习一下《新华书目报》，在书目中增加一些新书评论、好书推荐、销售排行等信息。当然让每个书商都聘请一批每个行业的专门人才来编写评论、好书推荐也不大现实，但可以采用专职和兼职、自主编写和外部组织相结合的方法，配合专业的信息组织人才，形成自己的荐书功能，这也不是不能实现的。同时加大自身的信息系统建设，及时对各家图书馆的即时订单情况进行分类归纳组织，形成销售排行推荐给相关类别图书馆。当然要实现这一目标，书商们还需在现在的基础上增加大量的相关专业人才、信息组织人才和 IT 规划实施人才。

商业企业的逐利性使得书商尽量压低成本，而雇用高水平的人才又需要较高的成本，这是一对矛盾。但在激烈的市场竞争环境下，依靠现有的商业模式已经很难满足图书馆用户的需求，不进步，即消亡，最终能破茧而出的将是那些有眼光而又有较强经济基础的书商。

引用文献

［1］http://w ww.g app.g ov.cn/cms/html/21/490/200808/459129.h tml（2008－08－10）.
［2］笔者对 2007 年的《新华书目报》逐期统计所得结果.
［3］http://w ww.g app.g ov.cn/cms/html/21/490/200808/459129.h tml（2008－08－10）.
［4］http://www.pep.com.cn/cbck/2006 5xz479/200703/t20070315344667.htm（2008－09－04）.
［5］http://ww w.sanxinboo k.com/Abo ut/CompInfo.aspx（2008－09－28）.

参考文献

［1］袁明华. 中文图书采访书目比较分析［J］. 图书馆杂志，2007（5）.
［2］问书芳，强自力. 中文图书供应商服务能力评价探索［J］. 图书馆论坛，2007（1）.
［3］杨晓萍. 论网络环境下高校图书馆文献采访的质量有效控制［J］. 现代情报，2007（6）.
［4］卢芳. 馆藏与出版的信息裂缝［J］. 出版人，2008（6）.
［5］李萍. 中国可供书目遭遇瓶颈［EB/OL］.［2006－05－04］. http://www.pep.com.cn/cbck/2006 5xz479/200703/t20070315344667.htm（2008－09－04）.

〔作者简介〕唐晓艳，上海师范大学图书馆资源建设部，副研究馆员。

（收稿时间：2008 年 11 月）

（二十二）基于出版者类型分析的高校图书馆外文期刊的订购策略[①]

潘 澜

（上海师范大学图书馆　上海　200234）

[摘要] 高校图书馆文献资源采购过程中普遍存在期刊价格上涨、采购经费有限、馆藏空间紧张等现实问题。图书馆应合理配置纸质期刊与电子期刊以有效解决上述问题。本文通过比较针对不同类型出版者的三种不同订购模式在期刊质量、期刊重复收录、期刊长期保存等方面的优劣，试图寻找出适合高校图书馆馆藏发展的期刊订购模式。

[关键词] 纸质期刊　电子期刊　期刊订购

1 引言

伴随电子期刊的不断发展，高校图书馆馆藏电子期刊的数量不断增加，但与外文数据库每年7%的涨幅相比，各高校图书馆采访经费虽每年有所增加，但仍显得很紧张。由于外文电子期刊与纸质期刊在用户检索、文献保存和阅读习惯等方面各有利弊，因此两者在馆藏资源建设中应相辅相成。在经费有限的情况下，如何合理配置两种载体的文献，使其能够协调发展、动态平衡，最大限度地满足读者需求，已成为当前高校图书馆亟待解决的问题。本文通过分析不同类型期刊出版者的纸质期刊订购（以下简称P Only）、电子期刊订购（以下简称E Only）、纸质期刊和电子期刊合并订购（以下简称P+E）三种订购模式在期刊性价比、文献保存等方面的差异，试图寻找出适合高校图书馆馆藏发展建设的期刊订购模式。

2 不同类型出版者的外文期刊订购模式分析

目前高校图书馆外文期刊出版者的类型主要分为两种：

（1）出版者为出版社类型。该类型的出版者往往在提供纸质期刊的同时，也提供网上电子期刊。其中又可以分为学术性出版社和商业性出版社两类。

学术性出版社所出期刊往往学术质量高、学术前沿性强。例如，美国化学学会出版社（ACS）、英国牛津大学出版社（OUP）等，其中有许多属于非营利性机构团体；商业性出版社属于营利性出版社，它们出版的期刊往往数量多、涉及范围跨多个领域且价格不菲，例如德国Springer-Verlag科技出版集团、英国Taylor & Francis出版集团等。

[①] 潘澜. 基于出版者类型分析的高校图书馆外文期刊的订购策略 [J]. 图书情报知识，2011（06）：61–64，85.

（2）出版者为数据库集成商类型。数据库集成商相当于中间代理商，它通常在与很多出版社签订协议后，将出版社的期刊集成在自己的数据库中，通过统一检索平台，向用户提供服务。例如，EBSCO 平台提供的 ASP 学术期刊集成全文数据库和 BSP 商业资源集成全文数据库等；ProQuest 公司专为大学图书馆和研究机构设计的综合性学术研究数据库 ProQuest Academic Research Library 等。

2.1 取样范围

本文选取了上述各出版者类型中较有代表性的几类，如从学术性出版社中选取英国牛津大学出版社（OUP），从商业性出版社中选取 Taylor & Francis 出版集团，数据库集成商则选择了 EBSCO 集团。

2.2 测评结果

笔者运用 SPSS 12.0 for Windows 软件作为本文调查数据的统计分析工具。其中，OUP 的期刊数据来自其官方网站刊登的 2011 年期刊最新价格表；Taylor & Francis 集团的期刊出版数据也来自其官方网站 2011 年期刊最新价格表；由于 EBSCO 集团并未将其所收录期刊的价格公布于众，笔者以电话访谈的形式咨询了包括 EBSCO 在内的部分数据库集成商，试图获取它们的期刊价格明细数据。但这些数据库集成商告知笔者，该数据是不可能告知于公众的。因此，笔者最终只得通过分析电子期刊重复收录量等对该数据库集成商收录的外文期刊质量进行评价。

2.2.1 期刊价格的基本情况比较

从表 1 可以看出，两种出版社采取了不同的期刊定价策略。OUP 的期刊定价政策中 P+E 的订购价格最贵，其次是 P Only，最便宜的则是 E Only。与其类似，英国剑桥大学出版社也采取了和 OUP 基本相同的定价政策；与之相比，Taylor & Francis 出版集团的 E Only 订购价格和 OUP 一样，也是其三种定价中最便宜的，P Only 和 P+E 的定价则完全相同。通常而言，某一学科的顶级刊物往往是由学会、协会出版社出版的，而在价格方面，商业出版社的学术期刊的平均价格是协会、学会出版社的 4～6 倍。

表 1 期刊价格的基本情况比较

项目		OUP（236 种）	Taylor & Francis（1 525 种）
价格/美元	P Only 价格总计	162 822	1 615 960
	P Only 最高价格	4 179	23 923
	P Only 平均价格	689.92	1 059.65
	E Only 价格总计	142 422	1 484 863
	E Only 最高价格	3 642	23 531
	E Only 平均价格	603.48	973.04
	P+E 价格总计	176 138	1 615 960
	P+E 最高价格	4 317	23 923
	P+E 平均价格	746.35	1 059.65

2.2.2 期刊订购模式的性价比研究

（1）期刊影响因子比较分析。影响因子（Impact Factor，IF）作为一种计量指标被用来评价各类期刊的质量优劣，反映期刊的学术影响力。由 ISI 出版的 JCR 主要针对 SCI/SSCI 收录的期刊质量进行评价。关于 OUP 和 Taylor & Francis 的期刊影响因子的比较分析详细情况如表 2 所示。

表 2 期刊影响因子比较分析

项目		OUP（236 种）	Taylor & Francis（1 525 种）
JCR 收录的刊数/种		134	445
JCR 收录的刊数占总刊数的比例/%		56.78	29.18
刊数/种	IF≥10	2	1
	10>IF≥5	14	5
	5>IF≥4	8	3
	4>IF≥3	20	6
	3>IF≥2	15	18
	2>IF≥1	40	121
	1>IF≥0	35	291
	无 IF	102	1 080
最大 IF 值		17.500	19.632
平均 IF 值		1.53	0.303

从表 2 中 JCR 收录的刊数占总刊数的比例这一项看，OUP 56.78%的比例几乎是 Taylor & Francis 29.18%的 2 倍。虽然 Taylor & Francis 的最大 IF 值要高于 OUP，但 OUP 的平均 IF 值为 1.53，要远大于 Taylor & Francis 的平均 IF 值 0.303。综合来看，OUP 收录期刊的总体质量要高于 Taylor & Francis。

（2）期刊价格的影响因素比较分析。影响期刊价格的因素有很多，国内外不少学者对此都曾进行过研究。1992 年，经济学家 H. Craig Petersen 曾对 81 种高级经济学期刊的价格进行过研究。结果表明，影响期刊价格的因素有很多，包括出版物所在地、出版商类型、出版物的发行频率以及期刊页码等。1997 年，Carol Tenopir 和 Donald W. King 对美国学术性期刊的出版趋势展开了研究。他们分析了包括首次复制、印刷品、出版物发行、出版物发行量等一系列影响期刊价格的直接因素和间接因素。我国学者万静认为，电子期刊价格之所以比纸质期刊便宜许多，主要是由于电子期刊的高首稿成本、低边际成本的首要特点。

笔者以 SPSS 12.0 for Windows 为分析统计工具，运用统计学中的回归分析方法，以期刊价格（分别包括 P Only、E Only 和 P+E 三种价格模式）为因变量，设出版者类型、出版地区、期刊刊龄、出版频率和期刊影响因子为自变量建立多元回归分析模型，试图寻找出在影响期刊价格的诸多因素中，哪些因素具有显著作用，哪些因素作用并不显著；不同类型的出版者所出版期刊的质量是否会对各自期刊价格产生较大影响。具体情况见表 3～表 8。

表3 OUP 的 P Only 价格模式的影响因素系数 [a]

模型		非标准系数		标准系数	t	Sig.
		B	标准误差	β		
1	（常数）	−94.041	324.730		−0.290	0.773
	出版地区	417.074	154.390	0.219	2.701	0.008
	刊龄	−3.628	2.074	−0.139	−1.749	0.083
	出版频率	28.842	6.680	0.353	4.318	0.000
	影响因子	61.704	22.617	0.221	2.728	0.007

注：a. 纸质期刊。

表4 Taylor & Francis 的 P Only 价格模式的影响因素系数 [a]

模型		非标准系数		标准系数	t	Sig.
		B	标准误差	β		
1	（常数）	−502.800	245.106		−2.051	0.041
	出版地区	−75.072	80.948	0.033	−0.927	0.354
	刊龄	−0.287	3.917	−0.003	−0.073	0.942
	出版频率	331.428	17.238	0.681	19.227	0.000
	影响因子	56.430	65.313	0.030	0.684	0.388

注：a. 纸质期刊。

从表3可以发现，在不考虑变量之间相互影响的前提下，由于出版频率、出版地区和影响因子这三个自变量的回归系数假设检验概率值各自都小于0.05（分别为0.000、0.008和0.007），因此这三个变量对 OUP 的 P Only 价格产生显著影响；表3显示出，在影响 Taylor & Francis 的 P Only 价格的诸多变量中，仅出版频率这个自变量的回归系数假设检验概率值小于0.05，为0.000，因此可以判断仅该变量对 P Only 的价格产生显著影响。通常认为，期刊的影响因子可被视为衡量期刊学术质量的一个重要指标。从表3和表4的比较中我们不难发现，与 OUP 相比，Taylor & Francis 的 P Only 订购模式的价格和其学术质量之间并没有显著关系。

从表5和表6的比较中我们注意到，无论是 OUP 的 E Only 价格还是 Taylor & Francis 的 E Only 价格，出版频率这个自变量的回归系数假设检验概率值都小于0.05，两者都为0.000。显而易见，该变量已成为影响期刊价格的最显著因素。期刊影响因子变量都未对两者的 E Only 订购模式的价格产生显著影响作用。

表5 OUP 的 E Only 价格模式的影响因素系数 [a]

模型		非标准系数		标准系数	t	Sig.
		B	标准误差	β		
1	（常数）	36.242	259.090	0.210	0.140	0.889
	出版地区	309.303	123.395		2.507	0.013

续表

模型	非标准系数 B	非标准系数 标准误差	标准系数 β	t	Sig.
刊龄	−1.683	1.558	−0.08	−1.081	0.282
出版频率	22.020	5.347	0.346	4.118	0.000
影响因子	29.583	18.142	0.136	1.631	0.105

注：a. 电子期刊。

表6　Taylor & Francis 的 E Only 价格模式的影响因素系数[a]

	模型	非标准系数 B	非标准系数 标准误差	标准系数 β	t	Sig.
1	（常数）	−535.188	219.189		−2.442	0.015
	出版地区	−69.306	72.400	−0.033	−0.957	0.339
	刊龄	1.070	3.505	0.011	0.305	0.760
	出版频率	304.976	15.392	0.691	19.814	0.000
	影响因子	57.683	58.506	0.034	0.986	0.325

注：a. 电子期刊。

从表7和表8的比较中，我们不难发现 OUP 的 P+E 价格的影响因素和其 P Only 价格的影响因素相同，都为出版地区、出版频率和影响因子变量；而对于 Taylor & Francis 而言，无论是其 P+E 订购模式，还是 P Only 和 E Only 订购模式，出版频率这个自变量自始至终已成为影响期刊价格的唯一显著因素。期刊的影响因子变量未对 Taylor & Francis 的三种订购模式产生显著影响。

表7　OUP 的 P+E 价格模式的影响因素系数[a]

	模型	非标准系数 B	非标准系数 标准误差	标准系数 β	t	Sig.
1	（常数）	−32.137	330.557		−0.097	0.923
	出版地区	415.333	157.432	0.217	2.638	0.009
	刊龄	−2.795	1.987	−0.113	−1.407	0.162
	出版频率	28.792	6.822	0.348	4.220	0.000
	影响因子	54.111	23.147	0.191	2.338	0.021

注：a. 捆绑期刊。

表8　Taylor & Francis 的 P+E 价格模式的影响因素系数[a]

	模型	非标准系数 B	非标准系数 标准误差	标准系数 β	t	Sig.
1	（常数）	−519.871	244.402		−2.127	0.034
	出版地区	−79.999	80.704	−0.035	−0.991	0.322

续表

模型	非标准系数 B	非标准系数 标准误差	标准系数 β	t	Sig.
刊龄	0.195	3.911	0.002	0.050	0.960
出版频率	332.615	17.188	0.683	19.352	0.000
影响因子	64.710	65.216	0.035	0.992	0.322

注：a. 捆绑期刊。

笔者认为，产生上述现象的原因主要是出版者类型不同，各自制定价格政策的指导策略也因此产生较大差异。如果不考虑其他因素，仅从期刊性价比的角度考虑订购的话，高校图书馆应选择学术性出版社的 P Only 或 P+E 价格模式。

2.2.3 期刊的重复订购问题研究

期刊重复订购问题近年来已逐渐引起高校图书馆的重视。该问题主要表现在两方面：外文期刊纸质版与电子版的重复；不同数据库电子期刊的重复。

前者问题的产生主要是由于出版商强行规定的诸多订购政策，例如捆绑销售政策，即高校图书馆在购买电子期刊数据时不能像购买纸质期刊那样挑选所需品种，必须整库购买或打包购买。此外，还有不得停订纸质期刊等诸多限制。后者问题主要是指一些数据库集成商收录的电子期刊彼此重复，它们同时还收录了已经引进和正在引进的出版社的部分期刊。

笔者将 2011 年 EBSCO 公司的 ASP+BSP 数据库所收录的期刊分别与 AIP、Cambridge Journal Online 和 Springer-Link 数据库进行比对，得到的具体结果如表 9 所示。

表 9　电子期刊重复收录的比对结果

数据库	重复期刊种数
ASP+BSP/AIP	14
ASP+BSP/Cambridge Journal Online	84
ASP+BSP/Springer-Link	449

3　对策分析

针对上述问题，笔者认为高校图书馆首先应因地制宜地订立适合各自的馆藏发展计划。并在此计划的指导下，合理配置不同类型的文献载体，尽可能地解决采访经费紧张与最大程度满足读者需求之间的矛盾。

（1）期刊质量应作为订购期刊的首要考虑因素。笔者认为高校图书馆在实际订购的过程中，需考虑针对不同类型出版者采取不同的订购策略。究竟选择何种类型出版者的何种定价模式，需要综合考量。依据上文分析，学术性出版社所出期刊的 P Only 和 P+E 订购模式的性价比都较高，综合考虑期刊长期保存、节约馆藏空间和方便用户检索等问题，高校图书馆可选择 P+E 模式；而对于商业性出版社所出期刊，订购时可考虑价格相对便宜的 E Only 模式。

（2）对于期刊重复订购问题，高校图书馆首先应根据各自学校的学科发展规划，在订购各学科纸质期刊时以全文性期刊为主,电子期刊则以文摘和索引类期刊为主。例如,CA、EI等摘要和索引,这些知名的二次文献数据库具有数据量大、累积性强等特点,能够比任何出版商或数据库集成商提供更宽范围的、更系统组织的信息,常被用于情报检索、回溯检索等。虽然目前有许多用户希望能够获取电子期刊的全文,但是相比全文数据库更新速度慢、时效性差、版权争议多等问题,二次文献数据库的优势非常明显。因此,笔者认为,用户完全可以在文摘、索引类期刊数据库中检索到相关信息后,再去纸质期刊库中查找全文。

〔作者简介〕潘澜(1981—),女,上海师范大学图书馆期刊部馆员,发表论文数篇。

(收稿时间:2010年11月)

（二十三）利用流通数据指导制定文献资源建设策略的实证研究*①

——以中国民航大学图书馆为例

朱轶婷　李霖　韩玉巧

（中国民航大学图书馆　天津　300300）

[摘要] 从图书馆自动化系统获取流通数据作为研究样本，利用SPSS软件的相关分析和回归分析功能，分析外借图书册数、图书利用率、馆藏册数、新书复本率的相关关系，给出预测模型，根据预测数值，从读者需求的角度为制定文献资源建设策略提供指导。

[关键词] 图书利用率　复本率　相关分析　回归分析　文献资源建设

0 引言

文献资源建设是图书馆为读者提供文献保障和信息服务的重要基础。虽然近年来电子资源的购置和利用日益增多，但纸质图书资源的建设依然是图书馆每年的工作重点。每家图书馆都需要制定适合于本馆实际情况的纸质图书资源建设策略。买哪些类别的图书、每个类别图书的采购种数和复本数量，都是在制定纸质图书资源建设策略时需要研究的问题。

对于高校图书馆而言，纸质图书的作用"用"大于"藏"。图书借阅情况能够在一定程度上反映图书资源建设策略是否合理，那么在制定新一年度建设策略时就应该参考图书借阅情况。本文拟探讨一种方法：通过分析图书馆流通数据，为制定采购图书种类、册数和复本率等文献资源建设策略提供指导。

1 分析数据的收集

1.1 选取分析使用的数据

复本率和图书利用率是图书馆统计学中的两个指标，可以反映馆藏建设情况和使用情况，在制定文献资源建设策略时，可以参考这两个指标。通常情况下，图书馆入藏的

---

* 本文系中国民航大学 2015 年中央高校基本科研项目"基于大数据分析的多馆制文献资源管理策略研究"（项目编号：3122015T006）的研究成果之一。

① 朱轶婷，李霖，韩玉巧. 利用流通数据指导制定文献资源建设策略的实证研究——以中国民航大学图书馆为例 [J]. 图书馆杂志，2016，35（12）：48-54.

同一种文献多于 1 册（个）时，除第 1 册（个）外的其余各册（个）称为"××复本"，第 1 册（个）称为"正本"；复本量就是复本的数量；复本率通常被理解为馆藏册（个）数与馆藏种数之比，即复本率=馆藏册（个）数/馆藏种数；复本率与复本量之间的关系为，复本量=复本率－1。图书利用率是指某一图书情报机构的藏书中被其读者在一定时期内利用的种数或册数占其藏书总种数或总册数的比率，计算公式是：图书利用率=（一定时期内读者利用的藏书种数或册数）÷（藏书总种数或总册数）×100%。

对于复本率，存在总体藏书复本率和新书复本率两种指标。考虑到新书复本率可以更加直接地反映图书馆近期的采购策略，本文选取新书复本率作为重点考察指标。对于图书利用率，由于读者阅览图书的数据较难统计，图书馆界普遍将读者外借图书册数等同于读者利用图书的册数。那么，为了获得新书复本率和图书利用率，要掌握某一年度的新书典藏种数、册数以及该年度的外借图书册数、馆藏图书册数。

1.2 数据收集

我馆自动化系统是 Sirsi 公司的 Symphony 系统。利用该系统的报表模块，可以提取、统计需要的数据。为了保证分析的统一性，我们选取 2014 年的数据进行收集。

报表统计在 2015 年 8 月进行。直接提取、统计的数据包括：2014 年新书典藏种数、2014 年新书典藏册数、2014 年馆藏图书册数和 2014 年外借图书册数。然后，根据定义公式，计算出 2014 年新书复本率（即 2014 年新书典藏册数/种数）和 2014 年图书利用率（即 2014 年外借图书册数/馆藏图书册数×100%）。最后，将数据与《中图法》图书分类的类目一一对应，将分类后的数据作为样本进行观察。由于我校是以工科专业为主的高校，我馆藏书 T 类图书非常多，因此对 T 类图书进行细分观察，共获得样本数据 36 组。具体数据如表 1 所示。

表 1 中国民航大学图书馆 2014 年馆藏及流通数据统计

图书分类	A	B	C	D	E	F	G	H	I
新书典藏册数	387	7 035	3 696	7 017	938	15 389	5 008	9 353	12 845
新书典藏种数	116	2 290	1 242	2 261	308	5 418	1 775	2 541	4 496
新书复本率	3.34	3.07	2.98	3.10	3.05	2.84	2.82	3.68	2.86
外借图书册数	566	10 287	4 847	6 582	1 375	16 378	4 976	23 213	25 551
馆藏图书册数	4 798	56 917	37 935	89 587	6 667	169 548	55 296	154 646	108 239
图书利用率/%	11.8	18.07	12.78	7.35	20.62	9.66	9	15.01	23.61
图书分类	J	K	N	O	P	Q	R	TB	TD
新书典藏册数	2 435	8 330	823	7 075	766	409	1 062	2 681	34
新书典藏种数	1 090	2 658	239	1 958	235	131	349	846	9
新书复本率	2.23	3.13	3.44	3.61	3.26	3.12	3.04	3.17	3.78
外借图书册数	3 503	12 520	976	23 162	996	386	944.5	3 030	24
馆藏图书册数	18 506	62 982	9 053	128 968	8 042	4 238	10 838	29 640	195
图书利用率/%	18.93	19.88	10.78	17.96	12.38	9.11	8.71	10.22	12.31

续表

图书分类	TE	TF	TG	TH	TJ	TK	TL	TM	TN
新书典藏册数	106	35	1 501	3 274	40	617	82	5 672	6 672
新书典藏种数	31	8	490	970	13	159	22	1 367	1 752
新书复本率	3.42	4.38	3.06	3.38	3.08	3.88	3.73	4.15	3.81
外借图书册数	179	21	1 102	3 591	43	835	41	4 366	10 194
馆藏图书册数	1 933	264	17 256	27 221	464	3 650	345	43 233	80 377
图书利用率/%	9.26	7.95	6.39	13.19	9.27	22.88	11.88	10.1	12.68
图书分类	TP	TQ	TS	TU	TV	U	V	X	Z
新书典藏册数	22 553	256	924	2 955	50	1 200	3 500	797	427
新书典藏种数	7 120	98	326	879	15	348	472	240	135
新书复本率	3.17	2.61	2.83	3.36	3.33	3.45	7.42	3.32	3.16
外借图书册数	34 866	196	799	2 907	31	1 240	9 286	764	239
馆藏图书册数	217 014	4 998	4 316	34 433	594	11 658	22 443	22 568	7 596
图书利用率/%	16.07	3.92	18.51	8.44	5.22	10.64	41.38	3.39	3.15

2 数据分析

2.1 数据分析工具

SPSS（Statistical Product and Service Solutions）软件，是一个由 IBM 公司开发的组合式软件包，具有数据录入、整理和分析功能，可以支持统计学分析运算、数据挖掘、预测分析和决策支持等各类型任务，是目前社会科学领域实证研究常用的软件工具。本文选择 SPSS 21.0 作为数据分析软件。首先通过相关分析，找出流通数据与采购数据之间的相互影响和相互依存关系；然后通过回归分析，考察流通数据与采购数据之间的数量变化规律，确定数据之间的数学关系，进而确定流通数据对采购数据的影响程度，为预测提供科学依据。

2.2 相关分析

相关分析的作用是揭示数据之间有无联系、相关关系方向和相关密切程度。由于本文主要讨论通过流通数据来指导图书资源建设策略制定，因此选择馆藏图书册数、新书复本率、外借图书册数和图书利用率作为变量，进行考察。选择皮尔逊（Pearson）相关系数，即积差相关系数研究变量之间的相关程度，并且选择双侧检验（Two-Tailed）研究变量相关方向。分析结果如表 2 所示。

三、采购策略分析

表2 相关分析结果

项目		馆藏图书册数	新书复本率	外借图书册数	图书利用率/%
馆藏图书册数	Pearson 相关性	1	−0.083	0.936**	0.169
	Sig.（双侧）		0.632	0.000	0.323
	N	36	36	36	36
新书复本率	Pearson 相关性	−0.083	1	0.028	0.553**
	Sig.（双侧）	0.632		0.872	0.000
	N	36	36	36	36

根据相关分析理论，Pearson 数值为正表示两个变量之间为正相关，数值为负表示两个变量之间为负相关；Pearson 的数值大小介于 −1～+1，绝对值越大，表明两者关联性越强，绝对值越小，表明两者关联性越弱。而两个变量之间的相关是否显著，通过 Sig.值表示。Sig.值＜0.05，为显著相关。只有当两个变量之间的相关关系达到显著时，才可以从相关系数绝对值大小来判别两个变量的关联程度。

从表2可知，馆藏图书册数与外借图书册数的 Sig.（双侧）值为 0.000，小于 0.01，且 Pearson 值为 0.936，非常接近 1，说明馆藏 Sig.册数与外借图书册数呈强烈的显著正相关，与图书利用率无显著相关。新书复本率与图书利用率的 Sig.（双侧）值为 0.000，小于 0.01，且 Pearson 值为 0.553，说明新书复本率与图书利用率之间呈显著正相关，而与外借图书册数无显著相关。

明确相关关系之后，需要进一步探讨变量之间的数量变化规律，这就需要使用回归分析。

2.3 回归分析

回归分析是用来确定变量之间的数值关系，建立变量之间的函数关系，从而指导预测分析的。由于变量之间的关系往往不是简单的线性关系，而是呈某种曲线或非线性的关系，因此需要选择相应的曲线，对拟合效果进行显著性检验，从而达到反映实际变量变动情况的目标。因此，本文选择 SPSS 回归分析中的"曲线拟合"，探讨两组变量的数值关系。其中，Sig.值小于 0.05 表示该曲线模型具有显著的统计学意义。在具有显著统计学意义的曲线模型中，系数 R^2 越大，拟合效果越好。

表3所示为新书复本率与图书利用率的曲线拟合结果，其中因变量为新书复本率，自变量为图书利用率。从显著性方面判断，Sig.值小于 0.05，即具有显著统计学意义的曲线模型有：线性方程、对数方程、二次方程、三次方程、增长方程、指数方程、Logistic 方程。在这些曲线模型中，根据 R^2 数值判断，三次方程的 R^2 等于 0.752，数值最大，但是 $b_3=0.000$，说明退化为二次方程。因此，二次方程的曲线模型能够更好地拟合新书复本率与图书利用率之间的变化关系。由此得出，二次方程曲线模型为：$y=3.908-0.12x+0.005x^2$，其中 y 为新书复本率，x 为图书利用率。

表 3　新书复本率与图书利用率的曲线拟合结果

方程	模型汇总					参数估计值			
	R^2	F	df_1	df_2	Sig.	常数	b_1	b_2	b_3
线性	0.306	14.968	1	34	0.000	2.597	0.062		
对数	0.126	4.883	1	34	0.034	2.128	0.523		
倒数	0.047	1.664	1	34	0.206	3.665	−2.622		
二次	0.642	29.628	2	33	0.000	3.908	−0.120	0.005	
三次	0.752	32.304	3	32	0.000	2.490	0.208	−0.015	0.000
复合	0.206	8.814	1	34	0.005	2.856	1.012		
幂	0.088	3.294	1	34	0.078	2.596	0.102		
S	0.038	1.361	1	34	0.252	1.259	−0.556		
增长	0.206	8.814	1	34	0.005	1.049	0.012		
指数	0.206	8.814	1	34	0.005	2.856	0.012		
Logistic	0.206	8.814	1	34	0.005	0.350	0.988		

表 4 所示为馆藏图书册数与外借图书册数的曲线拟合结果，其中因变量为馆藏图书册数，自变量为外借图书册数。同理可知，表 4 中 11 个曲线模型的 Sig.值均小于 0.05，全部具有显著的统计学意义。那么，R^2 数值最大的乘幂曲线模型（R^2=0.937），就是拟合程度最好的曲线模型。由此可得乘幂曲线方程：y=22.153 × 0.875x，其中 y 为馆藏图书册数，x 为外借图书册数。

表 4　馆藏图书册数与外借图书册数的曲线拟合结果

方程	模型汇总					参数估计值			
	R^2	F	df_1	df_2	Sig.	常数	b_1	b_2	b_3
线性	0.877	242.382	1	34	0.000	6 209.541	5.871		
对数	0.557	42.704	1	34	0.000	−98 477.15	19 140.828		
倒数	0.112	4.296	1	34	0.046	48 715.818	−1 466 873.73		
二次	0.881	121.627	2	33	0.000	4 035.930	6.972	−3.995E−005	
三次	0.888	84.262	3	32	0.000	937.143	9.805	0.000	5.597E−009
复合	0.488	32.467	1	34	0.000	5 168.643	1.000		
幂	0.937	502.787	1	34	0.000	22.153	0.875		
S	0.631	58.031	1	34	0.000	10.142	−122.613		
增长	0.488	32.467	1	34	0.000	8.55	0.000		
指数	0.488	32.467	1	34	0.000	5 168.643	0.000		
Logistic	0.488	32.467	1	34	0.000	0.000	1.000		

2.4　预测数值

将相关数值代入方程模型，可以得出预测的各大类图书的新书复本率和馆藏图书册数。将实际的数据与预测的数据进行比较，得出偏差值，进而计算出偏差率。表 5 所示为馆藏图书册数的预测数值与比较情况，表6所示为新书复本率的预测数值与比较情况。两个表的左栏为负偏差，右栏为正偏差，并且按照偏差率的升序进行排序。

表5 馆藏图书册数的预测数值与比较情况

序号	类别	实际册数	预测册数	偏差/册	偏差率/%	序号	类别	实际册数	预测册数	偏差/册	偏差率/%
1	V	22 443	65 657	−43 214	−192.55	1	C	37 935	37 172	763	2.01
2	TK	3 650	7 978	−4 328	−118.58	2	U	11 658	11 277	381	3.27
3	E	6 667	12 344	−5 677	−85.15	3	TP	217 014	208 946	8 068	3.72
4	TD	195	357	−162	−83.08	4	Q	4 238	4 062	176	4.15
5	TS	4 316	7 676	−3 360	−77.85	5	H	154 646	146 368	8 278	5.35
6	TL	345	571	−226	−65.51	6	TN	80 377	71 242	9 135	11.37
7	J	18 506	27 978	−9 472	−51.18	7	TB	29 640	24 643	4 997	16.86
8	I	108 239	159 190	−50 951	−47.07	8	R	10 838	8 887	1 951	18.00
9	K	62 982	85 278	−22 296	−35.40	9	TM	43 233	33 924	9 309	21.53
10	TJ	464	595	−131	−28.23	10	TV	594	447	147	24.75
11	B	56 917	71 810	−14 893	−26.17	11	TU	34 433	23 765	10 668	30.98
12	TF	264	318	−54	−20.45	12	G	55 296	38 037	17 259	31.21
13	A	4 798	5 677	−879	−18.32	13	F	169 548	107 873	61 675	36.38
14	P	8 042	9 309	−1 267	−15.75	14	TG	17 256	10 170	7 086	41.06
15	O	128 968	146 087	−17 119	−13.27	15	D	89 587	48 584	41 003	45.77
16	TE	1 933	2 073	−140	−7.24	16	TQ	4 998	2 245	2 753	55.08
17	TH	27 221	28 592	−1 371	−5.04	17	Z	7 596	2 670	4 926	64.85
18	N	9 053	9 145	−92	−1.02	18	X	22 568	7 381	15 187	67.29

表6 新书复本率的预测数值与比较情况

序号	类别	实际册数	预测册数	偏差/册	偏差率/%	序号	类别	实际册数	预测册数	偏差/册	偏差率/%
1	J	2.23	3.43	−1.19	−53.46	1	P	3.26	3.19	0.07	2.17
2	I	2.86	3.86	−1.00	−35.18	2	TK	3.88	3.78	0.10	2.59
3	TQ	2.61	3.51	−0.90	−34.54	3	TU	3.36	3.25	0.11	3.28
4	TS	2.83	3.40	−0.57	−19.95	4	A	3.34	3.19	0.15	4.44
5	E	3.05	3.56	−0.51	−16.88	5	TH	3.38	3.20	0.18	5.34
6	G	2.82	3.23	−0.41	−14.59	6	TE	3.42	3.23	0.19	5.67
7	F	2.84	3.22	−0.38	−13.20	7	O	3.61	3.37	0.25	6.86
8	Z	3.16	3.58	−0.42	−13.17	8	N	3.44	3.20	0.25	7.20
9	K	3.13	3.50	−0.36	−11.63	9	U	3.45	3.20	0.25	7.28
10	B	3.07	3.37	−0.30	−9.77	10	H	3.68	3.23	0.45	12.16
11	TG	3.06	3.35	−0.28	−9.21	11	TL	3.73	3.19	0.54	14.47
12	C	2.98	3.19	−0.22	−7.23	12	TD	3.78	3.19	0.59	15.60
13	X	3.32	3.56	−0.24	−7.16	13	TN	3.81	3.19	0.62	16.23
14	R	3.04	3.24	−0.20	−6.54	14	TM	4.15	3.21	0.94	22.73
15	D	3.10	3.30	−0.19	−6.21	15	TF	4.38	3.27	1.10	25.26

续表

序号	类别	实际册数	预测册数	偏差/册	偏差率/%	序号	类别	实际册数	预测册数	偏差/册	偏差率/%
16	TJ	3.08	3.23	−0.15	−4.82						
17	Q	3.12	3.23	−0.11	−3.45						
18	TP	3.17	3.27	−0.10	−3.26						
19	TV	3.33	3.42	−0.08	−2.54						
20	V	7.42	7.50	−0.09	−1.20						
21	TB	3.17	3.20	−0.03	−1.10						

3 结合读者需求确定文献资源建设策略

流通数据代表了读者对图书资源的利用程度，也说明了读者对各大类图书的需求。通过前面的分析，根据流通数据分别预测了各大类图书的复本率和馆藏册数，即根据2014年读者借阅情况，预测我馆各大类图书比较理想的馆藏册数和复本率。那么，将预测值与实际值进行比较，就可以根据偏差值指导并制定文献资源建设策略。

3.1 确定各大类图书采购册数

将实际馆藏图书册数总数和预测馆藏图书册数总数比较，得正偏差28 130册，偏差率1.93%，说明我馆目前的藏书总量基本适应读者需求。但具体到每一大类图书上，差异就非常大，需要具体分析，从而对新一年度的各大类图书的采购册数进行相应调整。表5中的正偏差代表馆藏数量多于需求数量，负偏差代表馆藏数量少于需求数量。偏差率绝对值表示偏差程度，小于10%为基本适应需求；介于10%~50%为中等偏差；大于50%为严重偏差。

我馆有18大类图书存在正偏差，18大类图书存在负偏差。其中基本适应需求的图书类别共有8个，分别是C、U、TP、Q、H类（正偏差）和TE、TH、N（负偏差），这些类别图书的采购册数可以与往年持平。TN、TB、R、TM、TV、TU、G、F、TG、D等10类图书处于中等正偏差，偏差率在11.37%~45.77%。这些类别的图书所属学科有些未在我校设立专业，比如R、TV、TU、G等；有些属于专业学生较少，如D类；也有些虽然为我校骨干专业，但现馆藏量较多，比如TM、F类。那么，应该在新一年度的文献资源建设策略中适当削减这10类图书采购数量，削减比例可以参考偏差率制定。TQ、Z和X类图书属于严重正偏差。TQ属于未在我校设立专业的学科，且骨干学科与其交集不多，可以考虑较大幅度地削减采购数量，比如削减50%的进书量。我馆Z类图书中工具书、年鉴、连续出版物偏多，外借比例不高，但Z类图书有收藏价值，因此不建议大幅削减采购数量。环境和安全科学类图书（X类）所属学科是我校近年新增骨干学科，未来发展潜力较大，而且现馆藏数量与其他骨干学科相比有一定差距，建议可以适当减少采购数量，且重点采购该学科的核心出版社、核心研究机构、核心作者的著作，提高文献学术质量，加大文献推介力度，进而提高图书利用率。

属于中等负偏差的图书共有 8 类，分别是 I、K、TJ、B、TF、A、P、O，基本属于公共学科或人文素养方面。对于这些图书，应该适当增加采购数量，比例可以根据偏差值确定。属于严重偏差的图书有 7 类，分别是 V、TK、E、TD、TS、TL、J。这些图书均属于我馆利用率较高的图书，排序前两位的 V 类和 TK 类属于我校核心专业，因此应加大采购力度。特别是偏差值最大的航空航天类图书（V 类），偏差率高达 192.55%，这就提示采访人员务必尽量全面掌握当年出版的所有 V 类图书信息，以便尽可能全面地采购我校所需图书。值得注意的是 TD 和 TL 类图书，这两类图书不属于我校骨干专业且现馆藏数量较少，均不到 500 本，那么加大采购力度后，有可能很快超出需求，应该随时跟踪观察。

3.2 确定各大类图书复本率

根据表 6 的数据分析，我馆复本率总体维持在 3 册比较理想。目前的复本率与预测复本率之间的偏差率不大，说明近些年我馆复本采购工作比较成功。偏差率绝对值小于 10% 的图书有 21 类，这些图书的现有复本率比较合理，基本可以维持不变。虽然 V 类图书复本率高达 7.42，但因为需求旺盛，预测数值提示仍有 1.2% 欠缺，所以复本率仍要保持。中等正偏差的图书有 H、TL、TD、TN、TM、TF 等 6 类，可以考虑减少非核心出版社著作的复本数量。中等负偏差的图书有 I、TQ、TS、E、G、F、Z、K 等 8 类，需要适当增加复本数量。J 类图书的复本率严重偏低，提示应将复本数量增加 1 册。

3.3 综合考察馆藏图书册数与复本率

作为文献资源建设策略的组成部分，应该将馆藏图书册数与复本率综合起来考察。对于馆藏图书册数正偏差、复本率正偏差的图书，应该减少采购种数和复本数，比如 TM、TN 类图书；对于馆藏图书册数负偏差、复本率负偏差的图书，应该加大采购种数和复本数，比如 E、J、I 类图书；对于馆藏图书册数正偏差、复本率负偏差的图书，应该减少采购种数而增加复本数，比如 TQ、Z 类图书，可以考虑减少普通著作复本数而增加优秀著作复本数；对于馆藏图书册数负偏差、复本率正偏差的图书，应该加大采购种数而减少复本数，比如 TF、TD 类图书。

此外，文献资源建设策略还受经费、整体馆藏结构要求等限制，不能仅仅依靠流通数据制定。比如 I、J 类图书非常受读者欢迎，应该加大采购力度，但我校属于工科院校，文艺类图书每年进书比例有一定限制，而 J 类图书单价过高，不能完全按照读者需求采购。那么应该配套其他措施来满足读者需求，比如缩短借书期限、增加相近类别图书的采购数量和延长样本书库阅览服务时间等。

4 结语

本文运用相关分析和回归分析，找出了流通数据和采购数据之间的相关关系和数值变化模型，尝试性地量化考察读者需求与文献资源建设策略之间的关系，为较合理地制定文献资源建设策略提供了一种方法，可供工科类院校借鉴。由于流通数据有很多种，而且本文仅考察了图书外借数据，未能考察图书阅览数据、拒借率、馆际互借数据等，所以本文观点存在一定的局限性。在今后的研究中，一方面可以综合考察更多种类的数据，另一方面也要增加更多年份的数据样本。

参考文献

[1] 丘东江. 新编图书馆学情报学辞典 [M]. 北京：科学技术文献出版社，2006.

[2] 纪丽华，周群英，陈伟莉. 应用 SPSS 统计分析确定新书采购最佳复本率 [J]. 图书馆建设，2012（4）：28-29，35.

[3] 王绍平，陈兆山，陈钟鸣，等. 图书情报词典 [M]. 北京：汉语大辞典出版社，2008.

[4] 何璇. 基于图书利用率统计的中文计算机类图书的采购策略 [J]. 图书馆建设，2010（3）：45-48.

[5] 于曦. 基于 Unicorn 报表功能的图书利用率的调研统计分析 [J]. 现代情报，2010（3）：135-137.

[6] 吴明隆. 问卷统计分析实务 SPSS 操作与应用[M]. 重庆：重庆大学出版社，2010.

〔作者简介〕朱轶婷，女，中国民航大学图书馆，副馆长，馆员，研究方向为数字图书馆建设。李霖，中国民航大学图书馆，采编部主任，副研究馆员，研究方向为文献资源建设。韩玉巧，女，中国民航大学图书馆，馆员，研究方向为信息服务。

（收稿时间：2015 年 9 月）

（二十四）ESI、InCites 和 JCR 数据库联合提供外文文献馆藏建设数据支持研究[*][①]

——以东华大学为案例

董政娥　陈　磊　陈惠兰

（东华大学图书馆　上海　201620）

[摘要] 针对外文期刊馆藏建设需要，探讨采用 ESI、InCites 和 JCR 数据库联合提供外文文献馆藏建设数据支持方法，并以东华大学入围 ESI 世界前 1%学科中的工程学科（Engineering）为案例，进行了实证分析。以期为调整期刊的馆藏结构提供充分的理论依据，进而优化外文期刊馆藏建设，最终促进学科发展。

[关键词] ESI　InCites　JCR　数据库　馆藏建设　数据支持

1　引言

大数据、云计算、云服务、数字人文、互联网+等一系列信息技术的产生，对图书馆的定位提出了巨大的挑战，发展学术型图书馆（Academic Libraries）是解决方案之一。学术图书馆的使命在不断更新和完善，Frederiksen L. 等人认为其是拥有读者实际需要的空间和资源。外文期刊资源是其中非常重要的一部分，是科研人员了解国外最新研究成果的重要途径之一。图书馆外文期刊结构合理、所订购的外文期刊能满足广大科研工作者的需求、外文文献资源保障率不断提高，以及不断提高的图书馆文献资源建设质量是高校学科发展的保障。ESI（Essential Science Indicators，基本科学指标）论文不仅备受关注，而且入围 ESI 世界前 1%学科及其数量引起了国内外各大院校的重视。早期国内各"985"高校均将 ESI 指标作为衡量学校学科专业达到国际先进水平的一项重要指标。基于国家重点学科审批被取消，上海教育部门正引入国际视野，动态监测学科检索，使学科列入 ESI 前千分之一成了新指标。因此，以学科列入 ESI 前千分之一为目标，开展数据支持服务，促进学科向高峰高原发展具有重大意义。

为此，本文以东华大学为案例，从入围 ESI 世界前 1%学科中的工程学科涉及的期刊

---

[*] 本文系教育部人文社会科学规划项目"纺织史研究资源保障及其服务体系构建研究"（项目编号：13YJA870001）、上海市高等教育学会项目"大数据运用于高校发展研究"（项目编号：ZCGJ07–15）、长三角地区高校图书馆联盟——社科项目"大数据时代图书馆数据支持服务研究"以及东华大学终身教育研究所 2015 年度课题研究项目（项目编号：2015LE0092）研究成果。

[①] 董政娥，陈磊，陈惠兰. ESI、InCites 和 JCR 数据库联合提供外文文献馆藏建设数据支持研究——以东华大学为案例[J]. 图书馆，2016（3）：41–44，55.

着手，结合 InCites 和 JCR（Journal Citation Reports®）数据库，采用定量分析的方法，调查其馆藏情况，并对无馆藏外文期刊特征进行分析研究，掌握学校该学科外文期刊馆藏保障率。最终目的是期望在调整期刊馆藏结构时做到有的放矢，以达到较科学地分配期刊订购经费比例，合理选择订购外文期刊品种，从而促进学科发展。

2 研究方法与数据来源

2.1 研究方法

如图 1 所示，以 ESI 数据库为入口，判断某机构入围 ESI 世界前 1%学科，在分析入围学科特征基础上，分析该学科在 InCites 数据库中涉及的特征（如引文特征、被引特征、期刊归一化影响因子），进而分析该学科涉及期刊在 InCites 和 JCR 数据库的特征（如分区、学科归一化影响因子和期刊影响因子等），同时判断该期刊是否有馆藏，并对无馆藏期刊进行多层次分析，为采访和馆藏结构调整提供数据支持和理论依据。

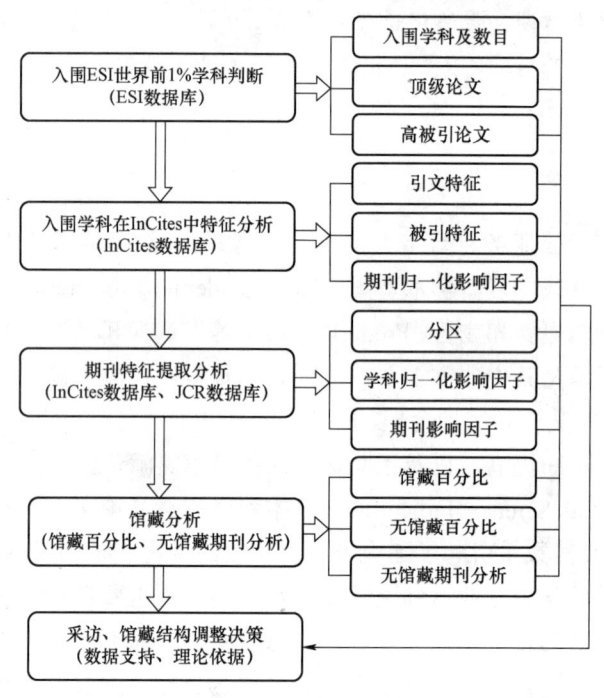

图 1 ESI、InCites、JCR 数据库联合提供馆藏建设数据支持方法

2.2 文献计量学指标

为了多角度为采访和馆藏结构调整提供数据支持和理论依据，在无馆藏期刊分析过程中，对无馆藏期刊各项指标在总期刊各项指标所处的位置进行了排名，具体如下：① 收录论文数排名（R_1）：按照期刊收录的论文数进行排名；② 被引频次排名（R_2）：按照期刊收录论文的总被引频次进行排名；③ 学科归一化影响因子排名（R_3）：按照学科归一化影响因子进行排名；④ 期刊归一化影响因子排名（R_4）：按照期刊归一化影响因子进行排名；⑤ 5 年影响因子排名（R_5）：按照期刊 5 年影响因子进行排名；⑥ 影响因子排名（R_6）：按照影响因子进行排名。

2.3 数据来源

以东华大学入围 ESI 世界前 1%学科中工程学科为研究对象，InCites 各学科各年度的国际标杆数据库为数据平台，跟踪 InCites 数据库（更新日期：2015－09－11；数据覆盖：2015－08－05）中该学科近 10 年（2004—2015 年）覆盖期刊的文献特征及其馆藏情况，具体数据来源如表 1 和表 2 所示。

表 1　东华大学入围 ESI 世界前 1%学科及其特征参数

（更新日期：2015－09－10；数据覆盖：2005－01－01—2015－06－30；采集日期：2015－09－23）

学科领域	论文篇数	被引频次	篇均被引频次	顶级论文
化学科学（Chemistry）	1 991	20 276	10.18	23
材料科学（Materials Science）	1 758	12 540	7.13	20
工程学科（Engineering）	710	7 747	10.91	33
总计（All Fields）	4 459	40 563	9.10	76

表 2　入围学科在 InCites 数据库中近 10 年的文献特征

（数据覆盖：2004－01－01—2015－08－15；更新日期：2015－09－11；数据采集日期：2015－09－23）

学科领域	论文篇数	学科归一化影响因子	被引频次	被引百分比/%
化学科学（Chemistry）	2 055	1.02	22 531	82
材料科学（Materials Science）	1 803	1.02	13 964	74
工程学科（Engineering）	728	1.79	8 932	77

3　试验结果及分析

3.1　数据采集

如表 1 所示，目前东华大学入围 ESI 世界前 1%的学科共 3 个，包括工程学科、材料科学和化学科学，其入围的顶级论文分别为 33 篇、20 篇和 23 篇，总计 76 篇。由于 ESI 和 InCites 数据库更新不同步，因此表 2 采集了入围学科在 InCites 数据库中近 10 年的文献参数。针对期刊馆藏建设需要，为了协助图书馆员开发和管理期刊馆藏、决定从馆藏中选择或删除期刊、做出期刊存档决定，以工程学科（Engineering）为案例，分析了其涉及期刊的馆藏情况（表 3），以及引文特征。

如表 3 所示，检索到工程学科涉及的 204 种期刊中，79%有馆藏，15%无馆藏，6%为 OA 期刊。204 种期刊共涉及 728 篇论文，按照有馆藏、无馆藏和 OA 期刊顺序，论文分布比例分别为 78%、19%和 3%；总被引频次的分布比例分别为 73.9%、25.8%和 0.3%。由此可见，馆藏与发文量、被引频次具有较密切的关联；也就是说，合理的馆藏建设有助于促进科研成果的积累。因此，为了确定无馆藏期刊的采购需要，有必要对这些期刊进行引文分析，从而为优化馆藏结构提供数据支持和理论依据。

表3　东华大学入围 ESI 前 1%学科的工程学科涉及期刊的馆藏情况

馆藏情况	期刊数	收录论文数	总被引频次
有馆藏	161	570	6 605
无馆藏	31	140	2 311
OA 期刊	12	18	16
总计	204	728	8 932

3.2　OA 期刊论文分布规律

表3表明，东华大学入围 ESI 世界前 1%学科的工程学科涉及的期刊中，OA 期刊是无馆藏期刊的将近一半。OA 是国际科技界、学术界、出版界、信息传播界为推动科研成果利用网络自由传播而发起的运动，其主要含义是指读者可以通过网络免费、永久地获取和利用各种类型的学术资源，包括期刊论文、会议论文、图书、专利文献、研究报告、文本文件和多媒体文件。OA 期刊的特点决定了其对于图书馆期刊资源建设的重要意义：可以大大提高图书馆文献信息保障力，是图书馆期刊资源的有力补充。而且由于其是免费使用，因此不仅可以为广大科研人员提供畅通的学术交流平台，而且也为图书馆资源建设节省开支。东华大学入围 ESI 世界前 1%学科的工程学科所涉及的 OA 期刊文献分布特征（表4）进一步表明，在 204 种期刊中，*International Journal of Advanced Robotic Systems*，*Discrete Dynamics in Nature and Society* 和 *Journal of Applied Research and Technology* 3 种期刊所收录论文数排名均较靠前，分别为第 37 位、51 位和 63 位，其他 9 种期刊则均只收录 1 篇论文，排名为 118 位；在被引频次排名方面，基本上排在第 100~200 位；在学科归一化影响因子排名方面，除 *Engineering Applications of Computational Fluid Mechanics* 排名第 78 位外，其余基本上处于第 100~200 位；在期刊归一化影响因子排名方面，*Journal of Scientific & Industrial Research*，*Engineering Applications of Computational Fluid Mechanics*，*Kybernetika* 以及 *International Journal of Advanced Robotic Systems* 分别位于第 12 位、第 25 位、第 78 位和第 84 位；在影响因子（包括 5 年影响因子）排名方面，*Plos One* 排名较靠前，为第 16 位。因此，在外文期刊资源建设过程中，有必要特别关注这些 OA 期刊，不仅充分利用其对馆藏资源进行补充，而且有必要挖掘这些期刊的引文特征，进而为学科发展提供数据支持和理论依据。

表4　OA 期刊文献分布特征

期刊	收录论文数排名	被引频次排名	学科归一化影响因子排名	期刊归一化影响因子排名	5 年影响因子排名	影响因子排名
International Journal of Advanced Robotic Systems	37	99	147	84	175	174
Discrete Dynamics in Nature and Society	51	133	149	113	155	150

续表

期刊	收录论文数排名	被引频次排名	学科归一化影响因子排名	期刊归一化影响因子排名	5年影响因子排名	影响因子排名
Journal of Applied Research and Technology	63	176	176	176	199	199
Plos One	118	200	200	200	16	16
Engineering Applications of Computational Fluid Mechanics	118	168	78	25	152	130
Shock and Vibration	118	182	182	182	159	160
Journal of Scientific & Industrial Research	118	146	98	12	167	175
Studies in Informatics and Control	118	167	136	120	169	143
Kybernetika	118	124	123	78	170	172
Chinese Journal of Electronics	118	188	188	188	184	182
Technics Technologies Education Management—TTEM	118	202	202	202	203	203
Scientific World Journal	118	203	203	203	204	204

3.3 无馆藏期刊论文分布规律

表 3 表明，东华大学入围 ESI 世界前 1%学科的工程学科涉及的 204 种期刊中，15%无馆藏（31 种），为了使该学科的外文期刊馆藏结构更加合理，表 5 对其不同指标（收录论文数 R_1、被引频次 R_2、学科归一化影响因子 R_3、期刊归一化影响因子 R_4、5 年影响因子 R_5 和影响因子 R_6）在 204 种期刊中的排名进行了分析。

表 5 无馆藏期刊文献分布特征

期刊	R_1	R_2	R_3	R_4	R_5	R_6
International Journal of Nonlinear Sciences and Numerical Simulation	1	1	33	43	151	88
International Journal of Systems Science	9	27	65	85	80	51
Integrated Ferroelectrics	18	78	142	50	178	179
Desalination and Water Treatment	22	98	87	34	137	119
International Journal of Control	30	14	8	4	90	80
Information—an International Interdisciplinary Journal	37	169	169	169	198	198
Aiaa Journal	63	55	68	69	111	114
Tribology Transactions	63	73	66	44	113	100
Journal of the Chinese Institute of Engineers	63	90	107	10	187	184
Acta Mechanica Sinica	63	95	145	137	140	148
Optical Engineering	63	136	166	160	148	137
Journal of Hydrologic Engineering	63	150	114	126	70	82
Journal of Mechanics of Materials and Structures	63	151	168	168	143	124
Journal of Vibroengineering	63	153	157	119	177	165
Machining Science and Technology	63	173	174	174	131	161
Insight	118	103	112	41	174	173
International Journal Of Chemical Reactor Engineering	118	109	116	19	166	166

续表

期刊	R1	R2	R3	R4	R5	R6
International Journal of Turbo & Jet-engines	118	110	120	16	186	183
Environmental Engineering Science	118	122	118	116	136	129
Transactions of the Canadian Society for Mechanical Engineering	118	125	124	24	181	188
Energy Education Science and Technology Part A—Energy Science and Research	118	126	86	94	193	193
Journal of Energy Engineering	118	158	130	117	117	103
HVAC & R Research	118	160	133	98	144	163
Heat Transfer Research	118	168	132	31	179	177
Geosynthetics International	118	183	186	186	93	77
IETE Technical Review	118	188	179	179	139	147
Journal of Electronic Imaging	118	191	183	183	156	164
Advances in Mechanical Engineering	118	193	204	204	162	167
Noise Control Engineering Journal	118	196	193	193	180	186
IEICE Electronics Express	118	197	198	198	182	181
IEICE Transactions on Fundamentals of Electronics Communications and Computer Sciences	118	199	180	180	188	185
最后位	118	199	203	203	204	204

由表 5 和图 2 可见，在收录论文方面，无馆藏期刊可以分成 3 类：

（1）排名靠前期刊：其共涉及 International Journal of Nonlinear Sciences and Numerical Simulation，International Journal of Systems Science，Integrated Ferroelectrics，Desalination and Water Treatment，International Journal of Control 和 Information—an International Interdisciplinary Journal 6 种期刊，其中 International Journal of Nonlinear Sciences and Numerical Simulation 期刊在收录论文数量和被引频次上均位居第一，由此可见该期刊在目前入围论文中的重要地位，因此，有必要在馆藏建设调整过程中引入该期刊，使其在学科发展中发挥更加广阔的作用。

（2）居中位置期刊：共涉及 AIAA Journal，Tribology Transactions，Journal of the Chinese Institute of Engineers，ACTA Mechanica Sinica，Optical Engineering，Journal of Hydrologic Engineering，Journal of Mechanics of Materials and Structures，Journal of Vibroengineering 和 Machining Science and Technology 9 种期刊，这类期刊均收录论文 2 篇。另外，分析表明，这类期刊除 Journal of the Chinese Institute of Engineers 的期刊归一化影响因子排名（R_4）较靠前（第 10 位）外，其他指标排名基本上处于整体排名的中部。

（3）末位期刊：该类期刊由于均只收录了 1 篇论文，因此均排名为第 118 位。值得关注的是该类期刊除 International Journal of Turbo & Jet—Engines，International Journal of Chemical Reactor Engineering，Transactions of the Canadian Society for Mechanical Engineering，Insight 和 Energy Education Science and Technology Part A—Energy Science and Research 5 种期刊的期刊归一化影响因子排名（R_4）较靠前（分别为第 16 位、第 19 位、第 24 位、第 41 位和第 94 位）外，其余指标排名基本上处于整体排名的中部。因此，在馆

藏资源调整过程中，可以优先考虑这几种期刊。

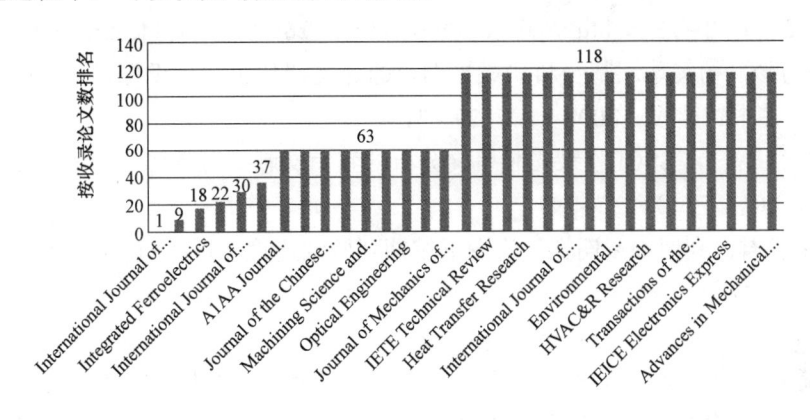

图 2　无馆藏期刊收录论文数排名分布

4　结果与建议

从上述实证研究结果可见，东华大学入围 ESI 世界前 1%学科中的工程学科涉及的 204 种期刊中，除 6%期刊为 OA 期刊外，无馆藏期刊占总期刊的 15%。分析表明，一方面可以充分利用 OA 期刊特点对该学科领域外文期刊馆藏进行补充；另一方面，对无馆藏期刊的分析表明，在这 31 种期刊中很多期刊地位非常重要，如 *International Journal of Nonlinear Sciences and Numerical Simulation* 期刊在 204 种期刊中收录论文以及被引频次均位居第一，因此，在采访和馆藏结构调整中值得关注；此外，尽管一些期刊收录论文较少，但是其期刊归一化影响因子排名（R_4）较靠前，因此，对于这类期刊有必要完善其馆藏分布，通过深入的数据挖掘为学科发展提供进一步数据支持和理论依据。

参考文献

［1］Sennyey P，Ross L，and Mills C．Exploring the future of academic libraries—a definitional approach［J］．Journal of Academic Librarianship，2009，35（3）：252－259．

［2］Frederiksen L．Rightsizing the academic library collection［J］．Library Journal，2015，140（4）：105－105．

［3］Simons A．Rightsizing the academic library collection［J］．Journal of Academic Librarianship，2015，41（4）：523－523．

［4］Suzanne M．Ward．Rightsizing the academic library collection［J］．Chicago，IL：ALA Editions，2015：168

［5］董政娥，陈惠兰．图书馆基于 ESI 和 InCites 数据库支持高校学科科研评价的服务模式探讨［J］．图书馆杂志，2014，11：23－28．

［6］东华大学 3 个学科入围 ESI 世界前 1%学科［J］．纺织教育，2011（2）：100．

[7] "国家重点学科审批"被取消,学科国际评价"前千分之一"成新指标[EB/OL].[2014-2-23]. http://jzb.com/bbs/thread-2669956-1-1.html,2015-09-25.

[8] 葛巧珍,杨美珍.基于科研成果调查的外文期刊馆藏建设探讨——以华东理工大学为例[J].图书馆建设,2009(8):29-31.

[9] 武莹.基于CSSCI收录文献引文分析的我馆文献资源保障率研究[J].法律文献信息与研究,2015(Z1):27-31.

[10] 王静君.利用OA期刊促进图书馆期刊资源建设探析[J].大学图书情报学刊,2012(1):39-42.

〔作者简介〕董政娥(1978—),女,博士,东华大学图书馆科技查新与情报分析部副研究馆员,研究方向为数据支持和纺织史研究。陈磊(1982—),女,硕士,东华大学图书馆资源建设部馆员。陈惠兰(1964—),女,博士,研究馆员,东华大学图书馆副馆长,研究方向为数据支持和纺织史研究。

(收稿时间:2015年12月)

四、利用效益评价

（二十五）藏书利用价值评价指标体系构建及实证研究[*][①]

夏 丹

（哈尔滨理工大学图书馆　哈尔滨　150080）

[摘要] 在分析现有藏书利用价值评价指标的基础上，根据指标体系的构建原则，结合定量统计与定性分析，构建了藏书利用价值评价指标体系，并以电工技术类藏书进行实证研究，统计、测定该类图书的半衰期、被借阅情况、核心著者、核心出版社，并依据4项指标的重要程度及统计结果确定各指标的权重系数及评分标准，最终将藏书的利用价值分为5个等级。通过实证分析可知，该藏书利用价值评价指标体系可以科学准确地评价藏书的利用价值，为图书馆制定藏书质量优化策略提供合理依据。

[关键词] 利用价值　评价指标体系　电工技术类图书

藏书利用价值评价是对图书馆的纸质图书资源的价值及满足读者文献需求的能力进行评估和判断。藏书利用价值评价的目的是：① 通过统计分析藏书被借阅情况，测定现实情况下藏书对读者阅读需求的满足程度，挖掘和研究利用率低的文献，为日后对长尾资源进行建设以满足读者的个性化需求及馆藏的剔旧工作提供参考；② 通过专门的统计工具、专业的统计方法测定馆藏图书的学术价值和应用价值，从而判断其潜在的利用价值，最后综合其现实利用情况，确定馆藏图书的等级，为调整馆藏结构、构建优质馆藏体系提供全面准确的决策依据。因此，开展藏书利用价值评价，需要综合分析影响藏书利用价值的各个因素，不仅考虑文献当前的利用情况，还要充分分析、探寻文献有效期和利用规律及文献本身的属性，全方位、多维度选取藏书利用价值评价指标，力求对藏书利用价值进行科学、客观和公正的评价。

---

* 本文系2014年哈尔滨理工大学教育教学研究项目"内涵式发展背景下高校图书馆图书荐购服务模式研究"（项目编号：420140020）的研究成果之一。

① 夏丹. 藏书利用价值评价指标体系构建及实证研究 [J]. 图书馆理论与实践，2016（09）：42-46.

1 藏书利用价值评价指标体系的构建

1.1 藏书利用价值评价指标体系的构建原则

评价指标体系是由揭示评价对象各方面属性的多个指标所构成的具有内在联系的统一整体。为了使藏书利用价值评价指标体系科学化、合理化和规范化，在构建指标体系时，应遵循以下原则：① 系统科学性原则。选取的指标应能客观真实反映不同侧面的藏书利用价值，彼此独立又相互联系，综合反映藏书整体利用价值。② 典型性原则。评价指标的设置、权重的分配及评价标准的设定都应该与藏书的性质、类别等具体情况相适应。③ 简明、可操作原则。由于影响藏书利用价值的因素比较多，选取评价指标应简单明了，所需数据易获，便于进行统计计算与分析。

1.2 藏书利用价值评价指标体系概述

评价藏书利用价值比较常用的指标有藏书利用率、文献半衰期、书龄、馆员经验等。藏书利用率是检验图书馆藏书质量的一个重要指标，反映馆藏符合读者现实阅读需求的相关程度，但这只是反映藏书的显性利用价值，不能反映其隐性利用价值，利用价值的大小并不完全取决于藏书利用率的高低，单纯依据藏书利用率判断藏书利用价值忽略了图书的一些本质属性。虽然有些藏书利用率不高，但具有很高的文献价值，比如某些特定研究领域的经典学术著作，只是由于受众面窄造成了藏书利用率低，但是其对科学研究的参考价值是巨大的。文献半衰期是指某学科现时尚在利用的全部文献中较新的一半是在多长时间内发表的，衡量了文献的老化速度和程度。书龄是指图书出版年距当前时间的年代差。文献半衰期和书龄两项指标都是以文献出版时间来判断图书的利用价值，不同学科的图书其知识老化速度是不一样的，比如计算机技术发展日新月异，导致计算机类图书知识老化速度较快，而数理化类图书基础知识相对稳定，其知识老化速度较慢，因此在以文献半衰期或书龄为指标确定图书利用价值时，要根据图书的学科属性分别统计计算。单纯依据文献出版时间评价藏书利用价值显然是不公正的，出版年限久远并不意味着知识陈旧，即使同一学科的图书，也会由于图书内容、著者、出版社等差异而利用价值差异巨大。以馆员经验为指标评价图书的利用价值是不科学的，面对海量的内容不同、质量良莠不齐的图书，馆员很难对图书的利用价值做出客观、准确的定位。

以上每个单项指标只考核了藏书利用价值的某个侧面，单一地依据某项指标评价藏书利用价值会使许多有价值的文献被定位成低利用价值文献，存在被剔除的风险，并且指标构成尚不全面，文献半衰期指标和书龄指标有重叠，忽略了图书的著者、出版发行单位等重要属性对藏书利用价值的影响。一般情况下，核心著者在学科领域造诣较高，学术活动较频繁，出版的图书比较有价值，影响力较大。而出版社是评价图书质量的一个重要参考指标，将"核心出版社"作为图书采访决策时考虑的一个重要变量在国内早有研究，有影响力的、专业性的出版社所出版的图书质量一般也比较高。

综合以上分析，本文选取文献半衰期、图书近几年的被借阅次数、核心著者、核心出版社 4 项指标构建藏书利用价值评价指标体系，采取定量统计与定性分析相结合的方法，不同方位、不同角度综合测定藏书的现实利用价值和潜在利用价值，使其真正成为检验和评估馆藏图书质量的标尺。该体系具备一定的弹性，可以根据不同学科图书的具体情况下设各分级指标，确定各项指标的权重及等级评价标准，最终将藏书分为高利用价值、较高利用价值、一般利用价值、低利用价值、几乎无利用价值 5 个等级。

2 评价指标体系应用实例及分析

"电气工程"学科为哈尔滨理工大学的重点学科，拥有科技部批准的"省部共建国家重点实验室培育基地——黑龙江省电介质工程重点实验室"和"电气工程博士后科研流动工作站"，是图书馆文献资源建设的重点，对该学科专业图书的利用价值进行评估对提高馆藏质量、提升图书馆服务效果有重大意义。因此，本文以电工技术类图书为例，通过对藏书被借阅次数、文献半衰期、核心著者和核心出版社的统计分析，对这 4 项指标分配权值、设置评分标准，将电工技术类图书按照利用价值大小划分为 5 个等级，为该类馆藏图书剔旧、馆藏结构调整、文献采访决策制定提供依据。

2.1 电工技术类图书半衰期

因本文是针对哈尔滨理工大学图书馆（以下称"本馆"）读者测定馆藏图书的利用价值及利用规律的，故以图书被借阅次数为数据计算图书半衰期，即馆藏图书在最近一段时间内被借阅的总次数中较新的一半是在多长时间内出版的。笔者对本馆全部电工技术类（TM 类）中文图书在 2012 年 1 月 1 日—2014 年 12 月 31 日的被借阅次数进行统计，由此计算出 TM 类馆藏图书半衰期。具体步骤为：① 统计本馆入藏 TM 类中文图书在设定的统计日期内被借阅的总次数；② 按出版年由近及远逐年累加各年的被借阅次数，然后除以总的被借阅次数，得到累计被借阅次数百分比。当累计百分比达到 50%时，出版年与统计年之间的年差即为 TM 类馆藏图书的半衰期。通过整理，得出 2012—2014 年被借阅的电工技术类图书出版年代分布情况（表 1）。

表 1 2012—2014 年电工技术类图书被借阅情况

被借阅文献出版年份	被借阅次数	累计被借阅次数	累计百分比/%
2014	3	3	0.01
2013	138	141	0.68
2012	530	671	3.22
2011	1 103	1 774	8.53
2010	1 471	3 245	15.59
2009	1 922	5 167	24.83
2008	1 677	6 844	32.89
2007	1 878	8 722	41.92
2006	1 630	10 352	49.75
2005	1 406	11 758	56.51

续表

被借阅文献出版年份	被借阅次数	累计被借阅次数	累计百分比/%
2004	1 707	13 465	64.71
2003	1 125	14 590	70.12
2002	929	15 519	74.58
2001	703	16 222	77.96
2000	317	16 539	79.48
1999	226	16 765	80.57
1998	348	17 113	82.24
1997	233	17 346	83.36
1996	153	17 499	84.10
1995	92	17 591	84.54
1994	40	17 631	84.73
1993	112	17 743	85.27
1992	278	18 021	86.61
1991	41	18 062	86.80
1990	27	18 089	86.93
1956—1989	2 719	20 808	100

由表1可知，电工技术类馆藏图书的半衰期大约为8年，出版年限久的图书被借阅次数也比较高。另外，统计结果显示，1956—1989年出版的图书近3年被借阅341种，被借阅次数2 719次，占总借阅次数的13.07%，被借阅10次以上的图书有72种，被借阅30次以上的图书有13种。其中1981年出版的《电机内的电磁场》和1984年出版的《电机理论与运行》分别被借阅84次和75次，可见并不是所有图书的利用价值都会随着书龄的增长而丧失，有些超过文献半衰期的图书，其利用价值还是很大的。

这里有一点值得注意，2014年出版的图书仅被借阅3次，这与2014年12月31日之前入藏图书数量少有关，2014年年底前入藏的2014年出版的TM类图书仅为77种，另外图书从入藏到流通需要一段时间的过渡期，因此2014年出版的图书被借阅量很少。

2.2 电工技术类图书被借阅情况

本馆入藏的电工技术类中文图书在2012年1月1日—2014年12月31日的被借阅情况如表2所示。

表2 2012.01.01—2014.12.31 电工技术（TM）类图书被借阅统计

图书种类	可流通总种数	可流通总册数	总被借阅种数	总被借阅次数	单册平均被借阅次数	单种入藏图书平均被借阅次数	单种被借阅图书平均被借阅次数
TM类	10 231	28 653	2 327	20 808	0.73	2.03	8.94

笔者对出版日期在图书半衰期内的电工技术类图书近3年的被借阅情况进行了统计：

2014年12月31日之前入藏的2006—2014年出版的图书可流通3 486种，10 071册，在2012年1月1日—2014年12月31日期间累计被借阅1 288种，10 352次，单册平均被借阅次数为1.03，单种入藏图书平均被借阅次数为2.97，数值大于表2中相应项目统计结果。图书在文献半衰期内被借阅情况较好，这说明文献半衰期对图书的利用价值有一定的影响。

2.3 电工技术类图书核心著者和核心出版社的确定

2.3.1 统计分析工具及样本数据的选取

近年来一些研究者以Google Scholar作为统计分析工具，运用引文分析法测定核心著者和核心出版社，但由于某些原因，目前国内已无法正常使用Google Scholar。然而，读秀学术搜索提供了图书被引情况的查询，读秀知识库拥有海量中文图书、期刊、学位论文、会议论文等资源，因此它可以作为一个很好的学术资源分析工具，用来对图书被引频次进行比较全面的统计。由于人天书店书目比较全面，几乎覆盖全国95%以上的新书出版信息，本文根据人天书店提供的电工技术类图书书目进行引文统计分析。

2.3.2 统计方法及过程

考虑到图书从出版到被良好利用大致需要3~6年，故本文以人天书店提供的2009—2012年电工技术类采访数据为来源，去除通俗读物、普及读物、教辅、习题集、工具书、辞典、年鉴、再版、非汉语出版物、各类职业认证考试、等级考试辅导材料，将其余的视为学科著作，然后利用读秀学术搜索对每种学科著作进行引文统计，最后基于引文统计结果，从学科内容、出版数量与质量等方面全面分析，测定出电工技术类图书的核心著者及核心出版社。图书被引次数越多，说明学科著作的质量越高，对本学科领域的发展越具有影响力和推动作用。

2.3.3 基于读秀学术搜索的统计分析

人天书店提供给我馆的采访书目是经过初步筛选的，不包括本科及以下适用图书，但结果不是十分准确，初步筛选后的2009—2012年出版的电工技术类图书分别为1 406种、1 199种、826种、882种。笔者根据读者对象进行了更细致的筛选，同时依据上面提到的原则最终选出2009—2012年电工技术类学科著作388种、362种、298种、301种，可见每年出版的电工技术类学科著作的数量有减少的趋势。

（1）电工技术类图书核心著者。本次调查，仅对著作的第一著者进行统计。2009—2012年4年出版的电工技术类学科著作的著者共1 168人。单种图书被引频次达到90以上的著者数量为10人，出版2种以上图书的著者数量为106人，共出版图书287种，累计被引1 595次，平均每位著者出版图书2.7种，每位著者出版图书累计被引15次，每种图书被引5.6次。核定核心著者时不仅要考虑出版图书的数量，也要考虑出版图书的质量。笔者选择核心著者的标准是：4年中出版图书数量大于等于3种，累计被引大于等于15次且单种图书被引大于等于6次，或者单种图书被引达到90次以上。由此挑选出以下21位著者为电工技术类图书的核心著者（表3）。

表3 国内电工技术领域"核心著者"

单种图书被引频次≥90			出版图书种数≥3，累计被引频次≥15 且单种图书被引频次≥6		
刘振亚	刘介才	王兆安	刘振亚	王秀和	张兴
肖湘宁	夏长亮	杨金焕	姚兴佳	黄忠霖	王晓明
王长贵	许晓慧	要焕年	王志新	桂长清	汤蕴璆
陈化钢			周志敏	贺益康	王正风

（2）电工技术类图书核心出版社。本文选出2009—2012年国内电工技术类图书1 349种，涉及81个出版社，出版社相对集中。本文分别对出版社的出版总量、被引图书所占百分比、累计被引频次、平均每册图书被引频次进行统计、排序，然后根据每种统计项目的排序结果计算出每个出版社的综合排名，并依此排序（表4）。排名在第11、12位的浙江大学出版社和东南大学出版社，由于出版图书数量太少，统计结果不能充分反映出版社的整体实力，而排名第13位的清华大学出版社，除被引图书所占出版总量偏低外，其余各项指标的排名都比较靠前，因此本文确定排名前10位及第13位的出版社为核心出版社。这些出版社的图书出版数量占图书出版总量的76.28%，被引图书数量占总被引图书总量的81.73%，累计被引频次占总累计被引频次的90.79%。因此，无论从出版数量还是出版质量来看，它们都是电工技术类图书核心出版社。

表4 2009—2012年国内电工技术类图书出版及被引情况统计

序号	出版社	出版图书总量/种	被引图书数量/种	被引图书所占百分比/%	累计被引频次	平均每册图书被引频次	综合排名
1	中国电力出版社	357	235	65.83	2 150	6	4.5
2	化学工业出版社	59	42	71.19	386	7	4.75
3	机械工业出版社	235	150	63.83	1 345	6	5.5
4	科学出版社	78	49	62.82	578	7	6.25
5	电子工业出版社	89	54	60.67	430	5	7
6	中国水利水电出版社	56	37	66.07	359	6	7
7	人民邮电出版社	39	27	69.23	156	4	7.75
8	高等教育出版社	34	23	67.65	183	5	8
9	北京航空航天大学出版社	10	7	70.00	102	10	8.25
10	北京大学出版社	14	11	78.57	71	5	8.5
11	浙江大学出版社	6	6	100.00	53	9	9
12	东南大学出版社	3	3	100.00	33	11	9.5
13	清华大学出版社	58	27	46.55	205	4	10.25
14	西北工业大学出版社	6	5	83.33	30	5	10.5
...							
44	中国科学技术出版社	1	0	0	0	0	25.5
44	中国农业大学出版社	1	0	0	0	0	25.5

2.4 指标权重分配与评价等级划分

根据以上的统计结果及分析,可以看出图书被借阅次数是图书利用价值的最直接体现,而图书半衰期对图书的被借阅有一定的影响,从而对图书的利用价值产生影响,著者和出版社在一定程度上影响图书的质量,且著者的影响稍大一些,这 4 项指标可比较全面地评价藏书利用价值。本文根据 4 项指标的重要程度分配权重系数,并结合实际的统计结果为各项指标各个分值制定评分标准。在评价任意一种藏书利用价值时,首先根据评分标准确定各项指标的分值,将分值与相应指标权重系数相乘,得到各指标的加权分值,然后将 4 项指标的加权分值相加,最终得到此书的总加权分值 S。权重系数总和等于 1,每项指标分值满分为 1 分,总加权分值范围为 0~1。藏书利用价值评价指标体系如表 5 所示。

表 5 藏书利用价值评价指标体系

指标	权重系数	各指标分值		各指标加权分值(S)
图书被借阅次数	0.4	近 3 年累计被借阅次数>20	1	0.4
		20≥近 3 年累计被借阅次数>9	0.9	0.36
		9≥近 3 年累计被借阅次数>2	0.7	0.28
		2≥近 3 年累计被借阅次数>0	0.4	0.16
		零借阅	0	0
图书半衰期	0.3	出版时间在图书半衰期以内	1	0.3
		出版时间超出图书半衰期	0	0
图书著者	0.2	核心著者	1	0.2
		非核心著者	0	0
图书出版社	0.1	核心出版社	1	0.1
		非核心出版社	0	0

注：图书被借阅次数等级的划分依据表 2 中单种被借阅图书平均被借阅次数、单种入藏图书平均被借阅次数。

根据对电工技术类图书的整体利用价值分析,将藏书利用价值分为 5 个等级：A（高利用价值）：S=1；B（较高利用价值）：$0.7 \leq S < 1$；C（一般利用价值）：$0.3 < S < 0.7$；D（较低利用价值）：$0 < S \leq 0.3$；E（几乎无利用价值）：S=0。比如王晓明编写的由北京航空航天大学出版社于 2004 年出版的《电动机的 DSP 控制》,近 3 年累计被借阅次数为 52,那么按照上面的评价指标体系进行计算,得出此书总加权分值为 0.4+0+0.2+0.1=0.7,利用价值为 B 级。为了优化馆藏结构、提高馆藏质量,可以按照上面构建的评价指标体系对藏书的利用价值进行评价,深入挖掘利用价值偏低的非核心资源,掌握其本质和利用规律,分析利用价值低的原因,提升其对读者个性化需求的满足程度,并根据具体情况适度地对利用价值极低的图书进行剔除,这有助于提高馆藏整体图书利用率,改进图书馆服务质量。

3 结语

本文只选取人天书店的书目数据作为核心著者和核心出版社统计的数据源，书目数量相比于全国出版总量肯定会有一些遗漏，但本文提出的指标体系是评价本科及以上读者适用的图书的利用价值，测定的是出版此类图书的核心著者和核心出版社，而人天书店提供的此类图书书目还是比较齐全的，因此本文对核心著者和核心出版社的测定结果是比较科学、合理、准确的。

本文设计的藏书利用价值评价指标体系具有一定的弹性，在统计其他学科图书的利用价值时，可以根据相应学科图书的具体情况重新设置各指标权重系数及评分标准，具体学科具体分析，科学准确地评价各类藏书的利用价值，为图书馆制定藏书质量优化策略提供合理依据。

另外，图书半衰期、近几年的被借阅次数、核心著者、核心出版社并不是一成不变的，图书馆需定期进行测评，持续对藏书质量进行评价。

参考文献

[1] 周天旻，等. 泛信息环境下阅读推广研究：唤醒沉睡的图书——以海南医学院图书馆"主题馆藏展"实践为例[J]. 图书馆杂志，2015（4）：64-69.

[2] 蔡迎春. 藏书复选体系构建及实证研究[J]. 图书馆建设，2010（3）：36-40.

[3] 叶继元，等. 图书馆学学术规范与方法论研究[M]. 北京：科学出版社，2014.

[4] 许晶晶. 基于引文分析的核心作者研究——以建筑类图书为例[J]. 图书馆，2015（5）：89-92.

[5] 蔡迎春. 基于文献出版统计分析的藏书质量控制[J]. 图书情报工作，2010，54（3）：6-10.

〔作者简介〕夏丹（1982—），女，硕士，哈尔滨理工大学图书馆馆员，已发表论文5篇。

（收稿时间：2016年1月；责任编辑：徐娜）

（二十六）国际学术期刊库绩效评价方法应用现状[①]

汤罡辉

（中山大学图书馆　广州　510275）

[摘要]本文把近10年来国际学术期刊库绩效评价方法归纳为科研成果出版数量评价法、特定读者使用情况分析法、引文分析法、与其他业务环节相关性分析法、馆员评价法、读者问卷调查法、访问次数/全文次数统计法、篇均使用成本统计法、馆藏结构评价法9种，对这些方法的应用案例进行分析后得出：9种绩效评价方法基本可行且具有指导实践的意义。在开展期刊库绩效评价时应综合应用各种评价方法，重点认识篇均使用成本统计法存在的弊端。

[关键词]电子资源　期刊使用统计报告　绩效评价

2002年肖珑、张宇红在《电子资源评价指标体系的建立初探》中较详细地论述了电子资源使用评价的作用及使用统计数据存在的问题，并针对北京大学电子资源利用率、电子资源使用价值与成本进行了分析与评价。这是国内首篇较为系统地论述电子资源使用评价的论文，此后相关文献逐渐增加，但大部分文献都停留在理论探讨层面，如对评价指标体系的建立、电子资源发展政策等的研究，只有少部分文献研究评价方法及开展应用实证。对于绩效评价方法，笔者参考了2001年K. Bauter提出的一系列基于互联网的使用评价方法及工具，包括经济标杆、网络分析软件、统计分析法、图书馆标杆、统计软件及其他统计资源等。2009年韩国Younghee Noh提到采用德尔菲法研究数字期刊评价：① 期刊的采购（包括各种采购模式）；② 期刊的使用（包括访问次数、下载全文次数）；③ 使用环境（包括使用方式、用户培训等）。2007年戴龙基主编的《文献资源发展政策研究》提到5种电子文献绩效评价方法：① 浏览/下载文献数量统计；② 单次使用成本统计；③ 目标读者使用情况分析；④ 电子文献的引文分析与读者评价；⑤ 图书馆员评价。据了解，目前我国还没有得到公认的电子文献评价方法，因此本文站在实用主义的立场，拟对各种评价方法的实际案例（包括国外的）进行筛选、梳理，将其归为9个类别，以甄别各种评价法的不同点与发展脉络。考虑到电子资源囊括的文献类型很广泛，泛泛而谈有失针对性，笔者选取国际学术期刊库做有针对性的重点研究。

[①] 汤罡辉. 国际学术期刊库绩效评价方法应用现状 [J]. 图书馆建设, 2011（03）：5-10.

1 国际学术期刊库绩效评价方法应用案例

1.1 科研成果出版数量评价方法的应用

英国物理学会（Institute of Physics，IOP）出版社北京代表处的统计资料显示，在1997—2008年刊发的物理学文章中，来自我国的文章数量一直处于上升趋势。我国用户的IOP电子期刊使用量与在IOP期刊发表文章数量成正比关系，都呈逐年上升趋势。CALIS（China Academic Library & Information System，中国高等教育文献保障系统）浙江省文献信息服务中心的鲁东明曾在2009年专门统计了通过开展地区性文献信息共建共享及服务培训带动地方院校提高发表科研成果的数量，如台州学院、中国计量学院、温州大学、浙江林学院、杭州电子科技大学、湖州师范学院、浙江树人大学在World Scientific出版社合计发表了47篇论文。基于SCI（Science Citation Index，科学引文索引），笔者了解到国内科研人员发表在国际学术期刊上的文章数量也在逐年增加。这些都表明论文形式的科研成果逐年增长与近年来图书馆加大电子期刊采购投入、宣传和培训读者有着密切的关系。国外也有一些该研究的相关案例，例如，2003年Carlos等研究了1997—2000年的科研成果与数据库使用之间的关系并认为，数据库使用频次越高，科研成果就越多，数据库使用频次与科研成果数量成正比。2004年Kathleen从节约时间的角度出发进行实证研究后发现，耶鲁医学院克拉辛·惠特尼医学图书馆在1999—2003年随着电子资源利用率的提高为用户节约了学习、科研时间成本。科研成果增长数量评价法也存在不足，如有些学术期刊发表文章难度大，作者未必每年都会增加投稿量。Nature Publishing Group香港办事处的统计资料表明，各个年度中国学者投稿给*Nature*的数量都不同，而且大多数出版社每年都会新增期刊品种，扩大科研交流平台，以提高发稿数量；读者也可通过网络直接了解各个学会出版社的出版物，或加入学会以会员价（费用比较低）获取学术期刊，不一定完全借助图书馆资源。因此，科研成果数量的增加不能绝对地认为是由馆藏学术期刊使用量单一决定的。此外，出版社应用这种方法的比较多，它们较图书馆员更易获取读者投稿及发稿数据，而且也常用出版科研成果与阅读使用的关系变化图来吸引参加数据库培训读者的注意。

1.2 特定读者使用情况分析法的应用

每个学科的学术期刊都有特定的读者群，而且这些读者存在层次差别，如存在教授与副教授、博士研究生与硕士研究生的差别，有的优秀本科生也有可能使用国际学术期刊；一些读者有固定的使用偏好，如专门阅读某几种期刊，再通过CrossRef或搜索引擎查找、涉猎相关的资料；还有的读者是潜在使用者，可能对期刊库的特点不了解，以致未专注使用。为区别出不同用户群使用特定学术期刊库的差别，有必要对用户情况进行区别统计。但目前由于技术原因或保护用户隐私的需要，这方面成功的研究案例较少。假使通过IP来控制，并由图书馆出于研究的目的去获取不同用户身份、背景的数据，也会遇到技术障碍，如动态IP分配不固定或者固定IP但使用者呈流动状态。出版商一般也不愿意提供庞大用户群使用行为的统计数据。根据2007年台湾地区北中南东区高校图书馆座谈会的会议纪要可了解到，台湾大学曾采用入口认证的方法，由使用者自行选择所属单位，但因不便使用被迫取消（不过西安交通大学图书馆还在理论探讨这种入口认证的方法）。一些国外学者利用特定读者使用情况分析法进行研究，如 D. Nicholas，P. Huntington 和 A. Watkinson 基于 Blackwell Synergy 期刊库的访问日志对其使用者行为进行了深入分析，将其使用者分成学生和工作人员、学者和实际工作者、自然科学家和社会科学家等类别进行了比较，这项研究涉及的数量庞大，每个月要统计 50 万次的访问量。如果能区别出不同用户群的使用情况，就可进一步深入分析期刊库使用者中的核心读者群，挖掘出潜在的使用者。

1.3 引文分析方法的应用

读者发表学术文章时都必须注明其引用数据的来源，对引文数据分析则可了解读者获取信息的来源及数量。Hye‐Kyung Chung 以公共政策与管理学院作为案例进行分析发现，*Harvard Business Review* 是本地用户利用率最高的刊物（但该刊物并不是 ISI 管理学科类的最高影响因子刊物）。P. Feyereisen 和 A. Spoiden 对 2006—2007 年比利时鲁汶大学（Louvain University）的心理与教育学系学生的学术文章的引用情况进行分析研究后发现，JCR（Journal Citation Reports，期刊引用报告）的影响因子和本地引用数据有适度的关联。华东理工大学图书馆的葛巧珍、杨美珍对该校师生 1999—2007 年在外文期刊发表论文的情况与引用外文期刊的情况进行统计后，再与馆藏期刊对比，求出真实反映馆藏期刊的实际利用率，同时为调整期刊的馆藏结构提供了充分依据。引文分析法多依赖于索引数据库，但国内很多图书馆限于经费压力，不会再专门购买索引数据库商提供的引文分析软件，主要靠自行建库进行引文分析，这样做比较费时、操作难度较大，而且引文分析法的使用也存在一些弊端。例如，本地用户跟 JCR 的全球用户有一定的区别；非英语国家的学术期刊并没有全部收入 JCR 期刊列表中；有用的信息也许没被引用在期刊文章里，而是被教师引用在教学大纲或图书中等。

1.4 与馆内其他业务环节作相关性分析方法的应用

随着馆藏资源的增多，大部分图书馆都将其按文献载体、类型划入不同业务部门，但围绕同一文献，各个部门之间还是紧密相连的。因此，有必要将各业务环节的数据进行整合、比较。

（1）对传统纸质载体的影响：2001 年 Rogers 对电子期刊、纸质期刊和数据库的使用状况进行了研究。结果表明，在电子期刊的数量从 200 多种上升到 3 000 多种后，教师和研究生使用电子期刊的频次增多，而纸质期刊使用量则减小，年龄与使用频次很少或根本不相关，与其 1998 年调查中所提到的电子期刊将取代纸质期刊的观点相一致。2004 年美国加州大学图书馆对 2001—2002 年使用电子期刊的统计数据进行调研后发现，当期刊以两种载体存在时电子期刊比纸质期刊的使用更密集。Bar‐Ilan 和 Fink 对某一科学图书馆的纸质期刊及电子期刊进行调研后发现，用户几年前就已经了解电子期刊，大多数科学期刊既可获取电子期刊进行阅读，也可继续使用其纸质版，更主要的是，80%的被调查者不论是什么职位、什么年龄都喜欢频繁使用电子期刊。纸质期刊与电子期刊的成本也有一定的差别，赵伯兴、向群调查了上海大学图书馆、Drexel 大学图书馆每次实际使用纸质期刊与电子期刊后认为，电子期刊存取方便，具有扩张检索功能等优点，从而大幅提高了文献的利用率，降低了电子期刊的使用成本。2007 年，辽宁石油化工大学图书馆的张永梅对 Science Direct 数据库使用情况进行了调查统计，得出与前几个案例不同的结论：订购的纸质期刊是读者利用率较高的期刊。

（2）对馆际互借数据的影响：Kidd 研究格拉斯哥大学（Glasgow University）1998—1999 年的馆际互借数据时发现该校订购了 Elsevier 期刊库；接着，Kidd 对该校 2001—2002 年的馆际互借数据进行研究后发现该校用户对 Elsevier 期刊的馆际互借请求减少了，同时，整个学校的馆际互借请求也减少了。P. W. Yue 和 M. L. Syring 以内华达里诺大学（The University of Nevada, Reno）2000—2003 年 Elsevier 期刊库使用情况统计数据为依据，分析了使用量的变化对馆际互借的影响，发现电子期刊被广泛使用，订购的纸质期刊的电子版也被使用，并认为虽然很多研究型图书馆都拥有很多电子期刊，但并不能保证用户的所有信息需求都能得到满足，所以还需保持馆际互借业务。

（3）对不同文献类型的影响：E. T. Smith 发现发表在自然科学期刊的文章被引用的频次比专著高，但人文学科类的期刊则相反，仅仅社会科学与教育学是被平衡引用的两种文献类型。由此可见，学术期刊库的利用会影响到其他业务环节的开展，应统筹考虑并发挥其积极作用。

1.5　馆员评价法的应用

图书馆员是国际学术期刊库引进、管理、推介的中介，也是使用者之一。图书馆员可以在日常工作中积累读者使用学术期刊库过程中遇到的问题、各个期刊库的收录范围、检索效果等信息，因此他们对学术期刊库的评价是不可缺少的，可以起到与专家评审相同的效果。例如，从 2005 年举办"第 3 届国外引进数据库培训周"以来，每次会议都专门让图书馆员对所引进的各类数据库进行打分评估，由此产生的数字资源使用效益评价结论都成为历届会议的重点议题之一。这种集中评价模式对推动资源效益增长最大化具有积极的影响作用。到 2009 年，CALIS 组织的这类集体评估已越来越成熟，当年的调查报告共获得 246 个单位提交的 494 份有效问卷，是历年调查回收问卷最多的一次。

1.6　读者问卷调查法的应用

问卷调查是一种发掘事实现况的研究方式，具有统计意义的调查数据能起到定量分析的作用。Ashcroft 认为，问卷调查将成为电子资源使用评价的一种有效定性评价分析机制。Borrego 等对加泰罗尼亚（西班牙）高校图书馆集团的学术人员用户进行调研后发现，较高比例的教学人员与研究者意识到电子期刊的发展与收藏，他们对电子期刊的喜爱也多于纸质期刊；大多数用户都对电子期刊有较高的评价，也期待在未来几年内增加对其的使用量。D. Nicholas，P. Huntington，H. R. Jamali 等结合问卷调查对 Ohio LINK and Science Direct 期刊库的访问数据进行分析后发现，有一部分被调查者仅是粗略阅读全文。随着欧洲大学的改革，欧洲高等教育区（European Higher Education Area，EHEA）的产生对高校图书馆的管理也产生了迫切的改革需求。因此，M. Pinto 等人按既定标准选取了 19 所西班牙高等学校，发放了 10 276 份调查问卷，回收有效问卷 564 份，调查对象是研究人员与其他工作人员。M. Pinto 等认为这样更有利于发现科技信息需求用户的特殊需求与前景需求。调查结果显示，用户对科技期刊非常感兴趣，并将科技期刊当作重要的信息源，而对其他诸如视听教具等信息源则没那么强烈的需求。从整体上看，这些用户对通过互联网来获取图书馆的馆藏资源与服务非常感兴趣，尤其是电子期刊。这些用户能够非常熟练地使用其研究领域的各种数据库搜索信息，也因此拒绝了图书馆提出的信息干预服务，如信息推送服务、信息过滤或选择服务。

1.7 访问次数/全文次数统计法的应用

通过了解学术期刊库的访问次数、全文次数可了解整个期刊库的使用规律及不同期刊库之间的差别，为采购提供数据参考。但在 COUNTER 标准未普及应用时，对学术期刊库的访问次数、全文次数的统计还存在应用困难。例如，Liu Weiling 等人认为，获取电子期刊的统计数据不是一件容易的事情，因为电子期刊的出版商及集成代理商正在使用各种标准来作电子期刊的使用统计报告，这给图书馆员的使用带来不便。为确切了解期刊使用者、使用频次、正在使用的期刊，编目部及技术部的馆员使用 CGI 脚本、AXS 共享软件合作挖掘电子期刊的使用统计报告。这从实验效果来看是成功的。随着 COUNTER 标准的完善与普及，访问次数/全文次数统计法的应用也增多，我国运用此方法对 Science Direct 期刊库的研究较多，如北京大学医学部图书馆认为 Science Direct 期刊库是对纸质期刊的极大补充，读者群明显增多；河北师范大学图书馆对 2006—2008 年 Science Direct 的利用情况进行分析后发现，零下载率的期刊竟高达 428 种，占该馆电子期刊总数的 23%；中国农业大学图书馆统计了 2006—2008 年 Science Direct 使用数据后发现，用户集中使用少数期刊并大量下载期刊全文；西北农林科技大学图书馆对 2006—2008 年 Science Direct 中利用率最高的期刊进行利用水平分析后提到，期刊在利用上并非均衡发展，存在高效与非高效期刊之分，尽管期刊的利用率逐年增加，但该库的使用情况堪忧，1/2 甚至近 2/3 的期刊没有得到充分的利用。

1.8 篇均使用成本统计法的应用

不同学术期刊库的访问价格不同，因此应将单次使用成本分别计算。而且很显然，读者使用次数越多，单次使用成本就越低，投入的经费也就越有效。例如，深圳大学图书馆对该馆 2003 年订购的部分国外网络数据库（包括 16 种文摘索引数据库和 8 种全文数据库）进行成本、效益统计分析后发现，7 个全文数据库下载 1 篇电子文献全文的费用平均为 41.56 元，下载 1 篇电子文献全文的费用加纸质版费用平均为 44.57 元，与其他高校相比，使用成本相对较高，为各校平均使用成本的 18.55 倍。温州大学图书馆统计了 2005 年 9 月—2006 年 8 月 Science Direct 期刊库后发现，下载 1 篇电子文献全文的费用平均为 9.8 元，电子期刊的费用加纸质版使用费用合计 24.5 元，分别为 CALIS 集团用户平均使用价格的 3.5 倍和 5 倍。CALIS 集团订购使用的成本计算方法为：平均使用成本=集团总费用（包括捆绑纸质期刊的费用）/集团期刊使用量。2008 年 CALIS 集团 38 个电子期刊库的总费用为 416 045 418.70 元，全文下载总量 99 060 595 次，单篇全文下载成本 4.2 元。CALIS 集团同时也为所有的集团成员提供下载某个期刊库的全文次数及平均单次下载成本数据，以方便集团成员获取资源评估报告、了解集团平均使用情况、分析本馆订购和使用情况、协助购买和剔除资源。

1.9 馆藏结构评价法的应用

图书馆通常是以整库购买的方式引进学术期刊库，库内不同期刊品种的质量、数量变化都由出版社决定，图书馆无须根据本馆的实际需求进行调整。但期刊库内有上千种期刊，相当于一个综合性的大型过刊、现刊书库，因此可参考曾应用在纸质期刊上的馆藏结构分析法，将期刊库按学科结构（不同学科的主题刊物与本馆读者需求的适应程度）、等级结构（期刊品种是否有一定的层次级别，是否适合不同层次读者的阅读需求）、文种结构（语种上是否与读者群的语种状况相符合）、时间结构（是否区别为过刊及现刊两个区域）、质量结构（如高价、高影响因子刊物是否被充分利用）、出版结构（同行评审出版机制、开放获取出版的刊物是否与其他非同类刊物有利用区别）进行评估。例如，黄如花等人曾对 Elsevier 的 25 个学科可开放存取情况进行详细调查，分析 Elsevier 期刊可开放存取的总体情况、各个学科期刊可开放存取的情况、各学科可开放存取期刊的站点分布。此项调查表明，Elsevier 期刊可开放存取的比例较高，并且还在不断增长，对其进行充分开发利用或者利用这些调查结果与数据库商谈判可节省图书馆的资源购置经费。因缺乏相关的应用案例，笔者选择 Wiley-Interscience 期刊库自行做测试发现，中山大学跟美国加州大学阅读全文次数 2003—2009 年累计排前 30 位的都是同行评审的高质量期刊。不过，对于同行评审，有人认为并不完美，需要进行改革，因为一些最重要的发现其实发表在没有名气的期刊或杂志上。Wiley-Interscience 中具有影响因子的所有刊物中，有 51 种是中山大学 2003—2009 年累计阅读全文不足百次的期刊，平均为 1 次/（年·种）；加州大学则仅有 6 种是 2003—2009 年累计阅读全文不足百次的期刊，平均为 0.9 次/（年·种）。可见，期刊库的"馆藏结构"中，质量较高的、具有影响因子的刊物中有 51 种是中山大学用户 7 年时间里几乎没有使用过的。

2 总结

2.1 不同评价方法案例所展现的特点

对国际学术期刊库使用绩效的实证研究，主要是为了促进发现资源利用的评价方法，避免高估或贬低其经济效益与社会效益。通过上文的举例分析可见：

（1）上述方法基本可行且具有指导实践的意义。如读者问卷调查法、基于使用统计报告的全文次数法、发表文章的引文数据法等都可用来做统计分析并了解资源的利用与保障程度，甚至可用来决定停订某个利用率很低的期刊库。但有的方法可操作性不强，如对特定读者使用情况的分析法。有的方法还没有发表成文的应用案例。

（2）研究深度不一。由商家提供使用统计报告则容易出现浅层次的分析、难度不大的情况。但有的案例属早期研究，商家不提供足够多的统计指标会造成可统计项目偏少。另外，商家提供的使用统计报告的可靠性还需进一步长期跟踪观察、积累实证数据和案例，不能片面地主张用商家提供的统计报告这条简便渠道来取代其他方法。如果是由图书馆员自行建库获取统计数据，则难度较大，如对引文数据进行挖掘、开展大范围问卷调查等都相对复杂。

（3）有的方法交叉进行并需要整合研究。如分析使用情况跟科研产出、馆际互借、引文数据的数据关系比较分析法，此类多管齐下的综合分析法有利于提出新思路，具有较强的探索性。不过，国外文献中综合式研究的案例一般比较多，而且基本上没有直接使用商家提供的基于 COUNTER 标准的统计报告。

（4）部分期刊库被反复研究。很多图书馆员专门研究 Elsevier 出版社的 Science Direct 期刊库，可能是出于对应急事件的突击研究，如该出版社连续几年提出要猛涨期刊库价格，引起全国图书馆界的高度关注，使其很快成为研究焦点；也可能是因为 Science Direct 期刊库最早被引进我国高校图书馆，使用面比较广，造成一定的重复研究。

（5）一些研究成果只能在特定时期或特定范围内发挥其时效性。例如，在期刊库使用统计标准尚未取得广泛共识之前，其研究结论、研究方法只能充当推动发展的火车头角色；而且有的研究成果仅是针对某一区域的研究，不能在行业内成为具有普遍意义的研究成果。

（6）中外应用案例具有一定的差别。外文文献案例多从创新角度去开展研究，时常克服困难寻找第一手资料，如为避免数字资源统计标准不统一的问题，研究者就自行寻找多种技术方法去获取数据，再独立进行统计研究。中文文献多从应用角度开展研究，以获取现成数据进行简单统计为主，多属浅层次分析，至今没有发现不同机构间的横向比较研究案例。这造成了中外文献研究结果深度明显不同。对于我国的大部分研究者而言，外文文献的案例具有值得效仿的一面。外文文献的作者多是教学研究人员及研究生，中文文献的作者则多是在一线工作的图书馆员，两类文献的研究者身份有一定区别。

2.2 今后需要重点关注的问题

（1）需要重点考虑综合评价法。其实，图书馆的资源无论其载体形式如何，一般较难用社会效益或经济效益的数量指标去度量。有些资源即使没被使用但其价值是潜在的，有些被用户使用了，但其效益何时、以何种方式产生，都很难测定。只是从短期来看，利用率越高，用户的满意度越高，其效益也应越高，而且从某种意义上来说，国际学术期刊库使用定量统计是出版方、图书馆、读者都能受益的统计方法。通过上文，我们可了解到使用的绩效评价方法是多样化的，而且都有一定的可行性，可操作性较强。但这些方法都不宜单独使用，必须结合起来使用才能比较准确地把握整个期刊库的使用效益，也才有利于今后构建比较科学的评价指标体系；综合分析比单一的评价方法更为全面、合理，更能科学计算出使用成本并获得用户对使用后的主观评价。在数字化学术期刊流行前后，均有一些专家提出要采用期刊评价的综合法，例如，F. W. Lancaster 的分析评估模式同时可分析馆内使用状况、其他馆已获得的使用数据、专家意见、期刊引用报告（SCI、SSCI）、影响因子及成本效益等因素。K. Corby 就曾认为不同的评价方式会产生不同的排列等级，只有几个评价标准共同使用才能合理地测量。2006 年 Duy 和 Vaughan 通过统计发现，American Chemical Society、Elsevier、Wiley 3 个出版社的使用统计报告跟期刊影响因子没有关联。笔者建议发展馆藏时，不要采用基于全球使用的影响因子，应参考本地使用数据。但笔者也认识到，Duy 和 Vaughan 研究的抽样数据非常少，还需进一步研究使用期刊库统计报告数据是否可完全用来指导馆藏发展，同时其他早期的评价馆藏期刊的方法是否也需要结合起来使用。2008 年台北大学图书馆馆长王怡心教授在作《电子资源应用之效益评估》报告时也提到，电子资源价值不应单以使用次数来衡量，应考虑更多的变量方可显现其真正的价值。Outsell 公司总裁 Ms Cindy Hill 认为电子资源的投资报酬率需要更多的事实分析，与一般单以费用除以使用次数的计算模式有极大的差异，其亦承认复杂计量方式所需花费的时间及人力成本极高，即计量本身就是一种支出，但仍有极大的存在价值。

（2）需要重点考虑篇均使用成本分析法的弊端。开展学术期刊库绩效评价时要与期刊的出版现状、特点紧密联系。电子图书、学位论文库、专利库、索引库、文摘库等虽都借助数字化介质出版发行，但与期刊的出版流程迥异，读者群的区别也甚大，不能混为一谈。即使是同为数字化期刊，也因出版社不同而刊发不同内容质量的文章。如果不正视这个问题，仅当作没有个性特征的期刊库来整合统计，则会失去比较意义，例如，CALIS 管理中心每年都会发布所有参加集团采购的高校图书馆在使用过程中单次检索的平均价格、单次使用全文的平均价格。笔者认为，这种统计方法忽视了特定期刊品种有特定价格的特点，由此形成的平均数据意义不大、可比性较差。假设某学术期刊库里高价销售的少量高质量期刊，因研究人数少，阅读量屈指可数，其单次阅读成本理应较高，却跟一些低价、低质量阅读群体的期刊混成一体，计算单次平均阅读成本会明显降低单次成本的计算费用。同时，这种计算方式也会误导出版商，让出版商选择最简单的盈利增长模式——只选择"篇均成本"来作提价理由。"个别出版商完全不顾中国还是一个发展中国家、人均 GDP 和人均教育科研投入远远低于发达国家人均水平的现实，提出要在 2020 年把中国用户使用其全文数据库的篇均成本提高到欧美发达国家的篇均水平"，而且期刊出版社原本具有很多竞争因素，如营利与非营利出版模式的区别；保守与激进变革出版模式的区别；高低内容质量的区别；捆绑与非捆绑纸版销售的区别等。如果逐步改变为以"篇均成本"为计算标准，则会造成竞争方式单一化、仅迎合点击率的现象。而且"篇均成本"的计价模式类似于推动公共借阅权（Public Lending Right）。其实，一个学术期刊库不管是订 1 年还是订 3 年的使用合同，在使用 COUNTER 标准统计时，并不会区别哪些刊物是订立合同年限已付过一次费的，哪些是没付费新出版的，从而造成累计统计使用次数。假设 2005 年在期刊 Angewandte Chemie International Edition 上发表了某一篇重要文章，而 2005 年是一次性买断当年该文章使用权，但因这篇文章很重要，2005 年后依然有很多读者反复下载引用，则 2005 年后反复使用这篇文章都需要图书馆继续付费给出版商，变相为出版商谋取公共借阅权。而对于公共借阅权，目前仅有少数国家有立法保护，《国际著作权公约》及《中华人民共和国著作权法》并没有将其纳入。

参考文献

[1] 肖珑, 张宇红. 电子资源评价指标体系的建立初探 [J]. 大学图书馆学报, 2002 (3): 35 – 42.

[2] Bauter K. Resources for library assessment [J]. College & Research Libraries News,

2001（1）：12-14.

[3] Noh Younghee. A study on developing evaluation criteria for electronic resources in evaluation indicators of libraries[J]. The Journal of Academic Librarianship，2009（1）：41-52.

[4] 戴龙基. 文献资源发展政策研究［M］. 北京：北京大学出版社，2007：254-255.

[5] 刘向立. IOP 与中国物理学研究［EB/OL］.［2009-05-12］. http://calis.zju.edu.cn/attachments/2009-05/01-1242119468-552.ppt.

[6] 鲁东明. 浙江大学承担 CALIS 工作的收获与认识［EB/OL］.［2009-05-12］. http://calis.zju.edu.cn/attachments/2009-05/01-1242119081-544.pdf.

[7] Carlos A. S.，Maestro I.，Casado E. S. A study of the use of the Carlos Ⅲ University of Madrid Library's online database service in scientific endeavor［J］. Information Technology and Libraries，2003（4）：179-183.

[8] Kathleen B. Trends in electronic content at the Crushing/Whitney Medical Library：1999—2003［J］. Journal of Electronic Resources in Medical Libraries，2004（4）：31-43.

[9] 陈浩然，黄健安. Nature 与中国［EB/OL］.［2009-05-12］. http://calis.zju.edu.cn/attachments/2009-05/01-1242121400-578.pdf.

[10] 闫晓弟，邵晶，周奇，等. 电子资源利用统计网关系统的设计与实现［J］. 现代图书情报技术，2008（8）：97-100.

[11] Nicholas D.，Huntington P.，Watkinson A. Scholarly journal usage：the results of deep log analysis［J］. Journal of Documentation，2005（2）：248-280.

[12] Chung Hye-Kyung. Evaluating academic journals using impact factor and local citation score［J］. The Journal of Academic Librarianship，2007（33）：393-402.

[13] Feyereisen P.，Spoiden A. Can local citation analysis of master's and doctoral theses help decision-making about the management of the collection of periodicals?［J］. The Journal of Academic Librarianship，2009（6）：514-522.

[14] 葛巧珍，杨美珍. 基于科研成果调查的外文期刊馆藏建设探讨［J］. 图书馆建设，2009（8）：29-31.

[15] Rogers S. A. Electronic journal usage at Ohio State University［J］. College & Research Libraries，2001（1）：25-34.

[16] Collection management starategies in a digital environment［EB/OL］.［2010-03-12］. http://www.ucop.edu/cmi/finalreport/.

[17] Bar-Ilan J.，Fink N. Preference for electronic format of scientific journals［J］. Library & Information Science Research，2005（3）：363-376.

[18] 赵伯兴，向群. 电子期刊与印刷型期刊运行成本之比较研究［J］. 上海高校图书情报工作研究，2007（4）：42-46.

[19] 张永梅. 我校用户对 Science Direct Online 数据库的使用统计与分析［J］. 图书馆建设，2008（9）：38-42.

[20] Kidd T. Does electronic journal access affect document delivery requests?［J］. Interlending and Document Supply，2003（4）：264-269.

[21] Yue P. W., Syring M. L. Usage of electronic journals and their effect on interlibrary loan [J]. Library Collections, Acquisitions, & Technical Services, 2004 (28): 420-432.

[22] Smith E. T. Assessing collection usefulness: an investigation of library ownership of the resources graduate students use [J]. College & Research Libraries, 2003 (64): 344-355.

[23] Ashcroft. Win-win-win [J]. Library Management, 2000 (9): 466-471.

[24] Borrego Angel, Anglada Lluis, Barrios Maite, etc. Use and users of electronic journals at catalan universities: the results of a survey [J]. Journal of Academic Librarianship, 2004 (1): 67-75.

[25] Nicholas D., Huntington P., Jamali H. R., etc. Viewing and reading behaviour in a virtual environment [J]. Aslib Proceedings, 2008 (3): 185-198.

[26] Pinto M., Fernande r-Marcial V., Gome r-Carrarero C. The impact of information behavior in academic library service quality [J]. The Journal of Academic Librarianship, 2009 (1): 70-78.

[27] Liu Weiling, Fannie M. Tracking the use of e-journals [J]. OCLC Systems & Services, 2002 (1): 32-39.

[28] 尹源. Science Direct 数据库的使用评价 [J]. 中华医学图书情报杂志, 2003 (3): 49-50.

[29] 李丽萍, 张丽娟. Science Direct 数据库的订购问题及使用统计分析 [J]. 图书馆论坛, 2009 (4): 60-62.

[30] 焦艳平, 左文革, 赵锦辉, 等. 中国农业大学研究型用户使用 Elsevier 全文数据库的行为特征分析 [J]. 农业图书情报学刊, 2010 (2): 5-7, 15.

[31] 祝红艺, 王慧莹. SDOS 数据库期刊的筛选与利用 [J]. 现代情报, 2009 (9): 121-123.

[32] 李洪. 高校用户对国外网络数据库的使用统计与分析 [J]. 图书馆论坛, 2005 (3): 210-212, 166.

[33] 曾尔雷. 电子资源使用统计的应用实例研究 [J]. 图书馆杂志, 2007 (6): 26-29.

[34] 姚晓霞. 2009 年度高校图书馆集团采购统计与分析 [EB/OL]. [2010-05-10]. http://www.docin.com/p-63052890.html.

[35] 黄如花, 张静. Elsevier 收录期刊可开放存取情况的调查与分析 [J]. 中国图书馆学报, 2009 (5): 35-41, 95.

[36] The Scientist Staff. Break throughs from the second tier [J]. American Scientist, 2010 (8): 30.

[37] Lancaster F. W. If you want to evaluate your library [M]. 2nd Edition. Chicago: University of Illinois, Graduate School of Library and Information Science, 1993.

[38] Corby K. Constructing core journal lists: mixing science and alchemy [J]. Portal: Libraries and the Academy, 2003 (3): 207-217.

[39] Duy J., Vaughan L. Can electronic journal usage data replace citation data as a measure of journal use? [J]. The Journal of Academic Librarianship, 2006 (5): 512-517.

［40］2008 电子资讯资源与学术联盟研讨会各讲次摘要及心得报告［EB/OL］.［2010－03－12］. http://www2.nuk.edu.tw/lib/e-news/20081125/knowledge.htm#03.

［41］致国际出版商的公开信［EB/OL］.［2010－09－01］. http://www.nstl.gov.cn/NSTL/facade/news/newsInfo.do?act=toNewsContent&id=64958.

〔作者简介〕汤罡辉（1978—），男，硕士，中山大学图书馆副研究馆员，已发表论文60余篇。

（收稿时间：2010 年 11 月）

五、测评方法研究

（二十七）文献被引的年代分布对被引文献评价的意义[①]

——以物理学科为例

贾 宁

（上海师范大学图书馆　上海　200234）

[摘要] 本文对文献被引按年代分布进行分析，主要对物理学的专著、期刊文章和学位论文三种文献类型做具体分析，主要分析指标包括：发表（出版）年份、发表（出版）后开始被引用的年数、开始增长明显的年数、第一次出现最大被引量（即为被引高峰）的年数以及高位段持续时间等。本文得出评价三种文献类型的合理时间，即评价期刊文章和学位论文通常需要4~7年，专著则是6~10年；同时也得出在判断文献价值时，除了将总被引频次作为判断标准外，高位段持续时间长短、峰值高低也可以被作为评价的参考指标。

[关键词] 文献类型　被引年代　合理时间　价值评价参考

有的图书在CNKI中被引频次多，但是在谷歌学术中检索不到，或是检索次数太少，于是作者选择了在谷歌学术中被引频次较多的图书作为替换。

0　引言

一篇学术论文或一部专著在发表或出版后多久对其进行评价或分析是一个合适的时间？在评价学术文献的学术价值时除了考虑总被引频次外，是否还有别的指标可以作为参考？有学者已经指出，引文的年代分析可以反映出被引文献的出版、传播和利用情况。所以，本文通过对高被引文献的被引年代进行分析，试图找出评价文献的合理时间和评判文献价值高低的其他要素。

由于文献数量大、类型多，本文选择物理学学科作为此次分析的对象，这是因为物理

---

① 贾宁. 文献被引的年代分布对被引文献评价的意义——以物理学科为例 [J]. 图书馆杂志，2016, 35（12）: 55-62.

学是一门比较成熟的学科，文献数量多，具有一定的代表性。在文献类型选择方面，目前专著、期刊文章、学位论文被引用较多，数据丰富，也较容易收集；会议论文、报纸文章、专利等文献被引频次相对较少，网络文献在收集方面还存在困难。因此，本文主要针对物理学的专著、期刊文章及学位论文三种文献类型的被引用年代做分析，得出评价它们的合理时间和评价文献时还需考虑的因素。

1 评定方法和过程

1.1 样本选择

期刊文章选择的样本是在 CNKI 学术期刊全文数据库中查找到的物理学被引频次在 1 以上的文章，共有 1 898 篇，选取被引频次排名前 10%的文章约为 200 篇作为研究对象；学位论文主要选择了硕、博士论文为研究对象，在 CNKI 硕、博士学位论文全文数据库中被引频次在 1 以上的论文有 1 028 篇，本文选取被引频次排名前 10%的论文约为 100 篇作为研究对象。专著也同样是在 CNKI 的中国引文数据库中选择了被引频次排名前 100 位的专著作为研究对象。

CNKI 对期刊文章和硕、博士论文都有总的被引频次以及每年引证文献的数量，可以对被引文献按年代分布进行统计。CNKI 对专著的统计只有总被引频次，而每年的引用量没有体现，因此将这 100 种图书在谷歌学术中重新进行检索，获得谷歌学术的总被引频次及每年的被引频次。由于 CNKI 与谷歌学术的文献收集范畴不同，二者在被引频次上有所不同，本文以谷歌学术为评价基础，并根据实际情况替换了几种图书。另外，由于图书出版会出现不同年份的不同版本，本文把同一作者的不同版本归为一种，其原因在于同一作者不同版本图书的内容基本相同，统一统计更容易体现出此作者此本书的价值。

1.2 分析指标说明

在数据收集完的基础上，对数据做分析和整理。本文主要的分析指标包括发表（出版）年份、发表（出版）后开始被引用的年数、开始增长明显的年数、第一次出现最大被引量（即为被引高峰）的年数以及高位段持续时间。

（1）发表（出版）年份即为文章、论文和专著发表、出版的时间，它是数据分析的基础。

（2）发表（出版）后开始被引用的年数是指文章、论文和专著第 1 次被引用的时间是在文献发表（出版）后的第几年。在此文中设定文章、论文、专著发表（出版）当年为元年，若在发表（出版）当年被引用，即记为第 0 年被引用，发表（出版）后第 1 年被引用，则记为 1，以此类推。从这一数值可看出文献通常在发表（出版）后多长时间会被发现。

（3）开始增长明显的年数是指文献被引用的数值在第几年有了明显的变化，这种变化暗示文献得到重视，从这个时间距离发表（出版）时间的间隔长短能分析出文献一般在发表（出版）后多久在重视程度上会有所变化。

（4）第一次出现最大被引量（即为被引高峰）的年数指文献第一次达到最大被引用量

的年份是在它发表（出版）后多少年。本文中的"最大被引量"实际是"年最大被引量"，指文献从发表（出版）到现在（2015 年）这段时间内，它在某一年的被引量最多，则这个被引量就被称为最大被引量。其可被描述为被引高峰，其数值被称为峰值。在这段时间内，峰值不变，但高峰可能会出现多次（如某篇期刊文章发表于 2002 年，通过统计发现，它在 2007 年被引用次数为 40 次，随后下降再上升，2013 年又一次达到 40 次，这意味着它的最大被引量是 40 次，即峰值是 40 次，第 1 次出现的年份是 2007 年，是发表（出版）后的第 5 年，这一高峰共出现 2 次）。这一指标是判断评价文献价值合理时间的一个重要参考指标，因为最大被引量能够体现出文献的价值。

（5）高位段持续时间是指文献被引量相对较高时所持续的时间。尽管文献的峰值只有一个，但是文献在一段时期内会保持较高的被引量，这段时间内被引量的数值与峰值比较接近，那么这段时间被称为高位段。高位段持续时间长意味着被引用的频次较多、文章得到重视，这可能是因为文章研究的内容是热点或是前沿，文章的整体价值也相对较高。因此它可以作为评价文章价值的一个重要参考。

2 评价文献被引时的合适时间

2.1 评价期刊文章被引时的合适时间

对分析指标进行统计分析后发现，从发表后第几年开始被引用这个角度来看，200 篇期刊文章中发表当年就被引用的有 57 篇，占总数的 28.5%；发表后第 1 年被引用的有 115 篇，占总数的 57.5%，第 2 年被引用的有 21 篇，第 3 年被引用的有 6 篇，发表后第 4 年以上才被引用的有 1 篇，这个比例非常低。可以看出，期刊文章通常在发表后的 3 年内会被引用。从这个角度考虑给期刊文章 4 年以上的评价时间较为合理。

从发表后第几年增长明显这个指标来看，期刊文章发表后第 1 年开始增长明显的有 52 篇，第 2 年开始增长明显的有 55 篇，第 3 年的有 42 篇，第 4 年的有 19 篇，第 5 年的有 5 篇，第 6 年的有 13 篇，第 7 年的有 5 篇，第 8 年及以上（包括第 8 年）的有 8 篇。2000 年以后发表的文章较多会在 4 年内就有明显增长。

从文章发表后，第一次出现最大被引量的年数这个角度来看，在发表后第 4 年出现第一次最大被引量的文章数量最多，有 28 篇；第 6 年出现的有 27 篇，第 5 年有 24 篇，第 7 年有 23 篇，第 8 年有 18 篇，第 9 年有 17 篇，第 11 年有 14 篇，第 3 年有 13 篇，第 10 年有 9 篇，第 2 年有 5 篇，第 12 年有 4 篇，第 1 年、第 13 年和第 17 年各有 3 篇，第 14 年和第 15 年各有 2 篇，其余各有 1 篇。通过柱状图（图 1）可以看出：发表后 3 年内出现第一次最大被引量的共有 21 篇，占 10.5%；发表后 4~7 年出现第一次最大被引量的共有 102 篇，占 51%；发表后 8~10 年出现第一次最大被引量的共有 44 篇，占 22%；发表后第 11~13 年出现第一次最大被引量的共有 21 篇，占 10.5%；发表后第 14 年以上出现第一次最大被引量的共有 12 篇，占 6%。

对文献进行评价时考虑其第一次出现最大被引量是一个重要标志，因为这一指标能相对客观地反映出文献的价值。所以，从这一角度衡量评价期刊文章价值的合适时间则应该给予它不低于 4 年的时间，4~7 年是较为合适的一个评价时间段。

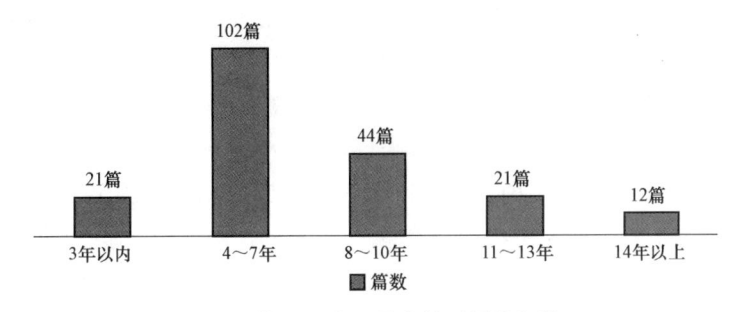

图 1　第一次出现最大被引量的年数

综上所述，从发表后开始被引用的年数、开始增长明显的年数以及第一次出现最大被引量的年数三方面来看，期刊文章在发表 4~7 年后对它进行评价最为合适。

2.2　评价学位论文被引时的合适时间

学位论文在文献资料中的被引频次日渐增多，但其被引频次总体比期刊文章要少很多，排名第一的论文总被引频次也仅有 79。100 篇文章中博士论文占 76%，硕士论文占 24%。

学位论文在发表当年就被引用的共有 5 篇，占总量的 5%，比期刊文章的 28.5%低了很多。论文在发表后第 1 年就被引用的有 42 篇，占 42%，发表后第 2 年被引用的有 29 篇，第 3 年有 14 篇，第 4 年到第 8 年开始被引用的共有 10 篇。所以，学位论文在发表后的 3 年内通常就会被引用。

学位论文发表后第一年开始增长明显的有 9 篇，第 2 年有 25 篇，第 3 年有 22 篇，第 4 年有 10 篇，第 5 年有 13 篇，第 6 年有 5 篇。此外，有 16 篇论文整体处于平稳的被引用状态，没有出现明显的增长值。这说明学位论文在发表后的第 2 年被关注度会开始增加。

对于"第 1 次出现最大被引量"这一指标而言，学位论文出现最多的是在发表后的第 5 年，共有 19 篇论文，占总量的 19%，与期刊文章相差不多。学位论文发表后第 7 年出现的有 16 篇，第 4 年有 12 篇，二者相对较多。发表后第一年就出现被引高峰的论文没有，另外还有 13 篇由于增长平稳，没有明显的高峰出现。由此可见：发表后 3 年内出现第一次被引高峰的共有 17 篇，占 17%；发表后 4~7 年出现第一次被引高峰的共有 58 篇，占 58%；发表后 8 年以上出现第一次被引高峰的共有 12 篇，占 12%；13 篇没有被引高峰，占 13%。

因此，学位论文在发表后 4~7 年出现第一次被引高峰的比例较高。同期刊文章一样，学位论文从三个角度来看，发表后 4~7 年是评价它的合适时间段。

2.3　评价专著被引时的合适时间

专著是与期刊文章同属被引频次较多的文献类型，分析其被引规律会对今后分析专著起到参考借鉴作用。

作为调查样本的专著出版的时间总体偏长，在样本的 100 种专著中，出版时间涵盖了 1966—2006 年共 40 年的时间。1980 年以前出版的图书有 9 种，1981—1990 年出版的有 44 种，1991—2000 年出版的有 31 种，2001—2006 年共有 16 种。这说明在高被引的 100 种图书中，80年代和90年代出版的图书至今都是被引频次较多的图书，也是学术性较高的图书。此外，在样本图书中，出版当年就被引用的图书只有3种，都是在2000年后出版的，说明图书的价值在出版当年就能被体现出来的是非常少的。

专著在出版后第5年和第6年出现"第一次最大被引量"的种数最多，为8种，其次是出版后第25年的图书有7种。从年代段来说，出版后1～5年出现第一次最大被引量的图书有12种，6～10年的有21种，11～15年的有12种，16～20年的有20种，21～25年的有22种，26～30年的有8种，30年以上的有5种（图2）。由此看出，专著的生命力是非常长的，需要给它足够的时间才能显示出价值，它的价值不会在出版后的几年内就立刻体现出来。出版后第6～10年是图书被引的一个高峰期，16～25年这10年也是图书被引的高峰期。因此，在研究图书的引用情况时，应该保证它已经出版了6年以上的时间，至少是6～10年，这样才能对它有一个比较精准的判断。

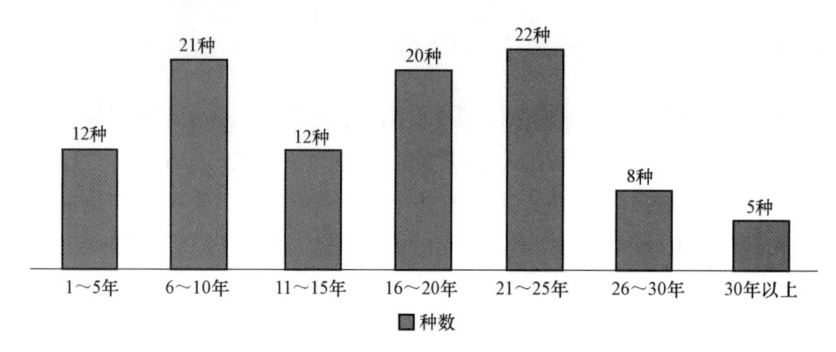

图2　第一次出现最大被引量的年数

3　文献被引的高位段持续时间及高峰的阐述及结论

3.1　三种类型在两方面的分析结果

在分析评价文献被引合适时间时发现，文献在被引用的过程中所表现的被引情况是呈曲线形的，有高峰状态和低谷状态。例如《低温等离子体技术》这篇文章，它于1996年发表，在2005—2008年出现1个高位段，在2013—2014年出现第2个高位段，前者持续4年，后者持续2年（图3）。

200篇期刊文章中出现过2次高峰的有23篇，出现3次和4次的各1篇。第1次和第2次高峰出现的时间间隔表现在：两次之间相差1年的有8篇，相差2年和3年的各5篇，相差4年的有3篇，相差5年、6年、7年、10年的各有1篇。这说明期刊文章在出现第1次高峰后的1～4年可能还会再出现1次高峰。

100篇学位论文中73篇只出现过1次高峰，13篇出现过2次，1篇出现过3次，另有13篇没有明显高峰，相对稳定。对于第1次和第2次高峰出现的时间间隔而言，两次之间相差1年的有8篇，2年的有2篇，3年的有1篇，4年的有2篇，5年的有1篇，说明学位论文在5年之内可能会出现两次高峰，且连续两年持续高峰的可能性也较大。

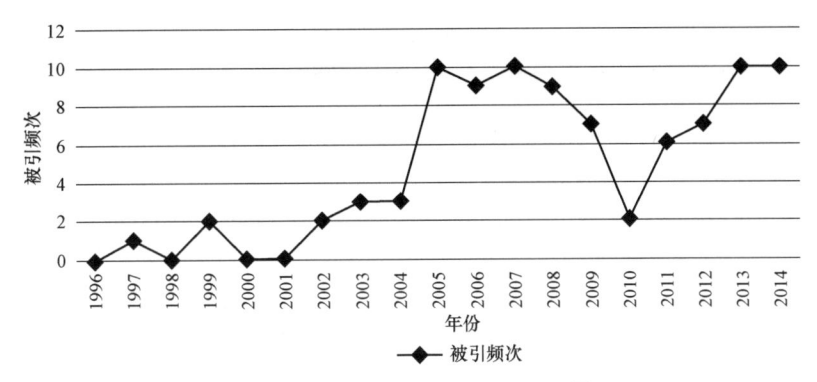

图3 《低温等离子体技术》的被引情况

由于图书出版后可持续的时间较长，因此出现高峰的次数也相对较多。图书中出现2~3次高峰的居多，占到了76%。只有1次高峰的图书有15%，4次和5次的分别是8%和1%（图4）。

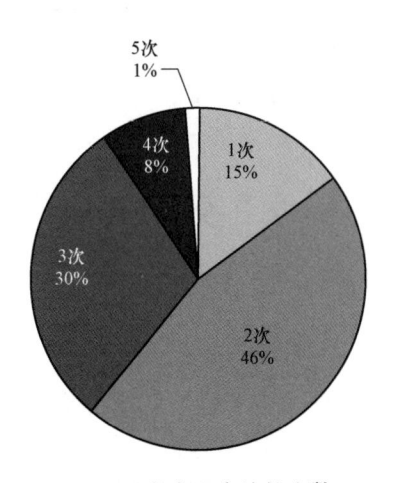

图4 图书出现高峰的次数

此外，在出现过2次以上高峰的样本图书中，第1次高峰和第2次高峰相差2年的有20种，3年的有17种，4年的有13种，5年的有17种，其余较少。这说明出现两次高峰之间相差2~5年的比例是最高的，专著会在2~5年出现第2次高峰。

从文献高位段持续时间长短的角度而言，高位段持续时间长短反映的是文献被关注的时间长短，高位段持续时间长，说明它被关注的时间就长，文献所研究的问题得到了重视，文献的价值相对较高。根据统计，样本期刊文章中高位段只有1年的文章最多，有66篇，其次是持续2年的有32篇，时间最长的为9年，有3篇。另外，有34篇文章因为整体相对稳定，或是在2014年达到高峰，因此无法判断它的高位段会持续多长时间，不能被计算在内（表1）。这说明期刊文章整体被持续关注的时间是较短的，通常为1~4年。

表 1 高位段持续时间

项目	篇 数	所占比例/%
1 年	66	33
2 年	32	16
3 年	27	13.5
4 年	13	6.5
5 年	8	4
6 年	3	1.5
7 年	2	1
8 年	11	5.5
9 年	3	1.5
其他	35	17.5

学位论文的整体高位段持续时间不长，有 62 篇只持续了 1 年，占 62%，说明学位论文被关注的时间在 1 年左右。而专著在这一方面明显比期刊文章和学位论文要长很多，样本专著中高位段持续 1～4 年的有 52 种，持续 5 年以上的有 48 种，基本一半的图书都会被关注 5 年以上的时间，表明专著依然是学术成果最重要的表现形式。

3.2 从"与高峰相关概念"来看文献价值的评定和比较

以往对文献评定的主要依据是文献的总被引频次。从上文可以看出，通过对文献被引年代的分析，文献价值的判断还可以参考文献的被引高位段持续时间长短、高位段占总出版时间比例、峰值等因素。

以专著为例，排名前 10 位的图书中，总被引频次最多的是 1982 年杨述武等人编著的《普通物理实验：电磁学部分》，总被引频次达到 1 086，2009 年 1 年的被引频次为 113，不论从总的被引频次还是峰值角度而言，此书都是最多的。它的高位段持续了 10 年，说明它持续被关注的时间也很长，书的价值是极高的。此外，这本书是在出版后的第 27 年出现最大被引量，这充分说明一本书的价值是需要时间检验的。若从高峰值来判断，总被引量排名第 15 位的黄润生编著的《混沌及其应用》在 2008 年时被引 62 次，可以排到第 7 位；而排名第 28 的《Ansoft 工程电磁场有限元分析》一书，在 2010 年被引 43 次，可以排到第 13 位，它的总被引频次仅为 266，出版距离现在仅有 10 年的时间，因此，从总体而言，这本书在出版时间较短的情况下，书的质量也是应当肯定的。若从高位段占总出版时间比例而言，2003 年出版的《偏振光学》尽管总的被引频次为 146，排名总被引频次的第 65 位，但它的高位段比重较高，说明在它出版后能够保持一个稳定的被关注的状态，其研究的价值也是可以被体现出来的（图 5）。

如果将这 100 种专著按照总被引频次、高位段时间的绝对值、高位段占总出版时间比例、峰值这 4 个类别进行排序，则可得到排名前 11 位的专著（表 2）。我们可以从中看到，有些专著出现的次数较多，有些则较少。出现较多的图书说明从各个方面都排名靠前，其价值绝对值得肯定。比如由郭奕玲、沈慧君编著的《物理学史》和葛德彪、闫玉波编著的《电磁波时域有

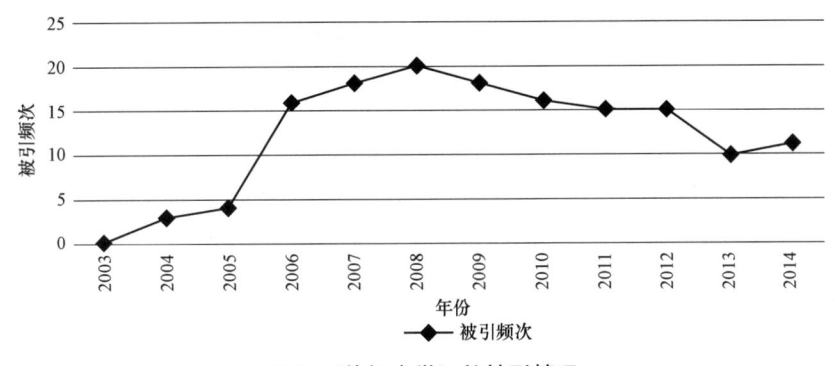

限差分方法》在 4 个类别中全部可以排在前 11 位，这证明这两本书有很高的学术价值。

图 5 《偏振光学》的被引情况

表 2 分类排序

序号	总被引频次	高位段时间的绝对值	高位段占总出版时间比例	峰 值
1	普通物理实验：电磁学部分	光学教程（4）	电磁波时域有限差分方法（7）	普通物理实验：电磁学部分（1）
2	普通物理学	量子力学教程（10）	现代声学理论基础（39）	普通物理学（2）
3	电动力学	普通物理学（2）	激光原理（21）	电动力学（3）
4	光学教程	电动力学（3）	偏振光学（65）	声学基础（5）
5	声学基础	混沌、分形及其应用（17）	混沌、分形及其应用（17）	电磁波时域有限差分方法（7）
6	量子力学	量子力学（6）	混沌及其应用（15）	光学教程（4）
7	电磁波时域有限差分方法	物理学史（11）	超声手册（20）	混沌及其应用（15）
8	数学物理方法	光学技术手册（23）	现代压电学（40）	光纤光学（12）
9	半导体物理学	半导体物理学（9）	物理学史（11）	量子力学（6）
10	量子力学教程	固体物理学（14）	气体放电物理（37）	半导体物理学（9）
11	物理学史	电磁波时域有限差分方法（7）	电磁场有限元方法（35）	物理学史（11）

此外，通过对被引年代的分析，我们也可以比较出两个文献的价值，以两篇期刊文章为例。发表于 2006 年的《退火温度对 ZnO 薄膜结构和发光特性的影响》一文，在发表当年就被引用了 7 次，这是当年发表被引频次较多的一篇，它在发表后第一年即 2007 年被引用 18 次，出现被引高峰，随后基本呈逐年下降趋势，说明该文的研究主题在当时应该是研究的热点，文章的价值立刻体现出来，但是随着热点过去，它的价值也降了下来。同样是发表于 2006 年的《激光三角法测量的研究》，它整体呈现出向上的走势，证明文章的被引频次基本是逐年上升，高位段持续时间长，它的关注度能够被持续保持，因此尽管后者的总被引频次小于前者，但可以说后者的价值是不低于前者的（图 6、图 7）。

通过上文的分析可以看出，在文献价值的判断中，文献总被引频次少但高位段持续时间长或是峰值高的文章价值可能不低于文献总被引频次多但高位段持续时间短或峰值低的文章。这也意味着，在评价文献价值时，除了考虑总被引频次外，还应该综合考虑高位段持续时间和峰值等因素。

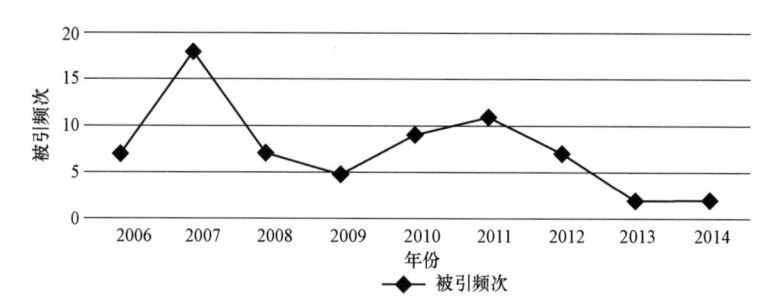

图 6 《退火温度对 ZnO 薄膜结构和发光特性的影响》的被引情况

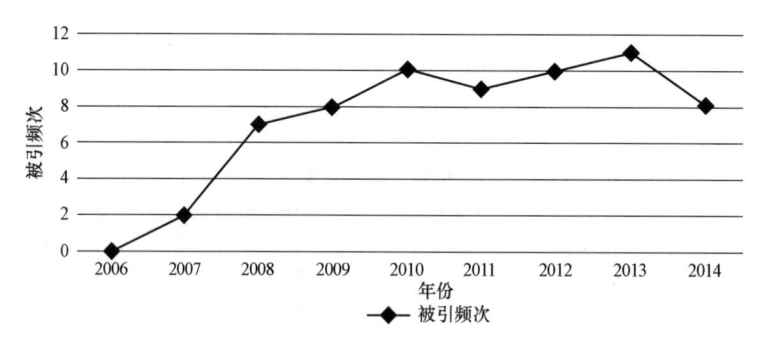

图 7 《激光三角法测量的研究》的被引情况

4 研究文献被引的年代分布对被引文献评价的意义

对物理学的期刊文章、学位论文和专著三种文献被引的年代分布进行分析，主要有两方面的意义：一是可以总结出评价三种文献类型的合理时间，评价期刊文章和学位论文通常需要 4~7 年，专著则是 6~10 年。此外，期刊文章和学位论文通常会在发表后的 3 年内被首次引用，期刊文章在发表后的第 1 年就会得到关注，学位论文则多从第 2 年开始。期刊文章和学位论文在出现第一次被引高峰后的 1~5 年可能会出现第 2 次高峰，专著则是 2~5 年。期刊文章和学位论文被持续关注的时间是较短的，期刊文章通常为 1~4 年，而学位论文受关注一般仅有 1 年时间，专著在持续被关注的时间方面会保持在 5 年以上。图书从出版到被引用再到高位段持续的时间都比期刊文章和学位论文时间长，它的价值可能会在几十年后才体现出来。二是文献价值的体现不仅反映在总被引频次上，它的被引高峰值高低、高位段持续时间长短都可以作为评价文献价值的参考指标；同时，在文献的比较中，有的文献总被引频次不少，但是它的潜力不大，它的价值可能比不上高位段持续时间长、峰值高的文章。这也体现出有的文献生命力较长，而有的则是昙花一现。能够被持续关注的文献在某种程度上说明它的研究内容、研究质量较好，能够被学者关注和引用。

"作为'将人类记忆的东西移植于现在人们的意识之中的一个社会装置'的图书馆是人类社会为了搜集、整理、保存和提供记录人类知识的载体，也即文献的一种制度性安排"。因此，对文献的研究是体现图书馆价值的重要方面。本文希望通过对文献被引年代分析所得到的这些规律能够有助于今后学者们在分析文献价值时，考虑给予文献充分的时间，使得对文献的判断更加客观、更加有针对性和精准性。

参考文献

[1] 邱均平. 信息计量学（九）第九讲文献信息引证规律和引文分析法 [J]. 情报理论与实践，2001（5）：236－240.

[2] 吴志荣. 论我国图书馆研究中的外部反思现象 [J]. 上海师范大学学报（哲学社会科学版），2015（9）：103－109.

〔作者简介〕贾宁，女，上海师范大学图书馆馆员，研究方向为信息资源建设与服务研究。

（收稿时间：2015 年 9 月）

（二十八）图书零借阅率的统计与分析[①]

——以华中科技大学图书馆馆藏中文图书为例

章文浪

（华中科技大学图书馆　武汉　430074）

[摘要] 本文对华中科技大学图书馆曾经采用的图书零借阅率统计方法进行研究，找出其中存在的问题，利用半衰期理论提出更为科学合理的统计方法，并针对统计数据所反映出的问题提出对策。

[关键词] 图书零借阅率　半衰期　统计

在一定时间内，一本图书没有一次借阅记录，称为"零借阅图书"，它与一定时间内馆藏图书之比称为图书"零借阅率"。那么，如何统计图书"零借阅率"？多年来，图书馆界人士进行了各种尝试，统计方法不同，分析结果各异。

1 零借阅率统计方法的研究

1.1 往昔的统计方法及其存在的问题

定量分析的关键在于数据的选取。多年前，我馆运用的零借阅率统计公式为：馆藏零借阅图书册/种数/馆藏可供外借图书总册/种数×100%，据此统计出的数据很"好看"，零借阅率长期徘徊在低值，能满足某种"虚荣心"。但此数据的可分析性极差，它未能准确地揭示问题，甚至掩盖了存在的问题。近年来，为能更清晰地反映进馆新书的零借阅情况，我馆在年度质量检查时采用了如下公式：今年新进馆的零借阅图书册/种数/今年新进馆的图书总册/种数×100%，如此统计出的数据触目惊心，零借阅率在40%～60%，数值居高不下，似乎完全地、彻底地暴露了问题。但它忽略了文献利用的半衰期，像一只焦距不准的巨型放大镜，无限地放大了问题，反而使之模糊不清，除了徒增采访人员的压力外，依然无法看到问题的真面目。

[①] 章文浪．图书零借阅率的统计与分析——以华中科技大学图书馆馆藏中文图书为例[J]．大学图书馆学报，2010，28（03）：121-123，103．

1.2 相对科学合理的统计方法

1.2.1 充分认识和运用文献的半衰期

文献半衰期是指某学科（专业）现时尚在利用的全部文献中较新的一半是在多长一段时间内发表的。它不是针对个别文献或某一组文献，而是指某一学科或专业领域的文献总和而言的。据专家测算：中文文献的半衰期约为 6 年，外文文献的半衰期约为 8 年；基础学科文献的半衰期为 8～10 年，医学文献的半衰期约为 5 年，工程技术文献为 3～5 年，机械制造类文献约为 5 年，金属学类文献约为 4 年，等等。

统计数据的选取应在被统计文献的半衰期内，这样的数据可称为有效数据，如此计算分析才能发现问题，进而有可能触及问题的根本，并找到解决问题的途径。

1.2.2 逐年统计法

根据我校重点学科的设置情况，机械、电子、计算机、医学、管理学等为馆藏主体，于是将馆藏中文文献的平均半衰期定为 4 年。2009 年 7 月从管理系统中统计出 2005—2008 年主校区图书馆每年新进馆图书的零借阅种数和册数，并运用公式"当年新进馆的零借阅图书册/种数/当年新进馆的图书总册/种数×100%"计算出逐年进馆图书的零借阅率（表 1）。

表 1 逐年统计零借阅率

项目	2005 年	2006 年	2007 年	2008 年
新进的零借阅图书种数	561	996	2 816	3 304
新进的零借阅图书册数	2 887	4 734	7 310	9 839
新进馆的图书种数	20 920	23 663	24 801	27 025
新进馆的图书册数	37 656	42 593	44 641	48 645
零借阅率（种数）/%	2.68	4.21	11.4	12.2
零借阅率（册数）/%	7.67	11.1	16.4	36.4

1.2.3 逐类统计法

依据馆藏重点学科类别，在逐年统计的基础上，统计出文献半衰期内每年各学科类别图书的零借阅情况，同时计算出它们的零借阅率。表 2 为我馆工业技术类（T）和经济类（F）2005—2008 年的统计数据。

表 2 T 类和 F 类图书逐年零借阅率

项目	2005 年	2006 年	2007 年	2008 年
T 类新进的零借阅图书种数	183	334	730	1 046
F 类新进的零借阅图书种数	149	228	538	956
T 类新进馆的图书种数	6 791	8 187	7 867	8 188
F 类新进馆的图书种数	3 162	4 418	3 864	3 087
T 类零借阅率（种数）/%	2.69	4.08	9.28	12.7
F 类零借阅率（种数）/%	4.71	5.16	13.9	31.0

2 零借阅率统计数据的分析

统计数据能揭示问题的一个或几个方面,通过对数据由表及里地进行分析,可找到一些原因。

2.1 数据表象分析

表 1 充分显示了零借阅率在文献的半衰期内的增减情况:随着文献利用年限的增加,零借阅率的数据逐年减小,证实了文献的半衰期与文献利用的密切关联。2005 年至今是一个馆藏文献利用周期,其零借阅率为 2.68%(种数)、7.67%(册数),这才是 2005 年进馆中文图书零借阅情况的真实反映。另外,每年的零借阅图书册数始终高于零借阅图书种数,它们之间的差值越大,说明图书的复本量超出实际需求越大。

对馆藏重点学科零借阅率的统计,能充分显现核心馆藏的零借阅情况,可以有针对性地解决主要问题。表 2 中,T 类是理工科重点、F 类是文科重点,它们所占比例较大,具有代表性。数据显示:T 类零借阅率(种数)与图书总零借阅率(种数)相当,属于平稳数值范围。在一个文献利用周期结束时,TP 类 47 种、TN 类 19 种、TU 类 16 种未被借阅,其多为该学科基础类图书,知识重复性较强;TG 类 21 种、TK 类 16 种,专业性较强,属于该学科细节讲述与研究,读者范围较窄(表 3)。F 类零借阅率(种数)明显高于图书总零借阅率(种数),说明 F 类新进馆图书较其他类存在更大的"零借阅"问题。其中,F4、F7、F8 合计 112 种未被利用,多为非权威出版社或非著名作者的经济类常规话题及基础性图书(表 4)。分类数据说明:基础类图书各出版社出版较为频繁,重复性极大,此类图书采购需精选品种,加大对出版社及各学科作者的了解、分析与研究,掌握出版规律,慎重采选。

表 3 2005 年 T 类零借阅(图书类目)细分

类别	种数	类别	种数	类别	种数	类别	种数
T	6	TG	21	TM	5	TU	16
TB	13	TH	8	TN	19	TV	6
TD	3	TJ	3	TP	47		
TE	4	TK	16	TQ	4		
TF	8	TL	4	TS	0		

注:TS 类图书本馆未进,故其零借阅种数为 0。

表 4 2005 年 F 类零借阅(图书类目)细分

类别	种数	类别	种数
F0	11	F5	18
F1	4	F6	0
F2	4	F7	54
F3	0	F8	21
F4	37		

注:F3 和 F6 类图书本馆未进,故其零借阅种数为 0。

2.2 内在因素分析

通过仔细地分析图书流动的每个环节，找出影响图书零借阅率的多个因素。

2.2.1 采访环节

我馆中文图书采选的总原则是：符合专业设置、学科特点的图书全品种采购。问题就出在如何理解和把握"全品种"上，单纯和片面地理解"全品种"，是零借阅图书存在的原因之一。各学科和专业皆有基础类和研究类图书，而基础类图书重复出版较多。例如：清华大学出版社近年出版了9位不同作者的《计算机操作系统》《Excel 2007》《Windows XP》不下几十种；《宏观经济学》国内作者版和翻译版就有近50种；等等。对这些书进行"全品种"采选，读者并不领情，非权威出版社或非著名作者的基础类图书遭遇"零借阅"。

专业性较强的图书，在确定复本量时未能与跨专业和专业内通用图书区分对待，亦造成"零借阅"。例如：《钛材料及其应用》《循环流化床锅炉机组控制系统调试及运行技术》，流通复本2册，于周期内借出1册，另1册为"零借阅"。复本量不合理是造成零借阅册数远远高于零借阅种数的主要原因。

2.2.2 编目环节

此环节的运行速度决定着时效性图书的生命。书目原编数量较大、编目部门还承担院系资料室的目录建设、人员效率等因素时常造成新书积压，进馆3～6个月后才上架流通为常态，致使一些时效性较强的图书，例如知识更新较快的医学免疫学、分子生物学、计算机软件类图书等，产生"零借阅"现象。

2.2.3 典藏环节

因学校合并，形成一个主馆、二个分馆，本科低年级学生集中居住在东校区分馆周边。据统计，2008年主馆TP类图书的零借阅为1 300册、O类图书的零借阅为800册，而东校区分馆TP类图书的零借阅为114册、O类图书的零借阅为130册，这说明低年级学生使用较频繁的基础类图书在主校区的零借阅率远远大于东校区；由于生命科学院设在东校区，Q类图书在东校区分馆零借阅的只有2种，而主校区有34种；TM类中某些图书（如电力系统类）在主校区读者不够借，而在东校区闲置。显然，这是由馆藏地点不合理造成的零借阅。

2.2.4 流通环节

畅销类图书（如小说、知名人物传记、经典财经类图书等）很少有零借阅情况，因为它们的社会揭示渠道和揭示方式众多，读者的知晓率较高。相反，科技类专业馆藏没有此优势，图书馆对其未能重点宣传，专业图书的揭示手段严重缺失，这是造成图书零借阅的主要原因之一。

学生读者在我馆有很明显的借阅偏好，每学期开学后的三个月以及学期结束前一个月的图书借阅量相对较大，此时若不能及时采取更为灵活的借阅方式，如弹性借阅时间、限时调整每人可借阅总量、人性化处理图书超期现象等，则会构成图书零借阅形成的又一因素。

3 解决零借阅的途径

图书的零借阅是高校图书馆必须面对的客观现象，目前将其彻底消除是不现实的，但可以采取一些有效手段，将零借阅率控制在一定的范围内，实现馆藏文献利用的最大化。

3.1 将零借阅书目提供给学科专家分析

一线教师对图书的可用与否是最有发言权的，应定期将重点学科的零借阅书目提供给各院系专业教师作分析。我们将2005—2008年的TP类零借阅图书676种（2005年47种、2006年84种、2007年183种、2008年362种），分别传给计算机学院的4位本科生教师和2位硕士生教师。反馈后，归纳各位教师意见，零借阅的主要原因如下：① 同一内容出版较多的图书，非计算机类传统出版社的、非熟悉作者的不借阅；② 图书内容为基础知识、普及率较高，没有专业阅读需求；③ 计算机科学更新速度快，众多新专业知识皆在网上查阅；④ 一些有价值的专业图书不知已有馆藏，故自行购买或相互借阅。此次反馈，成为计算机类图书品种和复本确定的重要依据。

3.2 制定动态典藏机制

详细分析各校区的读者群落和院系分布，并及时了解它们的变化情况，重新细化各类专业图书的馆藏地点，形成动态机制，彻底打破传统的馆藏习惯，让图书跟着读者走。

3.3 充分利用读者的借阅偏好

开学后三个月、学期结束前一个月，流通部实行弹性工作制，延长外借书库开放时间；在此期间，增加学生读者的新书限借量（新书由2册调整为4册），调整超期款限借上额（由1.00元调为2.00元）。人性化的服务是吸引读者的有效手段。

3.4 深度揭示专业图书

咨询各院系的学科专家、一线教师，列出各专业重点书目，每月推出一个专题，在流通书库显著位置设立专业书架。揭示此专业、学科的近期主要图书，并将专家、教师的推荐信息、图书简介印刷成单，放置在专题书架旁供读者随取。

参考文献

[1] 毕艳娜. 零借阅率现象分析 [J]. 山东图书馆季刊, 2006（1）: 62-64.
[2] 刘媛筠. 科技型图书利用率公式推导与实际应用 [J]. 图书馆杂志, 2008（9）: 22-25.

〔作者简介〕章文浪，硕士，华中科技大学图书馆馆员，已发表论文6篇。

（收稿时间：2009年9月）

（二十九）学术图书核心出版社测定方法比较研究[*][①]

——以法律类图书出版社为例

王铁梅　吴志荣

（上海师范大学图书馆　上海　200234）

[摘要] 以 2004—2007 年国内出版的法律类图书为例，运用引文分析法、h 指数和图书利用率统计等方法测定核心出版社，对不同效果以实证方法分析各种方法的异同，探索其中的内在规律，同时比较 CSSCI 和 Google Scholar 这两种学术图书引文发现工具的优劣，为图书馆选择学术图书核心出版社的测定方法提供参考。

[关键词] 核心出版社　引文分析法　h 指数　图书利用率统计

目前国内图书出版总量正逐年增长，2011 年全国共出版图书 37 万余种，比上年增长了 12.5%（其中再版、重印图书 16.2 万种，增长 16.5%）。但就学术图书出版质量而言，由于目前国内出版领域缺乏行业规范，同质化出版充斥着整个图书发行市场，学术图书的出版质量严重下滑。面对国内图书出版业鱼龙混杂、良莠不齐的局面，图书馆文献资源建设更需要一套科学、合理的采购策略，优化馆藏资源建设，提高学术图书的采全率和采准率。由于人们越来越认识到出版社是评价图书质量的一个重要的客观因素，因此，测定核心出版社越来越引起人们的重视。本文对核心出版社的测定方法作比较研究，试图为测定核心出版社提供科学的方法。

"核心出版社"一般是指在某一学科领域图书出版中起主要作用的出版社，它们具有出版数量较大和质量较高等特点，所出文献有较高的利用率和对读者有较大的影响力，这些出版社能较好地把握学科发展的状况，能及时编辑出版反映本学科最新研究成果及前沿研究状况和发展趋势的图书。因此，测定并选择核心出版社并将其应用于图书的采访工作中，可以提高采购质量和效率，从而对整个馆藏质量的提高起到至关重要的作用。图书馆界和出版界对如何确定"核心出版社"有许多测定方法，比较通行的是布拉德福区域分析法、百分比法、引文分析法、文摘法、累计 80%法、计算法和加权平均数法等十几种，每种测定方法都有其各自不同的优缺点。

本文尝试以《全国总书目》和《人天书目报》作为统计样本，运用引文分析法、h 指数等方法测定法律类图书"核心出版社"，对不同效果以实证方法分析各种方法的异同，探

---

[*] 本文系教育部人文社会科学研究规划基金项目"基于标准书目分析的高校哲社类馆藏发展实证研究"成果之一，项目批准号：10YJA870025。

[①] 王铁梅，吴志荣. 学术图书核心出版社测定方法比较研究——以法律类图书出版社为例 [J]. 图书馆杂志，2013，32 (06)：30 – 35。

索其中的内在规律，为图书馆选择学术图书核心出版社的测定方法提供参考。

1 数据来源

《全国总书目》是国内唯一的年鉴性图书编年总目，图书覆盖率为 60% 左右，人天书店的《人天书目报》则达到 80% 以上。考虑到要给被引者 4～5 年以上的引用时间，本文选择 2004—2007 年国内法律类图书作为数据来源。2004—2007 年《全国总书目》（并结合《人天书目报》）中法律类图书共计 19 443 种（2004 年 4 191 种，2005 年 4 171 种，2006 年 5 620 种，2007 年 5 461 种）。

2 各有关方法测定过程及结果分析

2.1 学术性图书的认定标准

一般来说，学术性图书是指在社会科学或自然科学领域内，用来对科学研究成果进行描述分析总结的具有一定创造性知识的载体。依照该原则对 19 443 种法律类图书进行筛选，选出 9 217 种具有学术价值的图书（以下图书不作为调查样本：各种法律学基本法律法规、法规文献选编、法规政策选编；各种类型法律学教材及应试类用书；各种类型基本法律条例、法律条例释义；各种类型的法律学工具书和普及性读物；不具备学术性或学术层次较低的其他法律类图书）。

2.2 各有关方法测定过程及结果分析

2.2.1 利用引文分析法，并结合布氏定律方法测定"核心出版社"

利用引文分析法并结合布氏定律进行统计分析，这是确定某学科领域"核心出版社"的主要途径。笔者曾在 2008 年用此方法对法律类学术性图书的核心出版社进行了测定，最终确定了 22 家出版社为国内法律类学术性图书核心出版社。

2.2.2 利用 h 指数测定"核心出版社"

（1）h 指数是在 2005 年由美国物理学家 Hirsh 提出用于评价科学家个人学术成就的计量方法。2006 年，匈牙利信息科学与计量研究中心的 Braun 等将 h 指数扩大应用于对期刊的评价，即一种期刊的 h 指数等于该期刊发表了 h 篇，每篇至少被引 h 次的论文数，或者说一种期刊的 h 指数是该期刊所发表的全部论文中最多有 h 篇论文至少被引用了 h 次，同时要满足 h 这个自然数要最大。h 指数越高，表明该期刊的影响力越大。由于它"质"（被引频次）和"量"（发表的论文数量）并重，克服了传统的期刊评价指数只能体现单项指标的缺憾，因此，h 指数的期刊评价应用一经提出，立即获得了图书情报界和相关学科研究人员的高度关注，成为此领域的前沿研究热点。h 指数越来越被广泛地应用于评价各种学术机构和科研人员。本文利用 h 指数测定法律类学术图书的核心出版社并探索其中的内在规律。

（2）h 指数的测定与分析（数据来源与学术图书的认定标准同上）。检索工具的确定：CSSCI 是我国第一个大型中文社会科学引文数据库，由于它的源期刊选择较为严格，克服了其他数据库源期刊代表性的欠缺和数量上过多的弊端，而且兼有检索查新和评价的多种职能，因此，在人文社会科学的管理决策部门、研究人员以及相关领域均产生了较大的影响。本文选择 CSSCI 为检索工具，检索法律类学术图书的被引情况；再根据 CSSCI 的统计结果及 h 指数的算法，得到各出版社的 h 指数（表1）。

表1 2004—2007年法律核心出版社 h 指数

排名	出版社	总被引频次	总被引频次≥1	篇均被引频次	h 指数
1	法律出版社	3 245	584	5.56	10
2	中国政法大学出版社	1 453	178	8.16	7
3	北京大学出版社	1 283	304	4.22	14
4	中国人民大学出版社	852	121	7.04	15
5	中国人民公安大学出版社	667	183	3.64	12
6	中国法制出版社	567	128	4.43	12
7	中国检察出版社	360	133	2.71	9
8	人民法院出版社	282	133	2.12	4
9	中国社会科学出版社	269	47	5.72	7
10	武汉大学出版社	264	72	3.67	10
11	商务印书馆	249	40	6.23	9
12	中国方正出版社	214	52	4.12	8
13	清华大学出版社	183	40	4.58	10
14	山东人民出版社	179	46	3.89	8
15	高等教育出版社	160	37	4.32	7
16	知识产权出版社	158	73	2.16	6
17	社会科学文献出版社	145	43	3.37	7
18	群众出版社	142	30	4.73	3
19	厦门大学出版社	132	51	2.59	6
20	上海人民出版社	81	33	2.45	6
21	中信出版社	74	10	7.4	4
22	吉林人民出版社	65	20	3.25	5

（3）h 指数和总被引频次的相关性分析。利用 SPSS 软件进行相关性分析，经检验，h 指数和总被引频次均符合正态分布，因此可以选择 Pearson 相关来衡量相关性的强弱。经计算，得到 h 指数和总被引频次相关系数大小及显著性检验结果（表2）。

表2 h 指数和总被引频次相关性分析

项目		h 指数	总被引频次
指数	Pearson 相关		
	Sig.（双侧）		
	N		

续表

项目		h 指数	总被引频次
总被引频次	Pearson 相关	0.778**	
	Sig.（双侧）	0.000	
	N	22	

相关分析是一种基于假设检验的统计分析方法，而显著性水平（Sig.）反映了拒绝某一原假设时所犯错误的可能性。在本检验中，显著性水平设为 0.01，即在原假设事实正确的情况下，研究者接受这一假设的可能性为 99%。本文的原假设是"相关系数为零"（即 h 指数和总被引频次之间不存在显著的相关关系）。经计算，统计量的相伴概率［即某特定取值及更极端可能值出现的准确概率，用 p 表示，在表 2 中即 Sig.（双侧）］为 0.000，低于 0.01，因此可以认为"相关系数为零"的可能性很低，h 指数和总被引频次之间存在显著相关关系，相关系数为 0.778。

（4）结论。通过以上相关性分析，可知 h 指数与传统引文评价的关系十分密切，相关系数也很大。

2.2.3　从图书利用率统计分析测定"核心出版社"

以上 2 种测定方法都是以出版图书的被引频次和出版物数量作为考察"核心出版社"的标准，不考虑图书利用率。作为集教学和研究为一体的大学图书馆，核心出版社的质量特征应主要体现在以下两个方面：

（1）图书的学术性。核心出版社出版的图书应反映当前某学科的最新的研究成果，对本学科有较大影响和推动力，具有较高的学术性，能最大限度满足科研和教学的需求。

（2）具有较高的利用率。利用率是图书采购中的重要指标，是图书供给与需求差距的有效反映。核心出版社的图书应该具有较高的借阅率，能满足大多数用户的需求，应该属于"关键的少数"。

本文以某政法大学图书馆 2006—2008 年入藏的法律类图书为例，通过对法律类图书出版数量和馆藏图书利用率的统计，进一步测定法律类图书的核心出版社，其计算方法如下：

$$C = \alpha Q + \beta V$$

式中，α 和 β 为指标权重，$\alpha = 60\%$，$\beta = 40\%$（征求专家意见），Q 代表出版比例，即在一定时间内该出版社出版的 D 类图书占全部 D 类图书出版量的比例；V 代表利用率，即借阅率，表示某出版社出版的 D 类图书在 D 类图书总借阅量中所占的比例；C 代表经加权后的综合指标。

对 2006—2008 年出版的 16 381 种 D 类图书进行统计，三年期间 D 类图书的出版社超过 400 家，本研究选取了出版量居前 24 位的出版社，其出版的图书占三年总和的 79.78%；同时，也对该馆 2006—2008 年相应出版社的 D 类图书的借阅率和馆藏情况进行统计，结果如表 3 所示。

表3 2006—2008年某政法大学图书馆D类图书的借阅率和馆藏情况统计

出版社名称	入藏量/种	出版量/种	出版比例	αQ	借阅量/种	借阅率	βV	综合指标
法律出版社	2 480	3 283	0.169	0.101	24 136	0.120	0.048	0.149
中国法制出版社	1 610	2 223	0.114	0.068	20 132	0.100	0.040	0.108
人民法院出版社	695	1 118	0.058	0.035	11 287	0.056	0.022	0.057
北京大学出版社	715	958	0.049	0.030	57 681	0.286	0.114	0.144
中国人民公安大学出版社	546	668	0.034	0.020	5 837	0.029	0.012	0.032
中国检察出版社	422	646	0.033	0.020	6 549	0.032	0.013	0.033
中国政法大学出版社	417	629	0.032	0.019	8 355	0.041	0.016	0.035
中国人民大学出版社	477	571	0.029	0.017	15 813	0.075	0.030	0.047
知识产权出版社	326	413	0.021	0.013	5 616	0.028	0.011	0.024
中国民主法制出版社	224	309	0.016	0.010	2 726	0.014	0.006	0.016
群众出版社	105	299	0.015	0.009	1 160	0.006	0.002	0.011
中国方正出版社	105	255	0.013	0.008	1 282	0.006	0.002	0.010
高等教育出版社	135	237	0.012	0.007	5 372	0.027	0.011	0.018
清华大学出版社	183	217	0.011	0.007	5 332	0.026	0.01	0.017
厦门大学出版社	119	187	0.010	0.006	1 956	0.010	0.004	0.010
上海人民出版社	105	179	0.009	0.005	3 336	0.017	0.007	0.016
武汉大学出版社	132	175	0.009	0.005	2 500	0.012	0.005	0.010
吉林人民出版社	57	157	0.008	0.005	287	0.001	0.000	0.005
社会科学文献出版社	82	132	0.007	0.004	1 862	0.009	0.004	0.008
山东人民出版社	77	125	0.006	0.004	1 123	0.006	0.002	0.006
中国社会科学出版社	89	120	0.006	0.004	1 043	0.005	0.002	0.006
商务印书馆	48	66	0.003	0.002	688	0.003	0.001	0.004
复旦大学出版社	44	61	0.003	0.002	949	0.005	0.002	0.004
中信出版社	12	56	0.003	0.002	403	0.002	0.001	0.003

从表3可见，在这24家出版社中，法律出版社、中国法制出版社和北京大学出版社综合指标值均在0.1以上（综合指标最大值为1），三年内三社出版的D类图书占全部D类图书的39.5%，在该馆的借阅率近55%，因此，以这种方法测出的核心出版社中，法律出版社、中国法制出版社和北京大学出版社可列为前3位；人民法院出版社、中国人民公安大学出版社、中国检察出版社、中国政法大学出版社、中国人民大学出版社和知识产权出版社6家出版社综合指标均在0.02以上，出版量合计约占25%，借阅率达28.8%，可以列其后；再后面是：中国民主法制出版社、群众出版社、中国方正出版社、高等教育出版社、清华大学出版社、厦门大学出版社、上海人民出版社和武汉大学出版社（它们的综合指标均在0.02以下）；而吉林人民出版社、社会科学文献出版社、山东人民出版社、中国社会科学出版社等七家出版社的综合指标均低于0.01，所以不能进入核心出版社区域（此外，我们对2006—2008年D类图书的馆藏情况进行了统计比对，三年期间，该馆到馆的D类图书共13 445种，具体情况详见表3。从馆藏数据分析，前3位的核心出版社的出版物在

该馆馆藏比例达到36%，4~9位的出版社达22%，前9位的核心出版社的图书占了全部馆藏的58%)。

2.2.4 核心出版社测定方法的比较分析

（1）不同之处。首先，第一种是利用引文分析法与布氏定律结合进行测定；第二种则用 h 指数方法，两种方法角度不同。其次，两种方法虽然都与引文分析法有关，但第一种运用的引文工具是 Google Scholar，第二种用的是 CSSCI。Google Scholar 于 2004 年 11 月推出，是一个新兴的引文统计分析工具。Google Scholar 所收录的中文学术期刊文献及其引文关系基本上都来自 CNKI、维普和万方等传统的期刊文献数据库；最为重要的一点是 Google Scholar 完全免费。CSSCI 是由南京大学中国社会科学研究评价中心开发研制的数据库，用来检索中文社会科学领域的论文收录和文献被引用情况，是有偿的。CSSCI 严格挑选了中国大陆出版的中文人文科学及社会科学学术期刊 419 种，海外出版的期刊 17 种。这两种引文发现工具比较而言，前者覆盖范围广，后者比较严谨，但后者由于每隔两年要改版，所选期刊品种会略有变化，对引文量的统计可能会产生微弱影响。

（2）相同之处。从这两种测定方法测定的结果来看，虽然测定角度和引用工具不同，但测定出的法律类学术图书核心出版社前 10 位几乎一样，测定的结果十分相似，因此可以认定这 22 家出版社为国内法律类学术性图书核心出版社（详见表 1，只是排名略有先后）。同时可以发现，虽然 Google Scholar 和 CSSCI 覆盖范围不同，但可能由于机会均等，所以得出的结果是类似的。如法律出版社这 4 年中出版的学术性图书总量是 685 种，用 Google Scholar 测出的总被引频次是 23 678，用 CSSCI 测定出的法律类学术性图书的总被引频次是 3 245，两种检索工具测定出的总被引频次的比例为 7.3:1；北京大学出版社这 4 年中出版的学术性图书总量是 390 种，用 Google Scholar 测出的总被引频次是 9 486，用 CSSCI 测定出的法律类学术性图书的总被引频次是 1 283，两种检索工具测定出的总被引频次的比例为 7.39:1。由此可见，这两种测定方法测出的被引频次的比例几乎一致，因此测定得出的结果也几乎相同。

综上所述，这两种方法测定出的结果十分相似。然而进一步分析发现，从运用方便的角度来说还是前者较有优势，因为前者比 h 指数方法分析的速度快。h 指数方法用 CSSCI 检索被引频次后，还要根据检索结果用 h 指数的算法算出各出版社的 h 指数，再进行排名，最后得出某学科的核心出版社。此方法的分析过程比较慢。

从以上测定的结果来看，使用图书利用率测定出的核心出版社与之前两种方法测出的结果不一致，被前两种方法测定为核心出版社的 22 家法律类学术性图书核心出版社中有 6 家出版社被定为外围区，占其中的 27.3%，从而说明这种测定方法只能作为一种补充的方法。如果单纯用此方法测定核心出版社，则有失核心出版社的权威性和准确度。因为在图书质量的评价上，图书的被引应该比图书的被借阅更有说服力。

3 结语

由此可见，每种测定方法都有其各自不同的优缺点。

布拉德福区域分析法测定核心出版社的过程比较简单，是我国图书情报界普遍采取的一种方法。这种测定方法比较重视文献的出版量和广泛性，但容易忽略出版文献的学术性，使得文献出版量大的出版社，比较容易被划入核心区，因此利用其对学术性图书进行界定时显出不足。

引文分析法考虑到出版文献的学术价值这一重要因素，并具有客观反馈性、广泛适用性等特点，通过定量分析弥补了人为定性评价的缺陷，虽然也存在着一定的局限性，如有自引、重引和虚引等虚假引用现象，但在理论上仍然不失为一种国际通用的文献计量评价方法，尤其在测定图书的被引方面更具客观性（因为图书的被引还没有进入社会评价体系）。两者结合可以得出比较科学的结论：

（1）h 指数与传统的引文分析法相比，兼顾个人科研产出的质量和数量，得出的影响力评价也是比较科学的，只是运用这种方法所花费的成本较前者高。

（2）图书利用率是衡量文献建设质量的重要依据，是图书采购中的重要指标，是图书供给与需求差距的有效反映。然而，如果单独运用这种方法来测定学术性图书的核心出版社可能是不全面的，但可以作为以上两种方法的补充方法。

参考文献

［1］2011 年新闻出版产业分析报告（上）［EB/OL］. http://www.pspress.cn/Html/Article/7574/.

［2］钟建法. "核心出版社"采购的理论和方法［J］. 图书馆建设，2003（4）：43－44.

［3］王铁梅. 2002—2005 年法律类学术性图书出版情况分析［J］. 图书馆，2009（3）：102－104.

［4］Seglen P.O. The skewness of science［J］. Journal of the American Society for Information Science，1992，43（9）：628－638.

［5］Hirsh J. E. An index to quantify an individual's scientific research output［C］. Proceedings of the National Academy of Sciences of the United States of America，2005，102（46）：16569－16572.

［6］邱均平，温芳芳. Google Scholar 和 CCD 引文统计分析功能比较——从期刊被引频次角度分析［J］. 重庆大学学报：社会科学版，2011（6）：84－89.

〔作者简介〕王铁梅（1969—），女，上海师范大学图书馆副研究馆员。吴志荣（1951—），上海师范大学图书馆研究馆员。

（收稿时间：2013 年 2 月；编发：王宗义）

实证研究与专业的未来（代后记）

王宗义

近年来，图书馆专业人员开始重视实证科学方法，表明图书馆人在经历了计算机信息处理技术大潮的冲击波之后，专业思维开始理性回归。部分研究团队正在应用实证方法，检验各自图书馆的文献资源建设质量，综合应用内容分析法、引文分析法以及 h、r 指数分析技术等，深入研究馆藏文献资源的质量，系统分析馆藏文献建设的缺失，以期建立更加科学完善的馆藏文献资源体系。

此类实证研究活动的关注点还在向社会文献流的上游移动，如通过多路径的文献利用状况统计与分析，确定特定专题文献领域的主要作者、甄别重点出版机构、区分主题文献出版群体等。在这一基础上，一些图书馆员开始尝试应用计算机信息处理方法，如知识图谱技术，进行特定领域的规模文献利用活动分析，寻求获得专题范畴内不同文献的价值判断，在特定专题文献集群中寻找到中心性、高价值文献。

实证类文献管理研究活动，起初属于为提高馆藏文献质量所做的前期资料准备工作。但有意思的是，这些研究方法与研究成果不仅在图书馆界内逐渐扩散，还在文献出版界、图书销售中盘商等社会文献流的中上游获得了关注，出现了图书馆学研究成果"外溢"的可喜场景。

此类全新的实证研究与前沿探索，或许会带来当代图书馆文献社会化管理基础能力的一个突破。原因在于这些实证研究正在走出以单元文献的信息提取和序化这一传统基础模式，以特定的文献群为研究对象，分析其中的重要文献产出途径，寻找并确定专题范畴中的有价值文献。这一发展趋势，在某种程度上与中国目录学的"辨章学术，考镜源流"传统有暗合之处。这一研究的前景还需要长期的实证研究成果来推动与充实，但立足专业实践的科学态度应该得到充分的肯定。

深入思考此类实证研究方法的专业价值，可以发现此类方法同样可以应用到图书馆服务的其他领域。如时下的阅读推广活动，图书馆人大多是按专家推荐书目所开列的图书进行各种阅读推广活动设计，精心组织专家辅导讲座，努力建立多媒体平台组织互动交流，刻意营造各种轻松阅读的活动氛围，直至安排影视节目观摩探索"立体化阅读推广"等各种活动，努力吸引读者参与。只是忙碌之后，图书馆专业活动的实际效用无法测定，社会上对图书馆的认可度也不见明显提升。进一步分析还可以发现，根据推荐书目中的图书组织各种主题活动，获得推荐的图书种数与馆藏文献资源总量，相比较而言，是微不足道的。

图书馆的阅读推广活动不能带来馆藏文献资源利用率的明显提升，也不能展示文献社会化管理工作者的专业能力，其中的思维偏颇与做法欠缺也就因此被凸显了出来。

如果图书馆人改变现有的习惯思维与做法，转而通过实证研究方法和信息技术的整合应用，以被推荐的经典图书为中心，在馆藏纸质文献和数据库电子文献中搜索并获取各种外围文献，编制出从不同侧面帮助读者阅读和理解经典图书的各种专题文献目录，并能够在专题文献目录中给读者以相应的阅读导引，图书馆人作为文献社会化管理者的专业形象或许能够逐步建立起来。与此同时，以经典图书的阅读推广活动为主线，让更多的馆藏文献资源进入社会与读者的视野，图书馆工作内容就能回到专业活动基本原理的范畴：寻求社会化文献集藏资源的最大公众利用效益。

（节选自2017年发表于《中国图书馆学报》第2期的《专业话语：实践描述与思维构建》一文。蒙吴志荣馆长厚爱，得以辑录于此，语词略有调整。谨供同行参考。）